DROEMER

Christian Bommarius

1949

Das lange deutsche Jahr

DROEMER

Besuchen Sie uns im Internet:
www.droemer.de

FSC
www.fsc.org
MIX
Papier aus verantwortungsvollen Quellen
FSC® C083411

Ein Imprint der Verlagsgruppe
Droemer Knaur GmbH & Co. KG, München

Covergestaltung: Rothfos & Gabler, Hamburg
Coverabbildung: AKG Images
Satz: Adobe InDesign im Verlag
Druck und Bindung: CPI books GmbH, Leck
ISBN 978-3-426-27761-4

2 4 5 3

Für Emmi

»Die Qualität ist doch nicht ›made in Germany‹, sondern: Was denkt er über Menschenrechte?«

Robert M. W. Kempner,
Ankläger einer Epoche

»Man muss die Demokratie als diejenige Staats- und Gesellschaftsform bestimmen, welche vor jeder anderen inspiriert ist von dem Gefühl und Bewusstsein der Würde des Menschen.«

Thomas Mann,
Vom zukünftigen Sieg der Demokratie (1938)

Einleitung

Im Frühjahr 1949 begann in der Mitte Europas ein auf den ersten Blick bizarres Experiment. Ausgerechnet auf den Ruinen im Westen des politisch, wirtschaftlich und vor allem moralisch bankrotten Deutschland sollte eine Demokratie entstehen. Das Experiment musste gelingen, weil von den drei westlichen Besatzungsmächten im Kalten Krieg ein demokratisches Westdeutschland benötigt wurde. Andererseits waren die Erfolgsaussichten besorgniserregend, denn die Westdeutschen waren auch Jahre nach dem Ende des Weltkriegs auf die Demokratie nicht vorbereitet.

Die westlichen Siegermächte betrachteten Westdeutschland als Baustein im »Bollwerk gegen den Bolschewismus«. Schon am 1. Januar 1947 hatten die USA und Großbritannien ihre Zonen zu einem Wirtschaftsgebiet, der Bizone, vereint – die Bildung der Trizone mit Frankreich folgte im März 1948 –, die Londoner Sechsmächtekonferenz hatte in der ersten Jahreshälfte 1948 den Weg zur Gründung des deutschen Weststaats geebnet, mit der Währungsreform am 20. Juni 1948 wurde Deutschland endgültig in zwei Wirtschaftsgebiete – Ost und West – geteilt, westdeutschen Politikern am 1. Juli der Auftrag zur Vorbereitung der westdeutschen Staatsgründung erteilt. Als die provisorische Verfassung um null Uhr des 23. Mai 1949 in Kraft trat, stellte sich der Welt zwar eine neue Demokratie unter dem Namen »Bundesrepublik Deutschland« vor, deren Institutionen von Anfang an reibungslos funktionierten.

Aber eine Demokratie ist mehr als das System und seine Institutionen. Fehlt den Bürgern das demokratische Bewusstsein, fehlt der Demokratie die Substanz. 1949, vier Jahre nach Kriegsende, konnte von einem demokratischen Bewusstsein der Mehrheit der Westdeutschen keine Rede sein. Erfahrene amerikanische Journalisten, von der US-Militärregierung beauftragt, berichteten besorgt, »dass die Deutschen aller Altersstufen nur geringe Fortschritte in der Richtung auf ein demokratisches Denken gemacht« hätten. Im Gegenteil, der demokratische Gedanke verliere sogar an Boden, der Nationalismus lebe wieder auf. Der Optimismus mancher alliierter Beobachter unmittelbar nach der Befreiung Deutschlands, der Gedanke an Krieg, Einparteistaat und Diktatur werde den Deutschen, vor allem der Jugend, für immer zuwider sein, hatte sich längst verflüchtigt und war tiefer Skepsis gewichen.

»Nachdem Generationen im nationalistischen Geist erzogen und mit ihm durchtränkt worden sind«, sagte Alonzo G. Grace, Direktor für das Erziehungswesen in der amerikanischen Zone, »wäre man reichlich naiv, wenn man erwartete, dass sich ein Volk innerhalb von drei Jahren ändern würde.« Die Westdeutschen selbst haben die an sie gerichtete Erwartung, dem Nationalismus, dem Glauben an das Deutschtum, der Intoleranz und der autoritären Erziehung endgültig Valet zu sagen, damals brüskiert zurückgewiesen und sich – zumindest eine große Mehrheit – zu ihrem »Volkstum« bekannt. US-Militärgouverneur Lucius Clay wollte amerikanische Erzieher in Deutschland 1949 mit einer Rede ermuntern, aber der resignative Ton ist unüberhörbar: »Wir haben keine Alternative. Die Deutschen müssen leben können. Was sie mit diesem Potenzial tun, hängt davon ab, was es ihren Herzen und ihrem Geist bedeutet. Auf Ihnen *(den Erziehern, d. Verf.)* ruht die Verantwortung, dafür zu sorgen, dass ihre Herzen und ihr Geist es zum allgemeinen Wohl gebrauchen und nicht, wie bisher so oft, zu Angriffszwecken. Sie stehen jetzt erst am Anfang dessen, was sie auf diesem Gebiet erreichen können.« Mit anderen Worten: Am Ende des langen deutschen Jahres, das im Sommer 1948 begonnen hatte, war in Deutschland zwar eine Demokratie entstanden. Aber die Demokraten folgten erst Jahre später.

Juli 1948

Im Jahr 1948 ist das Bündnis der Siegermächte des Zweiten Weltkriegs längst zerbrochen. Der Kalte Krieg zwischen den USA und der UdSSR beherrscht das weltpolitische Geschehen. Im Mittelpunkt steht das in vier Besatzungszonen zerlegte Deutschland mit der zerbombten, ebenfalls in vier Sektoren geteilten Hauptstadt Berlin. Ein Schritt zur dauerhaften Teilung Deutschlands ist die Währungsreform im Juni, auf die die Sowjetunion mit der Blockade Berlins reagiert. Am 1. Juli wird den Westdeutschen die Demokratie befohlen. Die elf Ministerpräsidenten werden von den Militärgouverneuren der drei westlichen Besatzungsmächte mit der Bildung eines westdeutschen Teilstaates beauftragt. Bis spätestens 1. September haben sie eine »Verfassunggebende Versammlung« einzuberufen, die eine »demokratische Verfassung« ausarbeiten und »Garantien der individuellen Freiheiten und Rechte« schaffen soll.

Drei Hühner – schwarz, weiß, rot –, eine ausgebombte Wohnung in Berlin, ein Gartenhaus in Wilhelmshorst bei Potsdam in der sowjetischen Zone, Erbsen, Bohnen und Kartoffeln zur Selbstverpflegung, gelegentlich Strom und Wasser, Hunger als beständiges Lebensgefühl. Friedrich Helms, 65 Jahre alt, früher national gestimmter Sozialdemokrat, seit zwei Jahren lustloser SED-Genosse, vormals »Direktor« bei der Deutschen Bank, jetzt Handlanger in der Bank-Filiale in Charlottenburg (britischer Sektor).

Seine Hilfsdienste: Umtausch der Reichsmark in D-Mark, stundenlang, tagelang, von morgens bis abends. Vor seiner Rückkehr nach Wilhelmshorst hat Helms – bei Strafe – seinen Verdienst in D-Mark in Ost-Mark umzutauschen. Sein Hunger ist nicht konvertibel. Er begleitet ihn morgens von Ost nach West, abends von West nach Ost. Friedrich Helms hätte gerne eine Erklärung. Ihn interessiert, für was er bestraft wird. Es sei offensichtlich, schreibt er im Tagebuch, dass Deutschland in zwei Weltkriegen so klein wie möglich gemacht werden sollte. Jedem müsse klar sein, dass die Schuld am Zweiten Weltkrieg keineswegs einseitig sei. Warum gehen dann er und seine Frau Marie, bis Kriegsende Parteigenossin, jeden Abend mit Hunger ins Bett? An diesem 1. Juli hat er nur drei bis vier dünne Scheiben Brot gegessen, geröstet und ohne Aufstrich. Die Leidtragenden, klagt Helms, sind wir.

Vielleicht hat Thomas Mann im kalifornischen Exil inzwischen die Nase voll von den deutschen Kalamitäten. Von den Nazis ausgebürgert, hatte der Schriftsteller vor zehn Jahren den amerikanischen Boden mit dem Bekenntnis betreten: »Wo ich bin, ist Deutschland. Ich trage meine deutsche Kultur in mir.« Noch vor drei Jahren hat er in einer seiner BBC-Ansprachen an die Deutschen immerhin Verständnis gezeigt für die Bewohner des militärisch, politisch, wirtschaftlich und moralisch verwüsteten Landes: »Ihr seid des Todes, der Zerstörung, des Chaos übersatt, wie sehr Euer Heimlichstes zeitweise auch danach verlangt haben möge. Ihr wollt Ordnung und Leben, eine neue Lebensordnung, wie düster und schwer sie sich für Jahre auch anlassen wird.« Doch jetzt, da es endlich ernst wird mit der neuen Lebensordnung, registriert Thomas Mann zwar knapp die Verschärfung des Berliner Konflikts. Seinen Tagebucheintrag aber beginnt er mit der Nachricht: »Der Pudel, gestern völlig krank und wild, neuerdings in die Klinik.«

In Deutschland meldet sich Eugen Kogon zu Wort, Publizist und ehemaliger Gefangener im KZ Buchenwald, der schon vor zwei Jahren den Deutschen in einem Buch Einzelheiten über das Innenleben des »SS-Staats« verraten hat, den viele kaum von außen bemerkt haben wollten. Jetzt aber redet Kogon nicht den Deutschen ins Gewissen, sondern den Alliierten. Ihr Verhältnis zur »deutschen Demokratie« verlange endlich, drei Jahre nach dem Krieg, ein System verbindlichen Rechts, nicht dieses ewige Hin und Her von Entgegenkommen, Befehlen, Verhandlungen und Willkürmaßnahmen. Alles gehe viel zu langsam voran, es müsse endlich Schluss sein mit dem missvergnügten Zögern der Besatzungsmächte. Natürlich kennt Kogon den Grund des Zögerns ganz genau. Die Siegermächte, schreibt er, sähen sich durch die weltpolitischen Verhältnisse gezwungen, einen Partner aufzubauen, den sie eigentlich gar nicht wollten: »Ist es nicht so?«

In diesem Sommer, in dem die Deutschen nach einer neuen Lebensform suchen, aber – im Westen – vor allem die Läden stürmen, deren Regale sich mit der Währungsreform am 20. Juni 1948 über Nacht füllen, in diesem Sommer, in dem in Washington, London und Paris und selbstverständlich auch in Berlin der Dritte Weltkrieg erwartet wird, erhält Thomas, ein vierzehn Jahre alter Schüler eines Göttinger Gymnasiums, ein Zeugnis des historischen Bewusstseins seines Lehrkörpers. Nachdem sein Lehrer die Bombardierung Hamburgs durch die Alliierten als »beispiellose Barbarei« beklagt hat, hebt Thomas die Hand. Er fragt: »Und die Bombardierung von London durch die Deutschen? Und wie ist das mit den Menschen, die in den Konzentrationslagern ermordet wurden?« Der Lehrer bestreitet den Unterschied zwischen Konzentrationslagern und alliiertem Bombardement, und Thomas verlässt das Klassenzimmer. In einer Schule ein unerhörter Vorgang, aber vielleicht doch nicht ganz so unerhört, wenn man weiß, dass Thomas – anders als sein Vater – das Konzentrationslager Auschwitz, einen Todesmarsch und das Konzentrationslager Sachsenhausen überlebt hat. Ein Traum, der ihn seit damals begleitet: Einer der alliierten Bomber auf dem Weg nach Berlin lässt einen langen Haken herab, hängt Thomas' Baracke daran und bringt ihn nach Amerika.

Apropos Baracke. Womit beschäftigt sich eigentlich in diesen Tagen Häftling Nr. 5 im Kriegsverbrechergefängnis Spandau? Albert Speer zeichnet. Eine Holzbaracke, nichts Großes, aber minutiös. Sie zeige seine neuen Maßstäbe, schreibt Hitlers Generalbauinspekteur für die Reichshauptstadt in seiner Zelle, drei Meter lang, 2,70 Meter hoch. Sein zerstörtes Lebenswerk dürfe nicht das Ende aller Hoffnungen sein. Speer zeichnet länger als einen Monat an der schmucken Hütte, die so gar nicht an die Baracken in Auschwitz erinnert. Mit der Erinnerung an sein Lebenswerk ist das bei Speer ohnehin so eine Sache. Ihm ist schon vor zwei Jahren im Nürnberger Prozess, in dem zwölf der 24 Angeklagten zum Tode verurteilt wurden, Speer aber nur zu 20 Jahren Freiheitsstrafe, partout nicht eingefallen, dass er als Kriegswirtschaftsminister den Bau der Gaskammern in Auschwitz bewilligt hatte und sich von Himmler die Sklaven für die unterirdischen Wunderwaffenfabriken hatte liefern lassen.

Deutschland ist ein Gefängnis. Millionen Menschen – Vertriebene, Flüchtlinge, Kriegsheimkehrer, aus den Konzentrationslagern befreite Juden und ehemalige Zwangsarbeiter – kommen zwar hinein, aber seit drei Jahren darf kein Deutscher das Land verlassen. Gefängnis ist also für Deutschland eine taugliche Metapher, für Berlin ist es ein Synonym. Wenn Ruth Andreas-Friedrich in ihrem Tagebuch notiert: »Berlin ist ein Gefängnis«, dann meint sie nicht nur die in Grund und Boden gebombte, in Sektoren zerlegte ehemalige Reichshauptstadt, deren Westteil seit dem 24. Juni 1948 von sowjetischen Truppen abgeriegelt und dessen Bevölkerung von amerikanischen und britischen »Rosinenbombern« notdürftig versorgt wird. Für die Journalistin Ruth Andreas-Friedrich in Berlin-Steglitz (US-Sektor), die in einer Widerstandsgruppe ihr Leben riskierte, Juden und politisch Verfolgte versteckte, in den letzten Kriegswochen an die Ruinen das Wort »NEIN« gepinselt und in Flugblättern zum Widerstand aufgerufen hatte (»Werft alle Bilder von Hitler und seinen Komplizen auf die Straße! Organisiert den bewaffneten Widerstand!«), ist Berlin ein Gefangener der eigenen Vergangenheit. Von den Siegermächten sei es verurteilt, bis auf Weiteres als Fußmatte der Weltgeschichte zu dienen.

Ost gegen West, West gegen Ost, als Schauplatz und als Brückenkopf Berlin, in dem vor ein paar Jahren noch die Kommandos für den Endsieg erteilt und die Eisenbahn-Transporte zu den Vernichtungslagern koordiniert worden waren. Jetzt sind die Eisenbahnstrecken blockiert, zwei Stunden Strom am Tag, sonntags eine. Ruth Andreas-Friedrichs Stromstunden liegen zwischen zwölf und zwei Uhr nachts. Ein Wagen des RIAS, des Rundfunks im amerikanischen Sektor, fährt durch die Stadt, Weltlage per Lautsprecher: »Weitere Verstärkung der Luftbrücke auf 100 Flugzeuge täglich. Das Baden in freien Gewässern verboten, da infolge der Stromsperren eine Verunreinigung durch Abwässer zu befürchten ist. Weitere Verhaftungen im Ostsektor von Inhabern Deutscher Mark.«

Berlin, klagt Ruth Andreas-Friedrich, ist ein Gefängnis, in dem nur wenige, vom Glück Begünstigte, hin und wieder Ausgeherlaubnis erhalten. Sie könnte sie bekommen. In München wartet Frank. Ein Flug von Berlin nach Frankfurt kostet allerdings 28 Dollar. Nur die aus den Konzentrationslagern befreiten Juden, die die alliierten Flugzeuge auf den Rückflügen mitnehmen, müssen nichts bezahlen.

Wenn ein Gott stirbt, muss das nicht auch für die Gottbegnadeten das Ende bedeuten. Adolf Hitler und Joseph Goebbels hatten 1041 Schriftsteller, Bildhauer, Architekten, Musiker, Sänger, Maler und Schauspieler als »Gottbegnadete« auf eine Liste setzen lassen, die sie als unersetzliche Kulturschaffende vor dem Fronteinsatz bewahrte und der NS-Propaganda erhielt. Entsprechend haben die meisten von ihnen den Krieg gut überstanden, aber auch sie leiden an den Verhältnissen der Nachkriegsjahre.

Einer von ihnen, Viktor de Kowa, einer der bekanntesten Filmkomödianten der UFA-Zeit, steht am 18. Juli inmitten von 20000 Menschen vor dem Schöneberger Rathaus (US-Sektor) und protestiert gegen die Unterdrückung der freien Künste in der Ostzone. Die Demonstration steht unter dem Motto »Geistige und persönliche Freiheit«, die Redner wenden sich gegen die zunehmende Repression, die die freie Entfaltung der Künstler bedrohe. Unter dem Beifall der Menge, die meisten sind Kollegen des Schauspielers, ruft de Kowa: »Ich will ein freier Mensch sein; ich kann es nur, wenn alle anderen es auch sind.«

Das könnten die Zuhörer anders in Erinnerung haben. De Kowa hatte im NS-Propaganda-Jugendfilm »Kopf hoch, Johannes!« Regie geführt, der die Bekehrung des ungestümen, freiheitsliebenden Jungen Johannes zu Disziplin und Gehorsam in einer NS-Jugendorganisation gefeiert hatte. Johannes' Entwicklung hatte de Kowa zu der euphorischen Äußerung inspiriert: »Die Aufgabe, ein Abbild zu schaffen von dem Leben dieser jungen Generation, dieser zukünftigen Führerschaft Großdeutschlands – das ist eine Arbeit, für die man sich ehrlich und ohne Vorbehalte begeistern kann.« Der Film war im Tauentzienpalast, dem Premierenkino der UFA, uraufgeführt worden, dessen Ruine in Schöneberg gar nicht weit vom Rathaus steht, vor dem de Kowa, dessen NS-Jugendfilm nicht nur in der Ost-, sondern auch in den Westzonen verboten ist, für die freie, ungestüme Künstlerschaft und gegen in der Ostzone verlangte künstlerische Disziplin und Gehorsam das Wort ergreift.

Ist die künstlerische Freiheit im Sommer 1948 nur in der Ostzone bedroht? München wird in diesen Wochen vom größten Kulturskandal der Nachkriegszeit erschüttert. Verursacht hat ihn der bayerische Kultusminister Alois Hundhammer (CSU), ein katholischer Fundamentalist, Radikal-Föderalist und im Herzen noch immer Monarchist. Aber er war auch Mitglied der Bayerischen Verfassunggebenden Landesversammlung, die vor zwei Jahren die Landesverfassung und damit den Schutz der Kunstfreiheit beschlossen hat: »Die Kunst, die Wissenschaft und ihre Lehre sind frei.« (Art. 108) Das scheint Hundhammer jedoch nur als einen Vorschlag zu betrachten, für den er allerdings keine Verwendung sieht.

Am 6. Juni wurde Werner Egks »Abraxas. Ein Faustballett« in der Münchner Staatsoper unter Leitung des Komponisten uraufgeführt, eine Adaption von Heinrich Heines Tanzpoem »Der Doktor Faust«. Das Publikum im Prinzregententheater tobte vor Begeisterung. Nach dem 38. Vorhang war der jahrzehntealte Beifallsrekord der Staatsoper gebrochen, erst nach dem 48. Vorhang durften Egk und die Tänzer die Bühne, von Hochrufen begleitet, verlassen.

Das Libretto war schon vorher verschwunden, das Kultusministerium hatte seinen Verkauf Tage vor der Uraufführung wegen sittlicher Anstößigkeit verboten. Als unsittlich war unter anderem auf einem Foto das Höschen einer Tänzerin aufgefallen, das zu sehen war, als diese einen Überschlag machte. Der Eingriff würde nicht auffallen, ließe Minister Hundhammer nicht Wochen später eine Totaloperation folgen. Er verhindert, gedrängt vom Weihbischof von München und Freising, die Wiederaufnahme des Balletts in der neuen Spielzeit. Klerus und Kultusminister empört die Darstellung der »Schwarzen Messe«, eine orgiastische Feier des Bösen, die dem katholischen Messritus nachempfunden ist. Das also ist die Kunstfreiheit der jungen Demokratie: Ein reaktionärer Minister macht in Komplizenschaft mit der katholischen Kirche mobil gegen die moderne Kunst.

Ganz so einfach ist es nicht. Noch leidenschaftlicher als die Obszönität des modernen Balletts des Jahres 1948 hat Alois Hundhammer die Nationalsozialisten bekämpft. Er wurde für einige Monate ins KZ Dachau gesperrt, erhielt Berufs- und Redeverbot und wurde von der Gestapo überwacht. Der Doktor der Philosophie und der Nationalökonomie hatte sich aufs Handwerk verlegt und sich in München mit einer Schuhreparaturwerkstatt durchgeschlagen. Nichts Ehrenrühriges, natürlich, aber kein Vergleich mit dem Künstlertum, das Werner Egk in jenen Jahren höchste Anerkennung bis zur Aufnahme in Hitlers Liste der Gottbegnadeten eingetragen hatte. Für seine Olympische Festmusik hatte er bei den Olympischen Spielen 1936 die Goldmedaille in der Kategorie »Orchestermusik« erhalten. Das Publikum des Jahres 1948 ist also auf Werner Egks Musik seit Jahren eingestimmt. Und auch ein Alois Hundhammer kann die Fortsetzung seiner Karriere nicht verhindern.

*Schon in wenigen Jahren wird Egk als »Komponist des Wiederaufbaus« in der Bundesrepublik Triumphe feiern. Egk ist übrigens ein Pseudonym und das Pseudonym ein Akronym von »**E**in **g**roßer **K**ünstler«. Geboren wurde Egk als Werner Joseph Mayer.*

Nach den ersten beiden Wochen im Juli bezweifelt Gerhard Schulz, 23 Jahre, im Januar 1944 in Italien schwer verwundet, Student an der Universität Leipzig mit Hauptfach Geschichte, dass das Pflänzchen Demokratie auf deutschem Boden jemals wird gedeihen können. Am 1. Juli hat er im Studentenrat einen Antrag gegen die Zulassungsrichtlinien der Zentralverwaltung eingebracht. Die sehen eine Einteilung der Studienbewerber in zwei Gruppen vor. Die erste umfasst Söhne von Arbeitern und kleinen Bauern, die zweite alle anderen. Erst wenn die erste Gruppe – ohne Rücksicht auf Leistung, wie Schulz kritisch vermerkt – restlos zugelassen ist, dürfen die Begabtesten der anderen Gruppe berücksichtigt werden. Schulz will, dass die Zulassung der begabtesten Bewerber aus allen Volksschichten gewährleistet wird. Er hat zwar die Mehrheit auf seiner Seite, aber eine Entscheidung kommt nicht zustande. Die Vertreter der SED beschuldigen Schulz, ein »Feind des Arbeiterstudiums« zu sein, verlassen den Saal, und der Studentenrat verliert seine Beschlussfähigkeit. Schulz' Befürchtung, sein Antrag werde zur »Generalreinigung« der Universität missbraucht und sein Studium infrage gestellt, erweist sich zwar als unbegründet. Aber ein Gespräch mit dem Rektor der Universität endet für Schulz enttäuschend.

Er hat von Anfang an gespürt, dass Prof. Erwin Jacobi mit dem Herzen nicht auf seiner Seite ist. Das ist keine Überraschung. Jacobi war in der Weimarer Republik ein bekannter liberaler Staats- und Arbeitsrechtler, was ihn aber nicht daran gehindert hatte, zusammen mit seinen Kollegen Carl Schmitt und Carl Bilfinger die Reichsregierung im Prozess »Preußen versus Reich« nach dem

Preußenschlag vor dem Reichsgericht zu vertreten. Am 20. Juli 1932 hatte Reichskanzler Franz von Papen die sozialdemokratische Regierung Preußens abgesetzt und den Ausnahmezustand verhängt.

Nach dem Urteil – es verwarf zwar die Absetzung der Regierung als rechtswidrig, bestätigte aber den Ausnahmezustand und akzeptierte damit den offenen Rechtsbruch – waren innerhalb weniger Wochen in Preußen die Sozialdemokraten aus allen Ämtern vertrieben worden. Carl Schmitt und Carl Bilfinger hatten sich wenig später dem Nationalsozialismus zur Verfügung gestellt und waren als Antisemiten fachliterarisch hervorgetreten. Diese Option blieb Professor Jacobi verschlossen. Wegen seiner jüdischen Vorfahren war er entlassen worden. Jetzt hat er zwar seinen Lehrstuhl in Leipzig zurück. Aber seine juristische Beteiligung am Preußenschlag macht ihn angreifbar. Er hält sich aus Schulz' Streit mit den SED-Vertretern heraus, der Studentenrat distanziert sich von Schulz' Antrag, und der Student bezweifelt, dass Deutschland jemals dem Pflänzchen Demokratie ein fruchtbarer Boden sein kann.

Diese Zweifel kennt Gerhard Simons, 27 Jahre, Student der Elektrotechnik und stellvertretender AStA-Vorsitzender der Technischen Hochschule Hannover, nicht. Zwar ahne er, schreibt Simons, dass die Deutschen einen langen und schwierigen Weg in die Zivilisation und nach Europa vor sich hätten, aber nach vorn zu blicken sei ihm immer leichtgefallen. Im Sommer 1948 sieht er zusammen mit 1500 Kommilitonen vor sich eine Absperrung der Polizei, die die Bannmeile des niedersächsischen Landtags vor dem Demonstrationszug der Studenten schützt. Wenige Wochen nach der Währungsreform sind zwar die Geschäfte wieder mit Waren gefüllt, aber die Geldbörsen der Westdeutschen sind leer. Auch Gerhard Simons ist pleite. Die Währungsreform hat ihm für seine Hilfsdienste beim Tausch der Reichsmark gegen D-Mark einiges

Geld gebracht, es ihm aber sogleich wieder genommen. Rationierung und Preisbindung sind zwar teilweise aufgehoben worden, vorläufig jedoch nicht der Lohnstopp. Die Folge ist ein rasanter Preisanstieg, der die Studenten in Hannover vor den Landtag treibt.

Was sagt dazu der Rektor der TH Hannover, Prof. Conrad Müller, ein Mathematiker, der mit weißer, wehender Mähne, geistreich, witzig und zerstreut vor die Studenten tritt, die ihn liebevoll »Conny« nennen? Womöglich hält er sich etwas zurück, denn seine Unterschrift unter das Bekenntnis der deutschen Professoren zu Adolf Hitler von November 1933 ist 15 Jahre später nicht vergessen. Im Kreis der Studenten hingegen muss sich Müller damit nicht verloren fühlen. Die meisten jungen Männer, die die Hörsäle der Universitäten bevölkern, hatten Hitler als Soldaten mit ihrem »heiligen Eid« unbedingten Gehorsam geschworen, wenn auch nicht alle so euphorisch wie Gerhard Simons. Als ihm Hitler für seine Tapferkeit im August 1944 in der »Wolfsschanze« persönlich das Eichenlaub zum Ritterkreuz des Eisernen Kreuzes verliehen hatte, waren dem jungen Offizier die Worte des Großvaters eingefallen, der nach einer Begegnung mit dem Diktator gerufen hatte: »Diese Augen! Das ist die Rettung Deutschlands!«

Wäre es nach Gerhard Simons' Großvater gegangen, dann hätte Robert Kempner seine Arbeit am Internationalen Militärtribunal in Nürnberg nie begonnen, wo er sich im Sommer 1948 befindet. Kempner ist stellvertretender Hauptankläger der Nürnberger Prozesse, derzeit beschäftigt mit dem Verfahren im »Wilhelmstraßenprozess« gegen führende Angehörige des NS-Außenministeriums – unter anderem gegen den ehemaligen Staatssekretär Ernst von Weizsäcker – und anderer Ministerien.

Kempner hatte den Boden der Vereinigten Staaten am 1. September 1939, am Tag des deutschen Überfalls auf Polen, als Emigrant betreten. Der Chefjustiziar der Preußischen Polizei im

Berliner Innenministerium war wegen politischer Unzuverlässigkeit und »fortgesetzten Judentums« zuerst aus dem Amt gejagt, dann aus Deutschland vertrieben worden.

Warum Kempner nach Ansicht des Großvaters Gerhard Simons' niemals hätte Jurist werden dürfen? Der Großvater war Walter Simons, einige Monate Außenminister der Weimarer Republik und von 1922 bis 1929 Präsident des Reichsgerichts, ernannt vom sozialdemokratischen Reichspräsidenten Friedrich Ebert. Simons galt als konservativ-liberal. Im November 1926 hatte er in einem Vortrag vor Fachkollegen klargemacht, warum man nicht Angehöriger der Justiz und Sozialdemokrat in einer Person sein könne. Aufgrund »innerer Hemmnisse« könnten Sozialdemokraten niemals Richter sein, denn mehr als dem Recht seien sie dem Klassenkampf verpflichtet. Die Richter sollten sich auch nicht, »weil eine neue Zeit gekommen ist«, nach Parteien scheiden. Schon deshalb beklage er die Bildung des »Republikanischen Richterbundes« durch einige Sozialdemokraten: »Wir sind doch alle Republikaner.« Simons hatte die Monarchisten vergessen, die Kommunisten, die Nationalsozialisten und die politischen Morde der Feinde der Weimarer Republik, denen bis dahin schon beispielsweise der bayerische Ministerpräsident Kurt Eisner, der ehemalige Reichsfinanzminister Matthias Erzberger und Reichsaußenminister Walter Rathenau zum Opfer gefallen waren. Die Staatsfeinde waren für Simons vor allem die sozialdemokratischen Juristen des Republikanischen Richterbundes – und einer seiner Gründer war der junge Robert Kempner gewesen.

Am 30. Juli ergeht das Urteil gegen 23 Führungskräfte des bis Kriegsende weltgrößten Chemiekonzerns I. G. Farbenindustrie AG. Das US-Militärgericht in Nürnberg spricht zehn Angeklagte frei, 13 werden wegen Sklaverei und Plünderung zu Gefängnisstrafen zwischen anderthalb und acht Jahren verurteilt. Die hauptangeklagten I. G.-Farben-Manager werden für schuldig befunden, Häftlinge aus Konzentrationslagern als Sklavenarbeiter beschäftigt zu haben. Der Konzern hatte unter anderem unmittelbar neben dem KZ Auschwitz ein Chemiewerk errichtet, in dem sich Tausende Häftlinge zu Tode geschuftet hatten.

Einen Tag später ergeht das Urteil gegen den Unternehmer Alfred Krupp und elf Direktoren seines Konzerns. Krupp wird zu zwölf Jahren Freiheitsstrafe und Einziehung seines Vermögens, die Direktoren zu teils hohen Gefängnisstrafen verurteilt. Zwischen 1940 und 1945 hatten in den Krupp-Werken rund 70 000 ausländische Zwangsarbeiter, 5000 KZ-Häftlinge und mehr als 23 000 Kriegsgefangene unter unmenschlichen Bedingungen gearbeitet. Sowohl in dem einen wie in dem anderen Urteil werden alle Angeklagten von der Beteiligung an der Vorbereitung eines Angriffskrieges freigesprochen.

Kempner, der die Verfahren mit vorbereitet hatte, kritisiert, die Urteilsgründe würden in Presse und Fernsehen unzureichend dargestellt. Kein Mensch kenne darum die wahren Gründe der Entscheidungen. Seine Kritik könnte sich auf einen Artikel in der »Zeit« beziehen, dessen Autor beide Urteile mit spürbarer Erleichterung begrüßt, aber auch eine kleine Enttäuschung durchaus nicht verschweigt. Er beginnt folgendermaßen: »Mit dem Nürnberger Urteil gegen die I.G. Farben und gegen Krupp ist die Behauptung, dass die deutschen Industriellen die Drahtzieher der Hitlerschen Aggressionen gewesen seien, zusammengebrochen. In beiden Fällen sprachen die amerikanischen Militärtribunale die Angeklagten von den Verbrechen der Vorbereitung eines Angriffskrieges und der Teilnahme an einer Verschwörung frei. Durch den Irrtum eines Journalisten war am ersten Tag zunächst in manchen Teilen der Welt der Eindruck entstanden, dass die I.G. auch von den drei übrigen Anklagepunkten: Plünderung, Sklavenarbeit und Mitgliedschaft bei verbrecherischen Organisationen freigesprochen worden sei. Im Hause eines Frankfurter Vorstandsmitglieds der I.G. liefen daher bei der Familie des Angeklagten Blumenspenden und Glückwünsche aus den verschiedensten Ländern ein …

Leider stellte sich bald heraus, dass dieser schöne Glaube an die Weisheit eines Verfahrens, bei dem – vielleicht am Vorabend eines dritten Weltkrieges – Kapitalisten über Kapitalisten und Antikommunisten über Antikommunisten zu Gericht saßen, unbegründet war.«

Die Sympathien, die die Angeklagten dieser Verfahren in der Öffentlichkeit finden, sind nicht persönlich gemeint, sie folgen der herrschenden Ansicht, dass die bevorstehende Belebung der deutschen Wirtschaft qualifizierte Führungskräfte verlangt. Entsprechend werden die Richter der US-Tribunale mit Gnadengesuchen überschwemmt. Doch muss festgehalten werden, dass für keinen NS-Verbrecher mehr Petitionen eingehen als für den vor einigen Monaten zum Tode verurteilten Oswald Pohl, den Chef der Konzentrationslager. Und das hat nichts mit der Wirtschaft zu tun.

Alle zu Freiheitsstrafen verurteilten Manager werden spätestens 1952 vorzeitig aus der Haft entlassen. Die meisten werden wieder Mitglieder von Aufsichtsräten in der Pharmabranche. Oswald Pohl, General der Waffen-SS und eine der Schlüsselfiguren bei der Organisation des Holocaust, wird trotz des Einsatzes der Kirchen für eine Begnadigung und der Sympathiebekundungen aus der Bevölkerung im Juni 1951 hingerichtet.

Die US-Militärregierung in Deutschland gibt bekannt, dass rund 60 Prozent der Richter und 76 Prozent der Staatsanwälte in Bayern ehemalige Mitglieder der Nationalsozialistischen Deutschen Arbeiterpartei (NSDAP) sind.

Hört das denn nie auf? Alle paar Monate wird in den Zeitungen von Anklagen und Verurteilungen in Kriegsverbrecher-Verfahren vor US-Militärtribunalen berichtet. Millionen Deutsche werden vor allem von den Amerikanern mit einem Fragebogen gezwungen, sich an ihre ganz persönliche NS-Zeit zu erinnern, sie müssen sich zu ihrer Entnazifizierung vor deutschen Spruchkammern verantworten, vor die sie als Hauptschuldige oder Belastete geladen werden und die sie – nicht nur das Ausland staunt – zu 95 Prozent als Mitläufer oder Entlastete wieder verlassen. Ist von den Deutschen die Rede, dann wird in jeder Sprache der Welt von ihrer Schuld gesprochen. Aber ist dieser ständige Rückblick auf die Vergangenheit einer friedlichen Zukunft bekömmlich, ist es nicht Zeit, die Toten endlich ruhen und die Deutschen ihren Frieden mit sich machen zu lassen? Anlässlich des dritten Jahrestags der Kapitulation entschließt sich das Präsidium des Deutschen Städtetages zu einem öffentlichen Aufruf: »Lasst auch in unserem Volke keine neuen Verhärtungen platzgreifen, sondern zieht in einem Akt der Versöhnung den Strich unter die Vergangenheit, hinter dem die Verbrecher zurückbleiben, von dem aus die Menschen guten Willens gemeinsam in eine bessere Zukunft aufbrechen können.«

Der Bremer Senator für die innere Verwaltung erlaubt das öffentliche Schuhetauschen (das bisher illegal auf dem Schwarzmarkt stattgefunden hatte) an der Liebfrauenkirche an den wochenmarktfreien Tagen (montags, mittwochs und freitags) von 9 bis 13 Uhr.

Ein dringender Wunsch, den Thomas in den ersten Jahren nach seiner Rückkehr aus den KZ in die Göttinger Wohnung der Mutter erfüllte – ein auf dem Balkon installiertes Maschinengewehr. Wenn er voller Neid und Hass auf der Straße die Väter und Mütter sah, die Großväter und Großmütter, die ihre Kinder und Enkel an der Hand spazieren führten, zufriedene Deutsche, die ihr Leben genossen, als ob in der Vergangenheit nichts Besonderes gewesen wäre, wünschte er sich nichts sehnlicher als das Gewehr, um ihnen anzutun, was sie seiner Familie angetan hatten.

Mit den Jahren jedoch hat sich sein Blick erweitert. Er bemerkt auf der Straße die Spuren des Kriegs: Menschen, deren Gesichter durch Verbrennungen entstellt sind, Blinde, Krüppel, denen Arme oder Beine fehlen. Er sieht Männer, die noch immer in ausgeblichenen Uniformen oder in Militärmänteln herumlaufen, Leute, die, nach ihrem Verhalten und ihrer Kleidung, nur Flüchtlinge sein können, und Studenten mit Aktentaschen, die offenbar leer sind – Thomas vermutet, dass die jungen Männer sie tragen, um sich einen bescheidenen Anstrich von Wichtigkeit zu geben.

Auch Thomas' Fantasien haben sich verändert. Er wird jetzt nicht mehr von dem Wunsch getrieben, die Zahl zufriedener Deutscher mit dem Maschinengewehr zu dezimieren; er hat das Bedürfnis nach Gesprächen, vor allem mit seinen Mitschülern. Anders als bei seinen Lehrern – von denen nicht wenige Nazis gewesen sind – bemerkt er bei ihnen keinen verdeckten Antisemitismus. Zwar hat die Nazipropaganda auch bei ihnen Spuren hinterlassen. Weil Thomas weder eine Hakennase hat noch ein verschlagenes Gesicht, weil er sportlich ist und kräftig gebaut, glauben ihm einige Mitschüler nicht, dass er ein Jude ist: »Du siehst gar nicht aus wie ein Jude!« Er ist als Mitschüler anerkannt, er ist sogar beliebt, aber besonders interessant scheint er für seine Klassenkameraden nicht zu sein. Zumindest Thomas' Vergangenheit weckt bei ihnen keine Neugier. Obwohl er ihnen erzählt, dass er die Konzentrationslager überlebt hat, will kein Mitschüler Genaueres wissen. Keiner fragt ihn danach, die Schüler halten es wie ihre Lehrer, die selbst in den Geschichtsstunden den Aufstieg Hitlers und den Nationalsozialismus beschweigen. Das immerhin hat der Zweite Weltkrieg mit dem Ersten Weltkrieg gemein. Auch der kommt in Thomas' Geschichtsunterricht nicht vor.

Thomas Buergenthal verlässt Deutschland Ende 1951, wenn auch nicht – wie erträumt – mit einem Flugzeug, sondern mit einem US-Militärfrachter. Er studiert in den USA Rechtswissenschaften, wird Professor für Völkerrecht und widmet sich vor allem der juristischen Aufarbeitung von Menschenrechtsverletzungen. Unter anderem wird er von 2000 bis 2010 als Richter am Internationalen Gerichtshof (IGH) in Den Haag arbeiten.

Seit drei Jahren hört Thomas Mann Stimmen. Sie sprechen Deutsch, so selbstbewusst wie seit dem Krieg nur wenige, Mann empfindet sie als unverschämt. Es sind die Stimmen der inneren Emigration.

Zum ersten Mal hat sich der Schriftsteller Walter von Molo zu Wort gemeldet, unmittelbar nachdem eine Rede Manns an die Deutschen vom Mai 1945 in der »Bayrischen Landeszeitung« – dem Blatt der amerikanischen Militärregierung – nachgedruckt worden war. Unter dem Eindruck der Bilder der von den Alliierten befreiten Konzentrationslager hatte Mann geklagt: »Unsere Schmach, deutscher Leser und Hörer! Denn alles Deutsche, alles, was Deutsch spricht, Deutsch schreibt, auf Deutsch gelebt hat, ist von dieser entehrenden Bloßstellung mit betroffen. Es war nicht eine kleine Zahl von Verbrechern, es waren Hunderttausende einer sogenannten Elite, Männer, Jungen und entmenschte Weiber, die unter dem Einfluss verrückter Lehren in kranker Lust diese Untaten begangen haben.«

Manns Ansicht, »dass die ›Machtergreifung‹ ein fürchterliches Unglück, ihre Zulassung, Begünstigung ein Verbrechen ersten Ranges war«, fand wenig Zustimmung, nicht nur weil die Deutschen damit beschäftigt waren, in den Ruinen der Städte ihr Überleben zu organisieren. In dem Bild, das der Emigrant von ihnen malte, erkannten sie sich partout nicht wieder. Walter von Molo, Autor national gestimmter Historienromane, der einst mit Thomas

Mann in der Sektion Dichtkunst der Berliner Akademie gesessen hatte, antwortete mit einem offenen Brief und der Einladung an den US-Staatsbürger, nach Deutschland zurückzukehren: »Bitte, kommen Sie bald, sehen Sie die von Gram durchfurchten Gesichter, sehen Sie das unsagbare Leid in den Augen der vielen, die nicht die Glorifizierung unserer Schattenlinien mitgemacht haben, die nicht die Heimat verlassen konnten, weil es sich hier um viele Millionen Menschen handelte, für die kein anderer Platz gewesen wäre als daheim, in dem allmählich gewordenen großen Konzentrationslager, in dem es bald nur mehr Bewachende und Bewachte verschiedener Grade gab. Suchen wir wieder gemeinsam – wie vor 1933 – die Wahrheit, indem wir uns alle auf den Weg zu ihr begeben und helfen, helfen, helfen.«

Das war selbstmitleidig und verlogen, von Molo hatte es sich in dem »Konzentrationslager« kommod gemacht und sich den Machthabern vielfach anempfohlen. Aber ehe Mann darauf hatte erwidern können, hatte der Schriftsteller Frank Thiess die Gelegenheit ergriffen und sich mit dem Artikel »Die innere Emigration« in der »Münchner Zeitung« der deutschen Öffentlichkeit nachdrücklich in Erinnerung gerufen. Thiess, der schon 1929 an der NSDAP »das spezifisch jugendliche, spezifisch revolutionäre Moment« zu schätzen gewusst hatte, klärte Thomas Mann – nicht so larmoyant wie von Molo, aber deutlich hochmütiger – darüber auf, es sei eben ein Unterschied, »diese schauerliche Epoche« in Deutschland überstanden oder »der deutschen Tragödie« nur »aus den Logen und Parterreplätzen des Auslands« zugeschaut zu haben.

Für Thiess hatte der Unterschied nicht zuletzt darin bestanden, dass er dank gepflegter Beziehungen zur NS-Kulturbürokratie sein Auskommen in Deutschland hatte sichern können. Thomas Mann hatte nicht Thiess, aber von Molo geantwortet, in einem im Oktober 1945 im »Augsburger Anzeiger« veröffentlichten Artikel: »Es mag Aberglaube sein, aber in meinen Augen sind Bücher, die von 1933 bis 1945 in Deutschland überhaupt gedruckt werden konnten, weniger als wertlos und nicht gut in die Hand zu nehmen. Ein Geruch von Blut und Schande haftet ihnen an. Sie sollten alle eingestampft werden.«

Es sind vor allem diese drei Sätze, die ihm die deutschen Schriftsteller der »inneren Emigration« nicht verzeihen. Immerhin aber scheinen die Besatzungsmächte Manns Einschätzung zu folgen. In der sowjetischen Zone umfasst die »Liste der auszusondernden Literatur« 30 000 Titel, die Amerikaner begnügen sich in der als Anleitung bezeichneten »Illustrative List of National Socialist and Militarist Literature« mit 1000 Titeln.

Im Sommer 1948 hat die Wucht der Kontroverse nachgelassen, aber vergessen ist sie nicht. Der junge deutsche Psychologe und Schriftsteller Ulrich Sonnemann bringt sie noch einmal in Schwung. Er geißelt nunmehr allerdings die »Edelfäulnis« im Werk Thomas Manns, der die deutsche Jugend hoffentlich jene Gleichgültigkeit entgegensetzen werde, die tödlicher wirke als aller Protest: »Der deutsche Geist, was hat er mit jener zu schaffen?« Deutscher Geist versus Edelfäulnis ist kein origineller Gedanke, nur ist er seit drei Jahren in Deutschland nicht mehr so häufig zu hören. Originell ist jedoch, dass er von einem wegen seiner jüdischen Abstammung von den Nazis verfolgten Emigranten öffentlich ins Spiel gebracht wird.

Sympathien haben die Deutschen, vor allem die deutschen Schriftsteller, von Thomas Mann jedenfalls nicht zu erwarten. Selbst wenn ihre zwischen 1933 und 1945 erschienenen Werke Zeugnis geben vom Widerstand gegen Hitler, garantiert das nicht die Anerkennung des alten Zauberers. Ruth Andreas-Friedrich war es gelungen, den ersten Teil ihrer sehr genauen und unter Lebensgefahr notierten Aufzeichnungen in englischer Übersetzung in New York und London verlegen zu lassen. Die deutsche Ausgabe »Der Schattenmann. Tagebuchaufzeichnungen von 1938–1945« war im Juli 1947 im Suhrkamp-Verlag erschienen. Im Sommer 1948 fällt die deutsche Ausgabe Thomas Mann in die Hände: »Zweifelhaft, ob die Zeit wohl angewandt.«

Wenige Tage nach der Demonstration vor dem niedersächsischen Landtag bekommt der Enkel des früheren Reichsaußenministers, der ehemalige Wehrmachtsoffizier und heutige Student an der TH Hannover, Gerhard Simons, einen Brief. Geschrieben hat ihn ein alter Bekannter Robert Kempners. Wie der stellvertretende Hauptankläger in Nürnberg war er in seiner Jugend Sozialist, wie Kempner war er preußischer Beamter, zuletzt Regierungspräsident in Liegnitz, wie Kempner ist er – allerdings ein wenig früher, unmittelbar nach dem Preußenschlag – wegen politischer Unzuverlässigkeit aus dem Staatsdienst entfernt und schließlich aus Deutschland verjagt worden. Und wie Robert Kempner ist Hans Simons, der Vater Gerhards und Professor an der New School for Social Research in New York, als amerikanischer Staatsbürger nach Deutschland zurückgekehrt.

Anders als Kempner hat ihn aber nicht das Ende des Zweiten Weltkriegs zurückgebracht, sondern der Beginn des Kalten Krieges. Und er ist auch nicht als Ankläger oder Richter gekommen, sondern als Spezialist für Verfassungsrecht: Er soll die Gründung des Weststaats vorbereiten. Seit Monaten erklärt Simons den westdeutschen Politikern, was die Stunde geschlagen hat. Er erklärt es betont nüchtern. Demokratie und Menschenrechte, Föderalismus und eine unabhängige Justiz in Westdeutschland seien nicht das erste Ziel der westlichen Siegermächte, schon gar nicht der Aufstieg der deutschen Wirtschaft, vielmehr seien sie nur Mittel zu dem Zweck, einen wichtigen Baustein im Bollwerk gegen den Kommunismus einzufügen.

Mit anderen Worten: Die Besatzungsmächte machen den westdeutschen Politikern ein Angebot, das sie nicht ausschlagen können. Aus dem Verbrecher von gestern soll der Partner von morgen werden. Der Preis ist die vorläufige oder endgültige Teilung

Deutschlands. Den westdeutschen Bürgern erscheint er nicht zu hoch. Schon vor Monaten hat nur ein Viertel von ihnen in einer Umfrage die Hoffnung geäußert, die vier Siegermächte würden sich doch noch auf eine Regelung über Gesamtdeutschland einigen. Erstens lockt die Verheißung rasch wachsenden Wohlstands. Zweitens ist den Westdeutschen bewusst, dass den Preis für die Weststaatsgründung die Bürger der Ostzone werden zahlen müssen. Dennoch zögern die westdeutschen Politiker, das Angebot der Siegermächte anzunehmen. Nicht nur Carlo Schmid (SPD), stellvertretender Staatspräsident von Württemberg-Hohenzollern und Justizminister, fürchtet, »dass das deutsche Volk jeden verdammen wird, der die Hand zu einer Spaltung Deutschlands bietet«. Das westdeutsche Volk ist da ganz anderer Meinung. Und Hans Simons treibt die Zögerlichkeit der Ministerpräsidenten, Ja zur Weststaatsgründung zu sagen und eine Verfassunggebende Versammlung einzuberufen, allmählich zur Verzweiflung.

In dem Brief an seinen Sohn beklagt sich der Vater in englischer Sprache, die westdeutschen Politiker führten sich auf wie ein Mädchen, das zwar wolle, aber sich nicht traue, es zu sagen, und dann auch noch auf der Garantie bestehe, anschließend nicht schwanger zu werden. Die Ängstlichkeit dieser Leute, ihre Selbstbezogenheit und Unkenntnis weltpolitischer Zusammenhänge seien bestürzend. Den Ministerpräsidenten und Parteiführern habe er unverdrossen klarzumachen versucht, welche historische Chance die Gründung eines Weststaates biete, »but to little avail« – vergeblich.

Nicht ganz. Denn Ende Juli, bei einem erneuten Treffen der Ministerpräsidenten mit den Militärgouverneuren, bekommen alle, was sie wollen. Die westdeutschen Politiker bekommen das »Grundgesetz« – also keine Verfassung –, den »Parlamentarischen Rat« –

also keine Verfassunggebende Versammlung –, und am Ende bekommen sie sogar eine Abstimmung über das Grundgesetz nur in den Landtagen – also keine Volksabstimmung. Aber das alles bekommen sie nur, weil sie in die Schwangerschaft eingewilligt haben – die Gründung des Weststaats.

Das ist nicht nur ein Erfolg des Staatsrechtlers und Politikers, sondern vor allem des Pädagogen Hans Simons. Erste Erfahrungen als Lehrer hat er in den 1920er-Jahren als Dozent und Direktor der Deutschen Hochschule für Politik in Berlin gemacht. Sie sollte den Hörern die Grundlagen eines demokratischen Gemeinwesens vermitteln. Ein Kollege Hans Simons' war damals ein Journalist und Politikwissenschaftler namens Theodor Heuss, ein anderer sein Vater, der ehemalige Reichsaußenminister und spätere Präsident des Reichsgerichts Walter Simons. Der Vater hätte damals besser unter den Hörern seines Sohnes Platz genommen.

August 1948

Auf Schloss Herrenchiemsee beginnt ein Verfassungskonvent mit den Vorarbeiten zum Grundgesetz. Im Auftrag der Ministerpräsidenten erarbeiten die Sachverständigen einen Verfassungsentwurf, der dem Parlamentarischen Rat als Arbeitsgrundlage dienen wird. Auch in der sowjetischen Besatzungszone gehen die Arbeiten an einer Verfassung voran. Der Deutsche Volksrat beauftragt einen Ausschuss mit der Formulierung eines vollständigen Verfassungsentwurfs.

Der »Stern« geht auf, jetzt schon zum zweiten Mal. Die erste Ausgabe der neuen Illustrierten erscheint am 1. August, auf dem Cover das Bild einer jungen Blondine mit »natürlicher Anmut«, der Schauspielerin Hildegard Knef. Die 23-Jährige ist dem deutschen Publikum aus einigen UFA-Filmen bekannt, das Coverbild macht sie schlagartig berühmt, den »Stern« zum Start-up der Saison und den Verleger Henri Nannen aus Hannover – er ist 33 Jahre alt – zum Harry Houdini der deutschen Lizenzpresse, der die von der britischen Besatzungsmacht angelegten Fesseln mühelos sprengt.

Und das, erzählt Nannen, kam so. Schon seit einiger Zeit habe er die von ihm herausgegebene Jugendzeitschrift »ZickZack« in ein Magazin für Erwachsene umwandeln wollen, dafür aber die Genehmigung des britischen Presseoffiziers benötigt. Ob er wisse, habe er den Commander gefragt, dass »ZickZack« eigentlich ein Nazi-Titel sei, mit einem Anklang an »zackig« und an den Hitlerjugend-Kampfruf »Zicke-zacke-zicke-zacke-hei-hei-hei«. Das passe ja wohl schlecht zum Konzept der demokratischen Umerziehung. »Dies leuchtete dem Briten ein. Aber wie sollte man das Blatt denn bloß nennen? Ich fasste mir ans Kinn und begann laut nachzudenken: ›Die abgerissenen Landser auf dem Bahnhofsplatz oder vor dem Pressehaus, das waren doch noch Kinder, als man sie zum Militär oder schließlich zu den Werwölfen einzog, und heute sind sie zwischen 16 und 25. Das sind doch die Leser, die wir umerziehen wollen.‹«

Denen könne man doch keine Kinderzeitung vorsetzen, habe er, Henri Nannen, gesagt, denen sollte man eher so etwas wie den »Stern einer neuen Hoffnung« zeigen: »Warten Sie, Commander, ›Stern‹, wäre das nicht ein guter Titel?« In dieser Geschichte kommt alles zusammen, was zu einer guten Illustrierten-Story gehört. Die Wahrheit gehört nicht unbedingt dazu.

Henri Nannen hat offenbar vergessen, dass nicht nur »ZickZack«, sondern auch der »Stern« ein den Deutschen bekannter Titel der NS-Presse ist. Der alte »Stern« war eine Erfindung des erfahrenen NS-Propagandisten Kurt Zentner. Für die Olympischen Spiele 1936 hatte er ein Sonderheft entwickelt, von dem 800 000 Exemplare verkauft wurden, ein überwältigender Erfolg, für den Zentner zwar nicht zum Gottbegnadeten befördert – der Status wurde Journalisten vom NS-Staat ehrlicherweise verweigert –, aber mit einem Aufenthalt in den USA belohnt worden war. Ein Jahr lang hatte er dort das moderne Zeitungswesen studiert und nach seiner Rückkehr ins Deutsche Reich den »Stern« zum Erfolg gemacht. 1939 lag die verkaufte Auflage der Wochenillustrierten mit 750 000 Exemplaren genauso hoch wie die der NS-Tageszeitung »Völkischer Beobachter«. Nicht nur die bewährte Mischung von Geschichten über Filmstars und die Theaterszene, Lebensratgebern, Rätselseiten und Horoskopen hat der neue mit dem alten »Stern« gemein, auch das Logo ist erhalten geblieben; allerdings hat der Stern im Jahr 1948 nicht mehr wie einst sieben Zacken, sondern nur mehr sechs, und er funkelt auch nicht mehr in wechselnden Farben, sondern ganz in Weiß auf rotem Grund.

Später wird sein vergesslicher Zweit-Erfinder beteuern, er sei weder Nazi noch Widerstandskämpfer gewesen. Das eine musste, das andere durfte er nicht sein, um bei den Olympischen Spielen in Berlin 1936 als Stadionsprecher, im Olympiafilm Leni Riefenstahls als Sprecher und im Krieg als Berichterstatter einer Propagandakompanie der Luftwaffe zu arbeiten und um als Autor des Heftromans »Störfeuer von MI71« der Serie Kriegsbücherei der deutschen Jugend (Band 144) Furore zu machen. Wie sein Propaganda-Kamerad Zentner, der schon wenig später zum neuen »Stern« stößt, weiß auch Nannen, was das Publikum außer einer versonnen dreinblickenden Jungschauspielerin interessiert. Auf dem Cover vom 1. August steht im »Stern«-Logo das Versprechen: »Ein 17jähriger Werwolf packt aus«. Zarte Reminiszenz an die »ZickZack«-Jugend.

Die Stunde null, Neuanfang, Schlussstrich. Für das selbstverordnete Vergessen kennt die deutsche Sprache viele Begriffe. Die Gruppe 47 um den Schriftsteller Hans Werner Richter nennt es Kahlschlag, Alfred Andersch bevorzugt Tabula rasa. Richter und Andersch sind in amerikanischer Kriegsgefangenschaft gewesen und haben im Umerziehungsprogramm an einem Blatt mit dem Titel »Der Ruf. Zeitschrift deutscher Kriegsgefangener in den USA« in Fort Kearney, Rhode Island, mitgearbeitet. Nach seiner Rückkehr hatte Andersch zunächst Arbeit in der Redaktion der »Neuen Zeitung« gefunden, einer »amerikanischen Zeitung für die deutsche Bevölkerung«, herausgegeben von der US-Militärregierung, ein Instrument der politischen Umerziehung. Chef der Innenpolitik war Robert Lemke, Wissenschaftsredakteurin Hildegard Hamm-Brücher und Leiter des Feuilletons Erich Kästner, der, wie Andersch verwundert bemerkte, von Lessing sprach, wenn er, Andersch, von Sartre reden wollte. Andersch wollte auch von Hemingway und Faulkner sprechen, vor allem aber vom Gesicht des jungen Europa, vom sozialistischen Humanismus, vom »Fanatismus für das Recht des Menschen auf seine Freiheit«. Er sagte Kästner und der »Neuen Zeitung« Valet und fand mit Richter im von ihnen neu gegründeten deutschen »Ruf« wieder zusammen. Weil Andersch und Richter hier aber auch von einem selbstbestimmten, unabhängigen Deutschland zwischen dem kapitalistischen System des Westens und dem kommunistischen des Ostens sprachen, von den Fehlern der Besatzungspolitik, der Fragwürdigkeit der Entnazifizierung, dem Unsinn der Kollektivschuld-These, war es mit ihnen nach sechzehn Nummern beim »Ruf« schon wieder vorbei. Offenbar war ihnen entgangen, dass für die neue

US-Regierung nicht mehr der Antifaschismus auf der Tagesordnung stand, sondern der Antibolschewismus.

Eine neue Zeitschrift wurde geplant. Ihr Name war bereits gefunden, »Der Skorpion«, ein Konzept wurde noch gesucht. Im September 1947 waren 16 Autoren im Haus der Schriftstellerin Ilse Schneider-Lengyel am Bannwaldsee bei Füssen zusammengekommen, um an der ersten Probenummer zu arbeiten. Über sie war »Der Skorpion« dann zwar nicht hinausgekommen. Wie zu erwarten, hatten die amerikanischen Behörden auch dieser Literaturzeitschrift die Lizenz »wegen Nihilismus« verweigert. Aber die Diskussionen während des dreitägigen Treffens hatten die Teilnehmer so beeindruckt, dass Hans Werner Richter wenig später zur nächsten Zusammenkunft seines »Freundschaftsbundes von Schriftstellern« nach Herrlingen bei Ulm für den 9. November geladen hatte. So entstand die später berühmt gewordene Gruppe 47, die literarische Nachwuchsschmiede der Bundesrepublik, die jahrzehntelang bestimmte, wer in der Branche Rang und Namen verdiente. Sie hatte kein Programm und keine Satzung, aber Andersch hatte auf der zweiten Tagung am 9. November 1947 den einzigen Essay vorgetragen, der auf den Tagungen der Gruppe je zu hören war, und eine »realistische Literatur« verlangt. Und was, bitte, ist realistische Literatur? »Realistische Literatur ist Literatur aus Wahrheitsliebe.«

Ist Andersch ein realistischer Literat? Bereitwillig spricht er von seiner Zeit in einem KPD-Jugendverband, von seiner Inhaftierung im KZ und von seiner Desertion. Über die Scheidung von seiner Ehefrau, die nach NS-Kriterien als Halbjüdin galt, und über die Trennung von seinem Kind 1943 verliert er hingegen kein Wort, auch zu seinen Bemühungen, in die Reichsschrifttumskammer aufgenommen zu werden, verschlägt es ihm nach dem Krieg die

Sprache. Die halbe Wahrheit aber ist eine ganze Lüge. Ist dann die Literatur von Andersch »realistisch«?

Von Anfang an gefällt sich die Gruppe 47 in der Aura ihrer Radikalität, mit der sie zum Kahlschlag in der Literatur aufruft, im Ruf der intellektuellen Schärfe, mit der die Teilnehmer der Treffen die literarischen Texte eines Autors von Fall zu Fall vernichten, der auf dem sogenannten elektrischen Stuhl sein Urteil in Empfang zu nehmen hat, und in der Kompromisslosigkeit ihrer Debatten. Wer debattiert? Die meisten Autoren der Gruppe sind Kriegsheimkehrer wie Andersch und Richter, die sich als Opfer empfinden, schuldlos schuldig geworden durch ihre Väter und deshalb ohne Verantwortung für die Verbrechen im Krieg und in den KZ. Was schert sie der Holocaust! Die These von der Kollektivschuld empfinden sie als persönliche Beleidigung, Juden und Emigranten sind zwar auf den Treffen der Gruppe nicht ausdrücklich unerwünscht, aber willkommen geheißen werden sie nicht. So kompromisslos, wie auf den Treffen der Gruppe gestritten wird, so kompromisslos wird auch geschwiegen.

Auf der Frühjahrstagung 1948 ist Günter Eich, mit 41 Jahren einer der ältesten Teilnehmer, zum Star der Gruppe aufgestiegen, das neue Sprachrohr der Deutsch sprechenden Lost Generation. Er hat eines seiner Gedichte vorgelesen, das in seinem eben veröffentlichten Lyrik-Band »Abgelegene Gehöfte« erschienen ist und zum Schlüsseltext der Gruppe 47 wird. Es trägt den Titel »Inventur« und beginnt mit der Strophe: »Dies ist meine Mütze, / dies ist mein Mantel, / hier mein Rasierzeug / im Beutel aus Leinen.« Und es schließt: »Dies ist mein Notizbuch, / dies meine Zeltbahn, / dies ist mein Handtuch, / dies ist mein Zwirn.«

Das könnte das Gedicht eines befreiten KZ-Gefangenen sein, eines entlassenen Zwangsarbeiters oder eines zerlumpten Remigranten. Aber Günter Eich war im Krieg Unteroffizier, Mitarbeiter der literarischen Zensurstelle beim Oberkommando der Wehrmacht, sein Eintrittsgesuch in die NSDAP vom 1. Mai 1933 war von der Partei infolge der Mitgliedersperre allerdings nicht bestätigt worden. Eich ist nicht nur ein eher betagter Angehöriger der Lost Generation, auch als Schriftsteller ist er erfahren – während der NS-Zeit hat er rund 150 Texte für den Rundfunk verfasst. Darüber wird natürlich viel geredet. Aber erst Jahre später.

Am 1. August 1948 wird Alfred Andersch Gründer und Leiter des Abendstudios im Sender Frankfurt. Er wird in kurzer Zeit einer der wichtigsten Förderer der deutschen und Vermittler der ausländischen Literatur, und er nimmt die Weimarer Tradition des Rundfunk-Hörspiels wieder auf. An seinen eigenen Ansprüchen an realistische Literatur ist er gescheitert, aber was weltoffene Literatur ist und was ein experimentierfreudiger Rundfunk vermag, das zeigt Andersch dennoch von diesem Sommer an den Deutschen.

Am 2. August gewinnt der Film »Die letzte Etappe« auf dem Internationalen Filmfestival im tschechischen Karlsbad den Hauptpreis. Es ist der erste Spielfilm, der das Leben im Vernichtungslager Auschwitz-Birkenau thematisiert, und der erste Film der polnischen Regisseurin Wanda Jakubowska, die damit auch ihre eigenen Erfahrungen in den Konzentrationslagern Auschwitz und Ravensbrück verarbeitet. Der Film verwendet von Filmoffizieren der Roten Armee gedrehte dokumentarische Originalaufnahmen. Einige Darsteller sind Überlebende des KZ Auschwitz, sie spielen sowohl Opfer als auch Peiniger. Alle Schauspieler sind Polen, spielen sie deutsche Wachen, sprechen sie allerdings deutsch. Der von der internationalen Kritik gelobte Film kommt erst im nächsten Sommer in die deutschen Kinos, jedenfalls in die Kinos der sowjetischen Besatzungszone. Die Westdeutschen bekommen ihn nicht zu sehen. Stören sich die Amerikaner an der heldenhaften Rolle der Roten Armee oder befürchten die westdeutschen Filmverleiher, die Authentizität könnte die Gefühle der Zuschauer verletzen?

Die extremen Preissteigerungen nach der Währungsreform führen in vielen Städten der Bizone zu teilweise gewalttätigen Protesten. Am 2. August stürmen aufgebrachte Hausfrauen in München die Verkaufsstände auf dem Viktualienmarkt. In zahlreichen Industriebetrieben kommt es zu Arbeitsniederlegungen, in einigen Städten – zum Beispiel in Lübeck – werden lokale Käuferstreiks organisiert. Das erste, etwas stürmische Lebenszeichen der Verbraucherdemokratie zeigt Wirkung. Die Händler gewähren Preisnachlässe von bis zu 50 Prozent. Schon am 1. August hat der Verwaltungsrat der Bizone beschlossen, die Verbrauchssteuern für Kaffee, Branntwein, Bier und Tabak drastisch zu senken. Ein Pfund Kaffee kostet jetzt nur noch elf bis zwölf statt bisher 30 DM.

Wenn nichts geschieht, ist Richard Schuh schon bald ein toter Mann. Schuh, 27 Jahre alt, nichtehelicher Sohn einer Bauerntochter, gelernter Mechaniker, Bordschütze bei den Kampffliegern, nach der Entlassung aus der Kriegsgefangenschaft Gelegenheitsarbeiter, hat sein Leben verwirkt. So hat das Landgericht Tübingen im Mai entschieden. Das Gericht sah als erwiesen an, dass Schuh einen Lastwagenfahrer mit einer Wehrmachtspistole erschossen und die geraubten neuen Reifen des Lasters auf dem Schwarzmarkt zu verkaufen versucht habe. Zwar sei offenkundig, »dass er infolge des langen Krieges und der unseligen, verwirrten Nachkriegsverhältnisse den Respekt vor dem Menschenleben und die Achtung vor den Gesetzen verloren und durch seinen vieljährigen Kriegsdienst mehr eine Erziehung zu Gewalt und Unrecht als eine solche zu Ordnung und Moral genossen hat«. Aber das falle nicht besonders zu seinen Gunsten ins Gewicht, denn: »Dieses Schicksal teilt er mit Unzähligen.« Das gilt auch für das vom Gericht über Schuh verhängte Schicksal: In der Nazizeit haben allein zivile Strafgerichte mehr als 16 000 – vollstreckte – Todesurteile gesprochen. Schuhs Revisionsantrag ist abgelehnt, der Direktor des Tübinger Landgerichts sieht sich außerstande, ein Gnadengesuch zu befürworten. Zur Begründung verweist er auf den Kalten Krieg, also auf die bolschewistische Gefahr. Werde Schuh begnadigt, dann müssten in Zukunft alle Mörder begnadigt werden. Die Abschaffung der Todesstrafe aber setze stabile politische Verhältnisse voraus: »Das kann man für unser an der russischen Grenze gelegenes Land nicht behaupten. Es kann deshalb nicht damit gerechnet werden, dass die zu lebenslänglichem Zuchthaus Begnadigten besonders bußfertig werden. Sie werden hingegen alle politischen Spannungen, an denen es auf Jahre hinaus nicht fehlen wird, mit Hoffnung auf eine radikale politische Umwälzung erleben und sich als künftigen Kommissar oder Kreisleiter träumen.« Eine solche Karriere hat sich Schuh im Leben bestimmt nicht träumen lassen. Das hilft ihm nichts: Der ungeträumte Traum wird seinen Tod begründen – wenn nicht sehr bald etwas geschieht.

Könnte Richard Schuh die Reden hören, die am 19. August im alten Schloss auf der Herreninsel im Chiemsee gehalten werden, würde er vielleicht Hoffnung schöpfen. Mehr als 30 Männer – Frauen sind nicht dabei – aus allen Teilen Westdeutschlands und Berlins haben sich dort versammelt, um im Auftrag und natürlich möglichst auch im Sinn der Ministerpräsidenten innerhalb von 13 Tagen eine unverbindliche Vorlage für das Grundgesetz zu schreiben, über das der Parlamentarische Rat in Bonn ab 1. September beraten wird.

Es ist eine Mixtur von Politikern und Verfassungsexperten, das ideale Mischungsverhältnis repräsentiert der frühere Tübinger Landgerichtsrat Carlo Schmid. Der Sozialdemokrat ist sowohl stellvertretender Staatspräsident Württemberg-Hohenzollerns und

Justizminister als auch Professor für Völkerrecht an der Universität Tübingen. Darüber hinaus ist er ein entschlossener Gegner der Todesstrafe. Er fordert ihr Verbot im Grundgesetz: »Ein solches Verbot sollte nicht nur auf politische Delikte beschränkt, sondern ganz allgemein ausgesprochen werden. Die Würde des Menschen wird beim Vollzug der Todesstrafe nicht so sehr im Delinquenten gekränkt, als in denen, die mit der Vollziehung zu tun haben.« Doch verzichtet der Konvent auf eine Abstimmung und beschließt nur, dem Parlamentarischen Rat die Frage zur Entscheidung vorzulegen. Soweit es das Leben Richard Schuhs betrifft, kommt es jetzt darauf an, wer schneller ist: der Henker oder der Parlamentarische Rat.

Die politische Karriere des 51-jährigen Carlo Schmid nimmt in diesen Monaten erst Fahrt auf, die seines zwei Jahre älteren Parteifreundes Hermann Louis Brill, der Schmids Antrag zur Abschaffung der Todesstrafe unterstützt, ist seit Kriegsende bereits einmal zu Ende gegangen. Die KPD hat sie vor drei Jahren in Thüringen liquidiert. Brill, Widerstandskämpfer, Sozialist und Häftling im KZ Buchenwald, war der erste Regierungspräsident des Landes Thüringen. Allerdings war er das – von der US-Militärverwaltung eingesetzt – im Frühjahr 1945 nur einen Monat lang gewesen, dann hatte die KPD unter Führung Walter Ulbrichts den linken Sozialdemokraten zum Rücktritt und zur Flucht in den Westen gezwungen. Brills direkter kommunistischer Gegenspieler war Werner Eggerath gewesen, der jetzt, im Sommer 1948, als zweiter Nachfolger Brills im Weimarer Fürstenhaus als SED-Regierungspräsident residiert.

Ihn trifft in wenigen Tagen der Leipziger Geschichtsstudent Gerhard Schulz zu einem Gespräch, das für die Zukunftspläne des jungen Mannes einige Bedeutung hat. Seitdem er weiß, dass die

Freie Universität Berlin, die demnächst gegründet werden soll, schon zum Wintersemester mit ihren Vorlesungen beginnt, durchziehen tausend Pläne sein Gehirn. Und seitdem ihm klar ist, welchen Ton die SED in Zukunft anschlagen wird, werden die Pläne immer konkreter. In der Zeitung hat er das Zitat aus der Rede eines SED-Führers gefunden: »Die Partei muss alle antisowjetischen Elemente ausschließen …Wer Angehöriger der SED ist, darf nicht nur Inhaber eines Mitgliedsbuches, sondern muss Aktivist sein.« Diese Sprache schnürt Schulz die Kehle zu. Die SED erklärt sich damit offen als der in das deutsche Volk hineingreifende Arm der Russen und beherrscht die sowjetische Zone nicht nur als Partei, sondern als Organisation, die alle Lebensäußerungen des Volkes kontrolliert.

Ausgerechnet Warschau. Die Stadt ist eine Ruine, aber für den amerikanischen Journalisten John Gunther ist sie die lebendigste Hauptstadt Europas. Er spaziert in diesem Sommer durch Warschau und denkt an Zahlen. Vierundachtzig Prozent aller Gebäude wurden während des Krieges unbewohnbar gemacht, schreibt er. Die Vereinigten Staaten hätten im Zweiten Weltkrieg 310 000 Soldaten verloren, die Stadt Warschau 700 000 ihrer 1 300 000 Einwohner. Warschau sei – vielleicht mit Ausnahme Stalingrads – die Großstadt, die im Krieg am schlimmsten verwüstet worden sei. Gunther spricht mit einem Polen: »Ihr im Westen mögt den höchsten Lebensstandard der Welt haben. Wir Polen haben den höchsten Todesstandard.« Wichtiger als die Zerstörung aber ist Gunther der Erfolg der Polen beim Wiederaufbau der Stadt, ihre Energie, der Schwung ihres Engagements, das elektrisierende und sprudelnde Leben der Bürger. Vergleiche er Berlin mit Warschau, dann sei Berlin so lebendig wie ein Wachsklumpen. Über den Straßenbahnschienen auf dem Kurfürstendamm wachse Gras. Die Menschen schlichen gebeugt und mit hängenden Schultern herum, über der Stadt hänge eine fast erstickende Trostlosigkeit, die

Lebensmittelläden seien leer gefegt, bis auf das rhythmische Beben der Transportflugzeuge sei in der Stadt fast kein Laut zu hören. Dieselbe Art von Abgestorbenheit habe er auch in Frankfurt und Wien bemerkt.

Nach seinem Erfolg mit dem Schlager »Ja, Würstchen mit Salat« im vergangenen Jahr wird Bully Buhlan in diesen Monaten der Blockade und Luftbrücke im Radio vor allem mit seinem Lied gespielt: »Ich hab' noch einen Koffer in Berlin, deswegen muss ich nächstens wieder hin«. Der Sänger kommt aus Berlin-Lichterfelde (US-Sektor). Er müsste es also eigentlich besser wissen. Ein Koffer in Berlin ist nun wirklich kein Grund, in die Ruinenlandschaft zurückzukehren, schon eher die Aufforderung, seine Sachen zu packen und auf Nimmerwiedersehen zu verschwinden.

Immerhin, die Pflaumen beginnen zu reifen, auch der Apfelbaum hängt gut voll, aber die Tomaten in Friedrich Helms' Garten in Wilhelmshorst sind eine Enttäuschung. Hin und wieder gelingt es Helms, für sich und seine Frau Marie aus Charlottenburg für je drei Westmark zwei kleine Stück Schokolade mitzubringen.

Am besten geht es den Deutschen in den westlichen Besatzungszonen, deutlich schlechter den Menschen in den drei westlichen Berliner Sektoren, noch schlechter, trotz verbesserter Versorgung, den Bewohnern des sowjetischen Sektors, ganz am Ende folgen die Einwohner der sowjetischen Zone. Von uns, klagt Helms, ist leider nie die Rede. Helms kommt zu dem Ergebnis, dass das Leben kaum noch lohne, ein unproduktives Dahinwursteln mit täglichen Anstrengungen ohne Freude und Lust am Leben. Am 19. August wird Friedrich Helms nach 45 Jahren bei der Deutschen Bank entlassen. Er möchte nur noch fort. Weder nach Ost- noch nach West-Berlin. Friedrich Helms möchte in seine alte Heimat, zu seinen Töchtern, nach Uelzen.

In London enden die XIV. Olympischen Sommerspiele. Die USA belegen – vor Schweden – den ersten Platz des Medaillenspiegels der 59 teilnehmenden Nationen. Die Sowjetunion hatte unter Verweis auf die Kriegszerstörungen auf die sportliche Konkurrenz verzichtet. Deutschland und Japan waren von der Teilnahme ausgeschlossen.

Albert Speer wird melancholisch. Vor zwanzig Jahren hatten er und seine Frau Margarete ihre Hochzeitsreise begonnen, nicht weit von der Zelle entfernt, wo er oft die Dampfpfeifen der Schlepper auf der Havel hört. In zwei Faltbooten seien sie damals bis zum mecklenburgischen Müritzsee gefahren, und das sei bezeichnend für ihre eigene Gefühlswelt und zugleich für die Zivilisationsfeindschaft ihrer Generation gewesen. Immer träumten sie damals von Einsamkeiten, von Fahrten durch stille Flusstäler, von Wanderungen auf eine Hochalm, von Lagerplätzen auf einer abseits gelegenen Obstwiese: »Nie zog es uns nach Paris, London oder Wien, und nicht einmal das antike Rom verlockte uns. Wir zogen – vor 1933 – die schwedischen Schären immer den römischen Tempeln vor.«

Und was macht in diesen Hochsommertagen Carl Schmitt? Er macht einen Witz. Ihm ist die Kritik eines Schweizer Kollegen der Staatsrechtswissenschaft an Nazi-Deutschland, vor allem seine Empörung über den Holocaust, zu Ohren gekommen, die zumindest im Tagebuch eine geschliffene Antwort verlangt. Schmitt ist für seinen geschliffenen Stil berühmt, berüchtigt ist er als Apologet des NS-Staats, als Kronjurist des Dritten Reichs, der er einige Jahre lang gewesen war, und als reinrassiger Antisemit, der die Vernichtung von sechs Millionen Juden juristisch vorbereitet hat. Schmitt amüsiert sich also mit diesem schön formulierten Schweizer-Witz: »Ein vornehmer Schweizer saß am Strande des Schwäbischen Meeres. Da hörte man die Hilferufe eines Ertrinkenden, der jämmerlich schrie: Ich kann nicht schwimmen, ich kann nicht schwimmen! Der vornehme Schweizer sah indigniert weg und sagte: Ich kann auch nicht schwimmen, aber deswegen mache ich doch nicht ein solches Geschrei!« Zur Pointe müsste in diesem Fall die Mitteilung gehören, wer den Ertrinkenden ins Wasser gestoßen hat. Aber wer verdirbt sich schon gern die Pointe.

Vor zwei Jahren hat der Chef der Polizei Schleswig-Holsteins allen Polizei-Distrikten mitgeteilt, dass aufgrund einer Anordnung der Kontrollkommission »die Zigeuner automatisch unter dem Schutz des Mil.Reg.Gesetzes Nr. 1 Art. 2 gestellt und daher wegen ihrer rassischen Zugehörigkeit nicht durch besondere Kontrollen benachteiligt werden dürfen«. Die von der Militärregierung verordnete Zurückhaltung findet im August 1948 ein Ende, als die Landespolizeiverwaltung im Innenministerium in einem Erlass »die Bekämpfung des Zigeunerwesens« (sic!) verfügt. Darin wird den Polizeibeamten befohlen, auf die Zigeuner ihr besonderes Augenmerk zu richten und festgestellte strafbare Handlungen »unnachsichtig zur Anzeige zu bringen (…) Um Straftaten und Belästigungen des Publikums durch umherziehende Zigeuner von vornherein nach Möglichkeit zu verhüten, (…) sind namentlich die größeren Banden unter dauernde polizeiliche Kontrolle zu halten.« Die ausdrückliche Ermahnung zu repressivem Vorgehen zeigt sich in der beigefügten Liste, die aufführt, welche »Straftaten der Zigeuner« in Betracht kommen: Weiden von Vieh auf fremden Grundstücken, Entwendung von Bodenerzeugnissen, Entwendung von Nahrungsmitteln von unbedeutendem Wert zum alsbaldigen Genuss, Bettelei, Landstreicherei, unbefugte Mitnahme von Begleitern bei Ausübung des Wandergewerbes, mangelnde Beaufsichtigung der Kinder und Hausgenossen.

September 1948

Neun Jahre nach Beginn des Zweiten Weltkriegs nimmt der Parlamentarische Rat in Bonn die Beratungen über das Grundgesetz auf. Seine 65 Mitglieder wurden von den elf deutschen Länderparlamenten gewählt. Die Fraktionen von CDU/CSU und SPD stellen je 27 Abgeordnete, die FDP-Fraktion fünf, Zentrum, Deutsche Partei und KPD jeweils zwei. In der sowjetischen Besatzungszone wird bereits der erste Entwurf für eine Verfassung der künftigen DDR vorgelegt.

Die Zukunft Deutschlands: 65 ergraute Gestalten, Durchschnittsalter Mitte 50, jeder Dritte über 60, nur sieben unter vierzig Jahre alt, 60 Prozent Beamte, etliche Landtagsabgeordnete, zwölf Landesminister. Vier Frauen. Ein letzter Gruß des alten Reichstags: Elf Mitglieder des Parlamentarischen Rates, der am 1. September in Bonn seine Arbeit beginnt, waren bis 1933 schon Abgeordnete in Berlin. Die Länderparlamente der drei westlichen Besatzungszonen haben sie geschickt, nicht die westdeutschen Bürger in direkter Wahl. Die 61 Männer und 4 Frauen sind nicht repräsentativ, weder nach Lebensalter noch nach Geschlecht noch nach ihrer Ausbildung, schon gar nicht nach ihrer politischen Überzeugung. Die meisten waren Gegner der Nazis und haben dafür mit ihrer Freiheit oder ihrer Berufstätigkeit bezahlt. Noch vor wenigen Jahren wurden sie von der nationalsozialistischen Gesellschaft als Volksverräter betrachtet, jetzt sollen sie sich berufen fühlen, im Namen des Volkes eine provisorische Verfassung für einen provisorischen Weststaat zu schreiben, der den Schutz der Menschen- und Bürgerrechte als Höchstwert deklariert. Die Arbeit des Parlamentarischen Rates findet so wenig öffentliches Interesse wie seine 65 Mitglieder und die fünf nicht stimmberechtigten Abgeordneten aus Berlin. Die Zeitungen fühlen sich im Allgemeinen nur zur Angabe ihrer Namen, der Parteizugehörigkeit, des Alters und ihres Berufs verpflichtet.

Ruth Andreas-Friedrich jedoch zündet in Berlin-Steglitz an diesem Abend – es ist der neunte Jahrestag des deutschen Überfalls auf Polen – vier Kerzen statt nur einer an. Ihr ist behaglich. Sie träumt von einem kleinen, aber sympathischen Deutschland, ohne preußische Aggression, ohne Gefahr eines Weltmachtanspruchs, sowjetisch nicht infiziert, kurzum geeignet und würdig, der großen europäischen Völkerfamilie eingegliedert zu werden. Seit ihrer Kindheit hat sie für die Vereinigten Staaten von Europa geschwärmt. Nun aber, da sie vielleicht näher rücken, sieht sie sich in West-Berlin auf einem Felsen in der Brandung, inmitten der sowjetischen Zone.

Hermann Runge ist unsichtbar. Der markante Kopf Konrad Adenauers (CDU), des alten Präsidenten des Parlamentarischen Rates und früheren Kölner Oberbürgermeisters, ist allgemein bekannt, das breite Lächeln Carlo Schmids (SPD), der den Hauptausschuss leitet, wird gerne in den Zeitungen gedruckt, auch Theodor Heuss von den Liberalen, sogar der Kommunist Max Reimann, der den Ablauf der Beratungen immer mal wieder mit wütenden Zwischenrufen unterbricht, wird dem Publikum gezeigt. Hermann Runge nicht. Vom ersten Tag an ist er nicht zu sehen, vom ersten bis zum letzten Tag wird im Parlamentarischen Rat von ihm auch kaum etwas zu hören sein. Er ist Schriftführer in einem Ausschuss. Er schreibt und schweigt. Die Geschichten, die über den Parlamentarischen Rat geschrieben werden, handeln vom Föderalismus, auf dem die US-Amerikaner und die Franzosen bestehen, vom Streit um die Bund-Länder-Kompetenzen, von Auseinandersetzungen zwischen den Fraktionen untereinander und zwischen dem Parlamentarischen Rat und den Vertretern der Militärverwaltungen. Von dem, was Hermann Runge erzählen könnte, handeln sie nicht.

Seit 1931 war der gelernte Schlosser und Schmied SPD-Parteisekretär in Moers am Niederrhein, seit Juni 1934 im Widerstand mit Johanna Niederhellmann und Sebastian Dani. Mit Unterstützung des Unternehmers hatten sie aus der Brotfabrik »Germania« in Duisburg-Hamborn eine Organisationszentrale zur Verteilung illegaler, aus dem Ausland eingeschmuggelter Schriften gemacht –

Verbreitungsgebiet bis Düsseldorf, Bonn, Aachen und Essen. Ein Jahr später war die Gruppe aufgeflogen, 600 Brotfahrer und Kunden waren von der Gestapo verhaftet worden. In den Folterkellern waren vier Männer ermordet, Runge, Niederhellmann und Dani nach schweren Torturen zusammen mit 164 anderen wegen vermeintlicher Vorbereitung zum Hochverrat vom Oberlandesgericht Hamm zu mehrjährigen Gefängnis- und Zuchthausstrafen verurteilt worden. Drei Jahre nach Kriegsende verlässt Johanna Niederhellmann, von den Spuren der Folter gezeichnet, die Duisburger Kommunalpolitik, Sebastian Dani ist Stadtdirektor in Bonn, Hermann Runge das stumme Wahrzeichen des Widerstands im Parlamentarischen Rat. Niemand hört seine Geschichte. Aber Karl Schwesig hat sie gezeichnet.

Schwesig ist Spezialist für Folter und Experte auf dem Gebiet des Überlebens. Seine Erfahrungen hat Schwesig – Sohn eines Bergmanns, KPD-Mitglied und zusammen mit dem Schauspieler Wolfgang Langhoff Gründer der Ortsgruppe Düsseldorf der Assoziation revolutionärer Künstler (ASSO) – in den Folterkammern der Gestapo und in diversen Konzentrationslagern erworben. Die Erinnerungen an seine Misshandlungen im Düsseldorfer Gestapo-Verlies hat der kleinwüchsige Maler – infolge einer Rückgratverkrümmung wegen Mangelernährung ist er nur 1,39 Meter groß – im 48-teiligen Schlegelkeller-Zyklus festgehalten.

Was mit Karl Schwesig geschah, hat Wolfgang Langhoff in seinem Tatsachenbericht »Die Moorsoldaten« so beschrieben: »Sie haben einen neuen Gefangenen mitgebracht, einen kleinen buckligen Mann mit langen Haaren. Den haben sie an den Haaren hochgerissen und geschrien: ›Der da hat euch verpfiffen! Der singt alles, was wir wollen, nicht wahr, Karlchen?‹ Und das Karlchen hat gerufen: ›Nicht mehr schlagen, bitte, bitte, nicht mehr schlagen!‹ In seine langen Haare haben sie dann ein Hakenkreuz eingeschnitten, dass er am Kopf geblutet hat …« Danach hatte Schwesig genug Expertise, um auch die Misshandlungen der Widerständler in der Brotfabrik »Germania« in einer Serie von 20 Zeichnungen präzise darzustellen. Einen seiner Peiniger – ein Künstler-Kollege, dem es gelungen ist, sich zum Sturmführer der SA hochzuprügeln – hat Schwesig zwar 1947 angezeigt, aber der Generalstaatsanwalt hat das Verfahren wegen mangelnder Erfolgsaussichten eingestellt. Wolfgang Langhoff hat niemanden angezeigt, sondern war nach dem Krieg zunächst Generalintendant der Städtischen Bühnen Düsseldorf und ist mittlerweile seit zwei Jahren Chef des Deutschen Theaters in Ost-Berlin. Und Runge? Immerhin muss er nicht mehr untertauchen. Er wird in Bonn ohnehin nicht bemerkt.

Für Hjalmar Schacht ist der 1. September persönlich ein wichtiger Tag. Die Spruchkammer des Internierungslagers Ludwigsburg spricht den ehemaligen Reichsbankpräsidenten und Reichswirtschaftsminister im Berufungsverfahren von dem Vorwurf frei, er habe das Geld für die Angriffskriege des Dritten Reichs organisiert. In der ersten Instanz war er im vergangenen Jahr zu acht Jahren Arbeitslager verurteilt worden. Schacht hatte gegen das Urteil protestiert. Die Richter hätten seine Rolle im NS-Staat vollkommen falsch gewürdigt. In Wahrheit sei er ein entschiedener Gegner des Nationalsozialismus gewesen. Mit der Selbstdarstellung als Widerstandskämpfer hatte er schon im Nürnberger Prozess Erfolg und war freigesprochen worden.

Robert Kempner, der stellvertretende Hauptankläger, behauptet zwar, man hätte im Fall Schacht für eine Verurteilung einfach nur gründlicher ermitteln müssen, die Ankläger hätten einen Fehler gemacht. Aber Schacht, der immer alles besser weiß, ist auch hier besser informiert als der Ankläger und behauptet, er könne sich sogar auf Adolf Hitler berufen, der ihm bei seiner Entlassung als Reichsbankpräsident im Januar 1939 höchstpersönlich und ausdrücklich bescheinigt habe: »Sie passen in das ganze nationalsozialistische Bild nicht hinein.« So schreibt es jedenfalls Hjalmar Schacht in seinem Buch »Abrechnung mit Hitler«, das schon wenige Tage nach seinem endgültigen Freispruch erscheint. Einige der »eindrucksvollsten Kapitel« dieser »bedeutsamen Arbeit« veröffentlicht die »Zeit« als Vorabdruck.

Aktualität ist ein untrügliches Qualitätsmerkmal der Tages- und Wochenpresse. Am 7. September jährt sich zum fünften Mal die Ermordung des jungen Pianisten Karlrobert Kreiten. Das könnte Anlass für einen Rückblick auf das Verbrechen sein, zumal für die Bonner und die Berliner Zeitungen. Denn Kreiten war gebürtiger Bonner und ist im Gefängnis Berlin-Plötzensee, der zentralen Hinrichtungsstätte für den Vollstreckungsbezirk IV gehenkt worden. Aber die Nachrichten über die Wirtschaftsentwicklung im künftigen West-Staat sind vermutlich interessanter als das tödliche Geschehen vor einem halben Jahrzehnt, das immerhin damals in einem ausführlichen Nachruf Beachtung fand.

Der 27 Jahre alte Kreiten, einer der begabtesten Pianisten seiner Generation, hatte vor einem Konzert in Heidelberg im privaten Gespräch mit zwei Musikerinnen Zweifel am Endsieg geäußert. Die Frauen – eine von ihnen eine Jugendfreundin seiner Mutter – hatten den Pianisten denunziert; er war von der Gestapo verhaftet und vom Volksgerichtshof unter dem Vorsitz Roland Freislers zum Tod wegen Wehrkraftzersetzung verurteilt worden. Seine Hinrichtung war der Auftakt der Plötzenseer Blutnächte, eine Mordaktion des Reichsjustizministeriums, um die durch einen Luftangriff beschädigte Haftanstalt schnellstmöglich zu leeren. Allein am 7. September waren außer Kreiten 185 Menschen gehenkt worden. Wenige Tage später war im »12-Uhr-Blatt« ein Nachruf des jungen Feuilletonisten Werner Höfer erschienen, der die Exekution Kreitens überschwänglich lobte. Die Hinrichtung des »ehrvergessenen Künstlers«, dem so wenig verziehen werde wie dem »letzten gestrauchelten Volksgenossen«, befestige den sozialen Burgfrieden: »Der berühmte Mann und der namenlose Arbeiter, die in der abendlichen U-Bahn nebeneinandersitzen – sie können sich ohne Vorbehalte grüßen.« Ein Jahr später war Höfer zum Sachbearbeiter mit Ministerialzulage im Reichsrüstungsministerium aufgestiegen. Dienststelle: Zentralabteilung Kultur und Propaganda.

Seit vergangenem Jahr arbeitet Höfer als leitender Redakteur beim Nordwestdeutschen Rundfunk, NWDR. Die schöne Position soll ihm der Nachfolger Wolfgang Langhoffs als Generalintendant der Städtischen Bühnen in Düsseldorf verschafft haben Er habe für ein Interview mit dem Sender zur Bedingung gemacht, von keinem anderen als von dem ihm bekannten Journalisten Werner Höfer befragt zu werden. Das war er Höfer schuldig. Denn im Februar 1947 hatte Höfer im »Rheinischen Merkur« gefordert, den »Rheinländer von Geblüt« zum Düsseldorfer Intendanten zu ernennen, er sei eine »vielversprechende Vision«. Der Name der Vision war seit dem Frühjahr 1944 auf der Gottbegnadetenliste zu finden gewesen. Willkommen, Gustaf Gründgens.

Was ist im Jahr 1948 in Deutschland eigentlich rassistisch? Verbrechen im Zusammenhang mit den Verwüstungen der Reichspogromnacht im November vor zehn Jahren gehören für die Justiz offensichtlich nicht unbedingt dazu. Im Mai 1947 hat das Landgericht Bremen zwei Brüder wegen gemeinsamen Totschlags am jüdischen Kaufmann Heinrich Rosenblum zu acht und sechs Jahren Zuchthaus verurteilt. Die SA-Männer hatten vorgetragen, in der Nacht vom 9. zum 10. November 1938 habe ihnen ihr Scharführer den Befehl erteilt: »Im Namen des Führers haben Sie sofort den Juden Heinrich Rosenblum zu erschießen.« Einer der Brüder will geantwortet haben, dass das doch ein Verbrechen sei. Darauf habe ihn der Scharführer ermahnt: »Befehl ist Befehl.«

Also waren die Brüder zum Haus des jüdischen Kaufmanns Heinrich Rosenblum gegangen, und einer der beiden hatte Rosenblum mit einem Schuss in den Hinterkopf getötet. Das Landgericht entschied, entgegen der Ansicht der Staatsanwaltschaft habe es sich nicht um Mord, sondern um Totschlag gehandelt, denn die Angeklagten hätten die Tat ohne Überlegung begangen. Wegen des Tötungsbefehls seien die Brüder in eine »innere Erstarrung und Versteinerung« verfallen, was ein Handeln mit Überlegung ausgeschlossen habe. Das Gericht stützte seine Entscheidung auch auf die Äußerungen der beiden deutschen Sachverständigen, wonach die Angeklagten ohne jeden Zweifel nicht Herr ihrer Gedanken waren. Sie hätten nur daran gedacht, einen Befehl des Führers auszuführen zu müssen.

Die öffentlichen Reaktionen auf das konziliante Urteil waren gewaltig. In Bremerhaven unterschrieben Vertreter von SPD, CDU, KPD, FDP, der Vereinigung der Verfolgten des Naziregimes und des DGB eine Resolution, die fragte, ob die mit diesem Fall befassten Richter tatsächlich in der Lage seien, eine demokratische Justiz aufzubauen. In der Bremischen Bürgerschaft wurde einstimmig aus gegebenem Anlass die Beteiligung von Laienrichtern durch die Wiedereinführung der Schöffen- und Schwurgerichte gefordert. In einem Generalstreik wurde am 5. Mai für fünf Minuten die Arbeit niedergelegt, der Straßenverkehr stand still, und am Nachmittag versammelten sich Tausende zu einer Protestkundgebung. Die Lokalzeitung will 50 000 gezählt haben.

Juristen der US-Militärregierung schalteten sich ein und sprachen von einem Fehlurteil. Der ehemalige Rabbi von Bremen, nun Rabbiner am Tempel Beth El in Lancaster, Pennsylvania, beschrieb in der »New York Times« sein Entsetzen angesichts des kaltblütigen Mords an seinem früheren Gemeindemitglied Heinrich Rosenblum und seine Wut über das milde Urteil für die Täter. Er könne sich das Versagen der deutschen Justiz nur mit der Mitgliedschaft des Vorsitzenden Richters in der NSDAP erklären, der damit ein potenzieller Komplize der Täter gewesen sei.

In ihren Revisionen hatte die Verteidigung Freisprüche wegen Unzurechnungsfähigkeit der Brüder gefordert, die Staatsanwaltschaft deren Verurteilung wegen Mordes. Das Oberlandesgericht hatte das Urteil aufgehoben und den Fall an das Schwurgericht in Bremen zurückverwiesen. Das kann nun allerdings keinen Rassenhass als Mordmotiv erkennen. Nicht Rassenhass habe die Brüder zur Tat motiviert, sondern allein der Befehl des SA-Führers, schreiben sie in ihre Entscheidung vom 16. September. Einer der Brüder bekommt zwölf statt bisher acht Jahre, der andere acht statt bisher sechs Jahre Freiheitsstrafe. Weiterhin bleiben die zwei Mörder nur wegen Totschlags verurteilt.

Die Brüder werden drei Jahre später, im Dezember 1951, begnadigt.

Friedrich Helms wird in seinem Gartenhaus in Wilhelmshorst von einem mulmigen Gefühl geplagt. Bedenkt er die politische Lage – und er bedenkt sie jeden Tag –, dann fühlt er sich innerlich zerzaust. Vor ein paar Tagen haben kommunistische Demonstranten gewaltsam das Neue Stadthaus im sowjetischen Sektor Berlins gestürmt und eine Sitzung der Stadtverordnetenversammlung verhindert. Einige Berliner, wie Ruth Andreas-Friedrich, hatten zunächst an einen Putsch geglaubt, aber es war nur einer der stürmischen Vorboten der Teilung Berlins und Deutschlands. Otto Suhr, der Vorsitzende der Versammlung, hatte den Tagungsort verlegt, in die Mensa des Studentenhauses am Steinplatz, die Taberna Academica im britischen Sektor. Daraufhin hatten die Vertreter der SED ihre Teilnahme an weiteren Sitzungen verweigert.

Der Sitzungsboykott, die organisierten Krawalle, die Blockade Berlins richten sich auch gegen die westliche Währungsreform, also gegen die näher rückende Gründung des Weststaats. Heute, am 9. September, versammeln sich 300 000 Berliner vor der Ruine des Reichstags (britischer Sektor) zur größten politischen Kundgebung in der Stadt seit Kriegsende. Sie protestieren gegen die Erstürmung des Stadthauses und gegen die Unterdrückung der politischen Freiheiten im Ostsektor.

Der Hauptredner, der gewählte, infolge eines sowjetischen Vetos von der Alliierten Kommandantur nicht bestätigte Oberbürgermeister Ernst Reuter (SPD), protestiert nicht, er fordert, nicht von der sowjetischen, sondern von den westlichen Besatzungsmächten: »Wir wollen nur eines klar sagen: In allem Handeln und Verhandeln wollen wir Berliner keine Tauschobjekte sein. Uns kann man nicht eintauschen, uns kann man nicht verhandeln, und uns kann man auch nicht verkaufen.« Schließlich der Appell, der Reuter berühmt machen und das Bild der Welt von Berlin grundstürzend verändern wird: »Ihr Völker der Welt, ihr Völker in Amerika, in England, in Frankreich, in Italien! Schaut auf diese Stadt und erkennt, dass ihr diese Stadt und dieses Volk nicht preisgeben dürft.«

Warum dürfen sie das nicht? Die Völker sind von den Deutschen überfallen worden, Berlin war für die Völker der Welt noch vor drei Jahren die Hauptstadt des Terrors und das Herz der Finsternis. Die Vorstellung, dass Berlin von der Weltkarte verschwinde und die Erde die Berliner mitsamt allen Deutschen verschlinge, war für sie unwiderstehlich. Warum glaubt Reuter, mit einem moralischen Appell bei den westlichen Siegermächten Gehör zu finden? Weil er weiß, dass sie dem Gebot kalter Vernunft folgen werden. Der Eiserne Vorhang, den Winston S. Churchill schon vor zwei Jahren in einer Rede erkannt zu haben glaubte, ist in diesen Tagen endgültig heruntergegangen, die Deutschen werden, wie Hans Simons im Brief an seinen Sohn nüchtern bemerkte, als Baustein im Bollwerk gegen den Bolschewismus benötigt. Die Weltlage hat sich dramatisch verändert, und so verändert sich in den Augen der Welt auch über Nacht Berlin – aus der Hauptstadt des Schreckens wird der Vorposten der freien Welt.

Und was wird aus Friedrich Helms? Er möchte, wie die meisten Deutschen, mehr denn je weit von allem stehen, schreibt er in sein Tagebuch, und sich wieder als guter Deutscher fühlen können. Er weiß es noch nicht, er ahnt es nicht einmal, dass sein Wunsch schon bald in Erfüllung gehen wird. Dem Kalten Krieg sei Dank.

Gerhard Schulz, der Geschichtsstudent in Leipzig, wird in jüngster Zeit immer wieder von einem herrlich erhabenen Gefühl der großen Möglichkeiten und Aufgaben des vor ihm liegenden Lebens überwältigt. Es sei so viel zu tun. Es werde ihm einiges davon zufallen können, wenn es ihm gelinge, seine eigene Haltung möglichst bald zu festigen. Dazu hat sein Gespräch mit Werner Eggerath, dem thüringischen Regierungspräsidenten von der SED, allerdings nicht sehr viel beigetragen. Eggerath hat es mit Lügen versucht und mit Verharmlosungen, Vertrauen hat Schulz zu ihm jedenfalls nicht gefasst.

An der Universität kommt Schulz nicht recht voran. Der Streit um die Immatrikulation nimmt einen bedenklichen Verlauf. Letztlich geht es stets um die Sicherung der SED-Bewerber. Schulz ist am Tag der Vertreibung der Stadtverordnetenversammlung aus dem Stadthaus in Berlin gewesen und hat dort Beziehungen zur Freien Universität aufgenommen. Sie ist zwar noch gar nicht gegründet, und der Lehrbetrieb soll erst zum Wintersemester beginnen, ihr Boden scheint also noch nicht sehr fest zu sein. Aber die Übersiedlung bleibt zu überlegen.

Im heilklimatischen Kurort Königstein in Hessen-Nassau muss sich der derzeit vornehmste Herzpatient der Stadt im Entnazifizierungsverfahren vor einer Spruchkammer verantworten. Die Verhandlung gegen Fritz Thyssen, einst einer der reichsten Industriellen Deutschlands, findet im früheren Speisesaal des Hotels Brenner statt. Ehe er sich mit den Nationalsozialisten überwarf und einige Jahre in Konzentrationslagern saß, war er einer der freigiebigsten Finanziers Adolf Hitlers. Er hat vor Kurzem einen Herzinfarkt erlitten.

Die amerikanische Journalistin Janet Flanner vermutet, das sei der Grund, weshalb Thyssen zittrig mit dem Kopf schüttele, was so wirke, als wolle er alles bestreiten, was gegen ihn vorgebracht werde. Die Anklageschrift umfasst dreihundert Seiten. Sie beschuldigt Thyssen, für Hitlers Putsch in München 1923 Geld gegeben und später seiner Partei eine Million Mark gespendet zu haben. Der Ankläger, der für Flanner mehr und mehr die Rolle eines Trösters des Gefangenen spielt, hat als Beweismittel das Buch »Ich bezahlte Hitler« vorgelegt, das Thyssen mit einem amerikanischen Journalisten vor seiner Verschleppung in die KZ in Cannes geschrieben hat. Schon der Titel allein, schreibt Flanner, sei belastend genug, sehr erfreulich also für Thyssen, dass das Gericht das Buch nicht als Beweismittel zulässt. Es treten unendlich viele Zeugen auf, die von weit her angereist sind, um so gut wie gar nichts zu sagen.

Am meisten amüsiert sich Flanner über die Aussage von Thyssen selbst. Auf die Frage des Richters – ein entschlossener Anti-Nazi und nunmehr CDU-Mitglied –, ob er jemals gegen die Behandlung der Katholiken und Juden durch die Nazis protestiert habe, erwidert Thyssen: »Doch, doch. Einmal lud mich Göring zu einer Hirschjagd in seiner ostpreußischen Jagdhütte ein, und …« Der Richter unterbricht Thyssen irritiert und fragt, was die Hirschjagd mit religiöser Verfolgung zu tun haben. Offenbar, schreibt Flanner, hatte Göring die Frechheit besessen, Thyssen nur in Begleitung eines einzigen Försters auf die Jagd zu schicken. »Wie auf Görings Befehl« kam vor den beiden plötzlich ein Hirsch vorbei. Thyssen schoss und fehlte. Mit einem Schlag auf eine Biskuitdose lockte der Förster einen zweiten zahmen Hirsch herbei. Wieder verfehlte Thyssen das Ziel. Der dritte Hirsch wurde dann vom Förster erschossen, der sich mit der Begründung entschuldigte, Göring bekomme immer einen Wutausbruch, wenn seine Gäste ohne Beute zurückkehrten. Zum Essen war Göring gnädigerweise erschienen, und Thyssen war es gelungen, seine Einwände gegen die Verfolgung von Katholiken und Juden vorzutragen. Am nächsten Morgen war Göring dem Frühstück ferngeblieben.

»War das alles?«, fragt der Richter, dem, schreibt Flanner, nach Lachen zumute ist. »Das genügte mir«, antwortet Thyssen ruhig. Der Vorfall mit dem Frühstück sei ihm Beweis genug gewesen, dass er durch seinen Protest am Vortag in Ungnade gefallen war. Die Worte Gnade und Ungnade, schreibt Flanner, höre man vor den Spruchkammern immer wieder. So peinlich die Ungnade einigen Leuten damals gewesen sein müsse, so nützlich sei sie ihnen heute. Auch für Thyssen macht sie sich bezahlt. Am 14. September stuft ihn die Spruchkammer in die Gruppe der Minderbelasteten ein. Vielleicht, aber das ist nur eine Vermutung, hatte die Erklärung Thyssens die Richter milde gestimmt, die Deutschen seien unfähig zur Demokratie. Sie bräuchten eher eine Monarchie nach britischem Muster, eventuell mit dem Wittelsbacher Ruprecht von Bayern an der Spitze.

Ist Bayern die Zukunft? Zumindest die Gegenwart ist in München drei Monate nach der Währungsreform ganz passabel. Zwar heißt das Oktoberfest auch in diesem Jahr noch immer Herbstfest, aber die Theresienwiese ist vom 11. bis 26. September schon wieder vom Tingeltangel der Spielorgeln, dem Grölen der Ausrufer und dem Gelächter der Besucher erfüllt. Entgegen den Dünnbierbestimmungen schenken die Brauereien wieder normales Bier aus. Brathendl kosten zwischen acht und fünfzehn Mark, auch Steckerlfische, Heringe und Eis werden ohne Lebensmittelmarken verkauft. Für alles andere, belegte Brötchen, Bock- und Bratwürste, Lebkuchen und Süßigkeiten müssen noch immer Marken abgegeben werden.

Am letzten Tag des Herbstfestes bekommt weitab in Wilhelmshorst abends der ehemalige Bankier Friedrich Helms von einem Nachbarn einen Meter Holzstämme, die er und seine Frau Marie bei sinkendem Licht hereinnehmen, wobei sie sich »grässlich« an den verkohlten Stämmen beschwärzen und nach getaner Arbeit mit einigen Schnäpsen restaurieren. Die Flasche kostet 57 Mark. Ihre in Uelzen lebenden Töchter planen, nach Detmold zu ziehen. Wenn Helms und seine Frau dann in die freie Uelzener Wohnung ziehen würden? Aber die fehlende Zuzugsgenehmigung und der Aufwand des Umzugs stehen dagegen. Also bleibt vorläufig nur der Blick in den Garten und das tröstende Wort im Tagebuch: »Herrlich blühen im milden Herbstwetter unsere Dahlien.«

Oktober 1948

Der Sicherheitsrat der Vereinten Nationen setzt, gegen die Stimmen der Sowjetunion und der Ukraine, die Blockade der Westsektoren Berlins auf die Tagesordnung. Die sowjetische Besatzungsmacht erlaubt den Zugang zu den Westsektoren nur noch vom Ostteil Berlins aus. Bei den Kommunalwahlen in Nordrhein-Westfalen verliert die KPD fast 40 Prozent der Stimmen. Im April 1947 war sie auf 14 Prozent gekommen, jetzt erreicht sie nur noch 8,02 Prozent. Wahlsiegerin ist die CDU (37,59 Prozent), gefolgt von der SPD (35,89 Prozent). Großbritannien und Frankreich verzichten auf die Demontage von 300 Fabriken in ihren Besatzungszonen, um den Wiederaufbau Westdeutschlands nicht zu gefährden. Der Deutsche Volksrat diskutiert unter dem Vorsitz Otto Grotewohls (SED) über den Verfassungsentwurf.

Wer hat eigentlich den Kalten Krieg begonnen? Der amerikanische Journalist Melvin Lasky war es, auf dem Ersten Deutschen Schriftstellerkongress 1947 im Deutschen Theater in Ost-Berlin. Mehr als dreihundert Schriftsteller – aus den vier Besatzungszonen, aber auch aus dem Ausland –, ein Parlament des Geistes, eingestimmt auf Eintracht und die Einheit der deutschen Kultur, dann der Eklat: Der 27 Jahre alte Lasky, jüdischer Journalist des linksliberalen New Yorker »Partisan Review«, war an das Rednerpult getreten, hatte – in fließendem Deutsch mit unüberhörbarem amerikanischen Akzent – zunächst an die ideologischen Angriffe auf US-Schriftsteller wie William Faulkner, Don Passos und den Afroamerikaner Richard Wright in seiner Heimat erinnert und dann mit ein paar Worten die Harmonie des Kongresses erbarmungslos zerstört: »Ich möchte sagen, dass wir uns solidarisch fühlen mit den Schriftstellern und Künstlern Sowjetrusslands. Auch sie kennen den Druck und die Zensur. Auch sie stehen im Kampf um kulturelle Freiheit. Und ich glaube, wir alle müssen ihnen unsere offenherzige Sympathie entgegenbringen.« Offenbar eine Kriegserklärung. Jedenfalls hat Walter Ulbricht, der starke Mann der SED und nicht nur nebenbei mit der Säuberung der Partei von Anhängern des Sozialdemokratismus beschäftigt, später resümiert: »Lasky ist der Mann, der den Kalten Krieg begonnen hat.«

Damit gibt sich Lasky nicht zufrieden. Ab Oktober 1948 erscheint in West-Berlin »Der Monat«, offiziell unterstützt von General Lucius D. Clay, dem Militärgouverneur der amerikanischen Besatzungszone. Den Namen für die Zeitschrift hat sich der Emigrant

Klaus Mann ausgedacht, das Konzept Lasky unter anderem mit George Orwell entworfen. Schon im ersten Heft schreiben Bertrand Russell, Jean-Paul Sartre, Arnold Toynbee und Stephan Spender, die politisch vor allem die Vorstellung vereint, dass Galgen und Zuchthaus keine adäquaten Reaktionen auf unerwünschte Ansichten sind.

Die Zeitschrift ist vom ersten Tag an in der Ost-Zone verboten. Das erhöht für Dieter Borkowski, Student an der Humboldt-Universität, im russischen Sektor, den Reiz, sich am Bahnhof Zoo, im britischen Sektor, das Heft zu besorgen. Am Morgen hört er die Vorlesung bei Prof. Ernst Niekisch, einem ehemaligen Nationalbolschewisten und Hitler-Gegner, dessen jüngstes Buch soeben von der SED verboten worden ist und vor dessen Lektüre Borkowski gewarnt wird: Niekisch habe mehrfach gegen die Parteilinie verstoßen. Nachmittags fährt Borkowski in den Westen und kauft den »Monat«, von dessen Lektüre ihm ebenfalls dringend abgeraten worden ist. Die bürgerliche Ideologie sei gefährlich, besonders für einen wie ihn, der nicht aus der Arbeiterklasse komme.

Borkowski hört also in Ost-Berlin das Gleiche wie sein Kommilitone Gerhard Schulz in Leipzig, der mit seinen Ansichten zur klassenunabhängigen Immatrikulation in diesen Tagen im Studentenrat endgültig zu unterliegen droht. Er beschließt, seine Mitarbeit einzustellen und das Studium möglichst rasch zu beenden. Das ist ratsam. Denn der Zutritt zum Kulturhistorischen Institut wird ihm bereits verweigert. Schulz ist ratlos: »Was kommt morgen?«

Vor einer Spruchkammer in Bielefeld: Der Staatsanwalt lehnt die Anklageerhebung gegen einen SS-Obersturmführer ab, nachdem der erklärt hat, dass sein Vater seit 1945 ohne ersichtlichen Grund von den Russen im KZ Buchenwald festgehalten werde. Er könne, sagt der Staatsanwalt, keine Anklage gegen den SS-Führer erheben, wenn heute noch von einer der Signatarmächte des Nürnberger Urteils die gleichen Verbrechen verübt würden, derentwegen der SS-Mann angeklagt sei. Nach dieser Erklärung des Staatsanwalts vertagt die Spruchkammer die Verhandlung. Über den Vorgang berichten die »Frankfurter Hefte« in der Oktober-Ausgabe mit dem Kommentar: »Wenn diese Auffassung eines Juristen Schule macht, dann darf jeder Dieb, bei dessen Vater eingebrochen worden ist, vor Strafverfolgung sicher sein.«

Alfred Kerr nimmt sich am 12. Oktober mit 80 Jahren in Hamburg das Leben. Der berühmteste und einflussreichste Theaterkritiker der Weimarer Republik hat seit 1933 im Exil gelebt, seit 1935 in London. Das Deutsch, das er schrieb – rasant, präzise, ätzend, jeder Satz ein Schlag, gelegentlich ein Tiefschlag –, wurde zum Sound seiner Generation, das Englisch, das er sprach, war miserabel. Mit dem jüdischen Kritiker war es in Großbritannien vorbei. Der Emigrant war nach 15 Jahren nicht nach Deutschland zurückgekehrt, sondern hatte Hamburg nur auf Einladung des British Council besucht. Am Abend natürlich ins Theater, »Romeo und Julia«, danach ein schwerer Schlaganfall und Kerrs geröcheltes Bonmot, so schlecht sei die Aufführung nun auch wieder nicht gewesen.

Halbseitig gelähmt, hatte er nach einigen Wochen seine Frau zu sich gerufen. Julia kam aus Nürnberg, wo sie bei den Kriegsverbrecherprozessen als Sekretärin arbeitete, ein letztes Gespräch und ihr Versprechen, Schlafmittel zu besorgen. Der Suizid muss verschwiegen werden, denn Beihilfe ist nach britischem Recht strafbar. Vor seinem Tod aber hat sich Alfred Kerr, dessen wilde Fehden mit Karl Kraus und Bertolt Brecht die literarisch interessierten Zeitgenossen seinerzeit entzückten, mit seinem berühmtesten Kontrahenten versöhnt.

Seit er 1913 nicht nur Thomas Manns einziges Theaterstück »Fiorenza« als kitschig und blutleer verhöhnt, sondern zugleich indezent auf die Homosexualität des Autors angespielt und damit in seinem Opfer einen monatelangen Wutrausch über das »giftige Gejökel« verursacht hatte, war das Verhältnis zwischen den beiden ruiniert. Auch als Nobelpreisträger hatte Mann, für Kerr ein »Roman-Bossler«, keine Gnade gefunden.

Am 22. Oktober 1948 aber vermerkt Thomas Mann in seinem Tagebuch nicht nur nüchtern Kerrs Tod, sondern notiert erfreut, er habe gehört, schon vor Monaten habe der Kritiker positiv über »Doktor Faustus« geschrieben. Das verdient natürlich eine besondere Erwähnung. Denn Thomas Manns soeben erschienener Roman über das Leben des deutschen Tonsetzers Adrian Leverkühn und dessen Teufelspakt ist zwar im Ausland ein großer Erfolg – im Oktober wird es in den Vereinigten Staaten zum Buch des Monats gewählt –, aber in Deutschland melden sich sofort wieder die vertrauten schrillen Stimmen der inneren Emigration zu Wort. Die Zeitschrift »Merkur« widmet dem Roman aus dem Exil einen 16-seitigen Verriss des jungen Literaturkritikers Walter Boehlich: »Der Boden, dem er alles verdankte, hat ihm gefehlt. Fern von Deutschland hat er etwas sehr Deutsches schreiben wollen; es ist ihm misslungen.« Der Emigrant Alfred Kerr, seit 1947 britischer Staatsbürger, mag den Emigranten Thomas Mann, seit 1944 US-amerikanischer Staatsbürger, besser verstanden haben. Genau weiß man es nicht. Seine Rezension des »Doktor Faustus« ist bis heute unauffindbar.

Ist es eine ironische Volte, dass Kerr, in Breslau geboren, aber zeit seines Lebens in Berlin verliebt, auf dem Friedhof in Hamburg-Ohlsdorf begraben wird? In einem seiner berühmten Berliner Briefe für die »Breslauer Zeitung« hieß es: »Glück haben muss man, Leser. Leben Sie wohl. Glück haben muss man.« Das schrieb Alfred Kerr allerdings vor 50 Jahren.

Der Student, der sich am 16. Oktober an der Universität Heidelberg für die Fächer romanische Philologie, Philosophie, Geschichte und Germanistik immatrikuliert, ist mit 27 Jahren ein älteres Semester. Immerhin hat Hans Robert Jauß schon eine ansehnliche Karriere hinter sich. Im Elternhaus zum Nationalsozialisten erzogen – Vater und Mutter waren Mitglieder der NSDAP –, hatte sich der Oberjungzugführer der Hitlerjugend nach Beginn des Krieges freiwillig zur SS gemeldet und war zügig aufgestiegen: vom SS-Anwärter (23. Oktober 1939) zum SS-Schützen (25. März 1940), zum SS-Sturmmann (9. November 1940), zum SS-Unterscharführer, zum Reserveführeranwärter (20. April 1941), zum SS-Oberscharführer, Reserveführeranwärter (25. Mai 1941 mit Wirkung zum 1. Juni 1941), zum SS-Untersturmführer der Reserve (am 22. September 1941 mit Wirkung zum 1. September 1941), zum SS-Obersturmführer der Reserve (9. November 1943) und schließlich zum SS-Hauptsturmführer der Reserve (9. November 1944), was einem Hauptmann der Wehrmacht entspricht. Nach Ansicht seiner Vorgesetzten hatte sich der SS-Karrierist bei verschiedenen Gelegenheiten hervorragend bewährt. Unter anderem war der Kompanieführer der SS-Freiwilligen-Panzergrenadier-Brigade Nederland in Kroatien an sogenannten Sühnemaßnahmen gegen die Zivilbevölkerung beteiligt, wobei offen ist, ob Jauß selbst mitgemacht oder nur zugesehen hat, als die SS-Männer sogar Frauen und Kinder ermordeten, die Menschen aus den Häusern jagten und von den Höfen vertrieben, Ortschaften plünderten und niederbrannten.

Unmittelbar nach Kriegsende hatte Jauß alles für einen akademischen Karrierestart Erforderliche unternommen und sich an der Universität Bonn mit gefälschten Bewerbungsunterlagen zum Wintersemester 1945/46 immatrikuliert. Ganz ähnlich hatte es auch Hitlers Luftwaffenadjutant Nicolaus von Below gemacht, der unter dem Namen Claus Nagel an der Rechts- und Staatswissenschaftlichen Fakultät in Bonn zugelassen worden war. Bei seiner

Festnahme durch britische Soldaten im Januar 1946 soll er das Testament Hitlers bei sich getragen haben (nebenbei bemerkt: Das Testament war ungültig, weil nicht handschriftlich von Hitler verfasst. So urteilt in diesen Oktobertagen das Landgericht München, das mit seiner Entscheidung den gesamten Nachlass von »Adolf Hitler, ehemaliger Reichskanzler« einzieht.) Darauf hatte es Jauß nicht ankommen lassen wollen. Auch der SS-Hauptsturmführer war zur Fahndung ausgeschrieben gewesen. Im Dezember 1945 hatte er sich den britischen Besatzungsbehörden gestellt und war ins Internierungslager Recklinghausen-Hillerheide gekommen.

Hier gab es 9000 Internierte, für die SS-Angehörigen ein separiertes Unterlager, und es gab Universitätsdozenten und Lehrer, denn die Internierten, nicht zuletzt die Männer der SS, sollten zu Demokraten umerzogen werden. Das erwies sich überraschend als ideales Biotop sowohl für Jauß, den SS-Hauptsturmführer, als auch für Jauß, den angehenden Akademiker. Denn der angehende Akademiker hörte Vorlesungen bei ebenfalls internierten Professoren, die sich der SS-Hauptsturmführer nicht besser hätte wünschen können.

Jauß hörte zum Beispiel drei Semester Englische Geschichte beim Kölner Historiker Professor Franz Petri – Mitglied der NSDAP und der SA –, der sich als Kulturreferent der deutschen Militärverwaltung im besetzten Belgien und Nordfrankreich mit der Entlassung jüdischer Wissenschaftler einen Namen gemacht und sich den Ruf erarbeitet hatte, ein nationalsozialistischer Kulturpapst zu sein. Ein Semester hatte Jauß auch beim SS- und NSDAP-Mitglied Carl Ruberg, Bonner Ordinarius für Betriebswirtschaftslehre, belegt. Das Spruchkammerverfahren war für Jauß erfreulich verlaufen. Er wurde nur zu einer Geldstrafe von 2000 Reichsmark verurteilt. Das war zwar eine harte Sanktion im Vergleich mit dem Urteil gegen den NS-Kulturpapst Petri, der als voll entlastet eingestuft wurde. Aber Petri hatte sich auch nicht wie der SS-Hauptsturmführer an Verbrechen gegen die Zivilbevölkerung beteiligt. Und Jauß musste die Geldstrafe auch gar nicht bezahlen. Sie galt durch die vorangegangene Haft als abgegolten.

Jauß' Karriere als Wissenschaftler steht nichts mehr im Wege. Seine Auskunft über seine Mitgliedschaft in der SS ist zwar wiederum gelogen, aber seine Immatrikulation an der Universität Heidelberg am 16. Oktober wirksam.

Die von allen Hinweisen auf seine SS-Vergangenheit bereinigte wissenschaftliche Laufbahn Jauß' wird glänzend sein, als Mitbegründer der Universität Konstanz und Vertreter der Rezeptionsästhetik wird er in den nächsten Jahrzehnten berühmt. Ist es ein später Tribut des Akademikers an den vergessenen SS-Hauptsturmführer, dass Jauß ausgerechnet über das Gedächtnis bei Marcel Proust promoviert?

Es ist ein gutes Jahr für Emil Nolde, und der Oktober ist für ihn ein besonders guter Monat. Im Frühjahr hat der 80 Jahre alte Maler die 26-jährige Studentin Jolanthe Erdmann geheiratet, eine Tochter seines Freundes Eduard Erdmann, der vor vier Jahren Anerkennung als Pianist durch die Aufnahme in die Gottbegnadetenliste gefunden hatte. 44 Jahre war Nolde mit seiner Ada verheiratet gewesen, sie hatten das Haus in Seebüll gebaut, den Blumengarten angelegt, dessen Wege in Form der Initialen A und E verlaufen, das Seebüllchen, ein reetgedecktes Gartenhaus, hinzugefügt. Als Ada vor zwei Jahren gestorben war, ist der alte Nolde vor Einsamkeit fast verzweifelt. Daraus hat ihn Jolanthe – Nolde nennt sie lebhaft und klug, tief denkend, kunstliebend – befreit. Ihre Hochzeitsreise hat das Paar in die Schweiz geführt, und jetzt, im Oktober, erwartet Nolde, den berühmten Expressionisten des Nordens, den Herrn des Lichts und der Farben, ein freudiges Ereignis der besonderen Art.

Die Kestnergesellschaft in Hannover feiert ihre Auferstehung. Bedrängt von den Nationalsozialisten, hatte sie sich 1936 aufgelöst, in diesem Oktober kehrt sie zurück mit einer Ausstellung von 144 Werken Noldes. Von wem sonst? Kein Maler ist der Gesellschaft enger verbunden als Nolde, der zwischen 1916 und 1936 in ihren Räumen mit vier Einzelausstellungen vertreten war. Und doch ist es gar nicht so selbstverständlich, dass die Gesellschaft ausgerechnet mit Nolde in ihr neues Leben tritt. Jeder weiß natürlich, dass Nolde unter den Nationalsozialisten verboten war, Nolde selbst sorgt dafür, dass kein kunstsinniger Deutscher das vergisst, wenn er an Nolde denkt.

In ihrer Ausstellung »Entartete Kunst« hatte die NS-Führung die besondere Aufmerksamkeit des Publikums auf Noldes Gemälde Leben Christi gelenkt, mehr als 1000 Werke waren beschlagnahmt, etliche verkauft, andere zerstört, Nolde selbst war wegen mangelnder Zuverlässigkeit aus der Reichskammer der bildenden Künstler ausgeschlossen worden. Aber niemand hat damals die Verfemung Noldes mehr überrascht als den Maler selbst. Er hatte nun wirklich alles getan, um die Nationalsozialisten seiner Sympathie zu versichern. 1934 war er Mitglied der NSDAP-Nordschleswig geworden und hatte einen Aufruf der Kulturschaffenden unterzeichnet, die sich zu des Führers Gefolgschaft erklärten. Auch seinen aufrichtigen Antisemitismus hatte er mehrfach unter Beweis gestellt, unter anderem in einem Brief an Joseph Goebbels, in dem er sich gerühmt hatte, dass er sich als »fast einzigster (sic!) deutscher Künstler im offenen Kampf gegen die Überfremdung der deutschen Kunst« sehe. Das Verbot seiner Bilder hatte Nolde wie ein Blitz getroffen, der ihn schon deshalb schockierte, weil Goebbels und Albert Speer sich vor ihn gestellt hatten. Aber der

Gott der Blitze war im NS-Staat nur einer: Adolf Hitler. Und der konnte Nolde nicht leiden.

Warum das die Kestnergesellschaft betrifft? In Konflikt mit den Nationalsozialisten war sie 1936 wegen ihres damaligen Direktors geraten. Er war jüdischer Herkunft, die Nationalsozialisten hatten seine Entlassung verlangt, der Vorstand der Gesellschaft hatte sie verweigert und stattdessen die Auflösung beschlossen. Wegen Antisemitismus geschlossen – mit einem Antisemiten wiedereröffnet. So steht das in keiner Zeitung, denn Nolde ist nicht nur als Künstler unersetzlich, auch als Opfer ist er in Deutschland noch für einige Zeit nicht zu entbehren.

Albert Speer denkt in der Spandauer Zelle nicht an die expressionistischen Aquarelle seines alten Protegés, er beschäftigt sich an diesen späten Oktobertagen mit der Schönheit der italienischen Renaissance und dem Scheitern seiner eigenen Bestrebungen. Die große Triumphstraße – sie hatte der Mittelpunkt der Welthauptstadt werden sollen, abwechslungsreich gestaltet, wie ein im Laufe der Jahrhunderte gestaltetes Stadtbild. Der von ihm konzipierte Führerpalast – eine Abwandlung pompejanischer Ideen zweigeschossiger Säulenhallen mit empirehaften Zugaben aus Gold und Bronze. Das Reichsmarschallamt für Göring – gestaltet wie der florentinische Palazzo Pitti, mit ausschweifenden Treppenanlagen im Inneren. Die Gruft für die Feldmarschälle – eine Art Nibelungenarchitektur. Das Rathaus – mit granitenen Türen, die Erinnerungen an spätmittelalterliche Stadtbilder wecken sollten. Wenn er es aber jetzt überdenke, sei ihm das nicht gelungen, Eintönigkeit sei trotz manch guter Details vorherrschend geblieben: »Ungewollte Leere des Ausdrucks.« Immerhin gelingt Speer hier eine brauchbare Definition entarteter Kunst.

November 1948

Der amerikanische Militärgouverneur, General Lucius D. Clay, versichert, die Westmächte seien bereit, die Luftbrücke zur Versorgung der Westsektoren Berlins unbegrenzt fortzusetzen. Der Hauptausschuss des Parlamentarischen Rates beginnt mit der ersten Lesung des Grundgesetz-Entwurfs. Der Deutsche Volksrat in der sowjetischen Besatzungszone veröffentlicht den Verfassungsentwurf für eine Deutsche Demokratische Republik. Im sowjetischen Sektor Berlins konstituiert sich ein eigener Magistrat. Friedrich Ebert (SED), Sohn des früheren deutschen Reichspräsidenten Friedrich Ebert, wird Oberbürgermeister in Ost-Berlin. Der Wirtschaftsrat beschließt die Aufhebung des Lohnstopps in den West-Zonen.

Post aus Brasilien! Max Hermann Maier, früher Rechtsanwalt in Frankfurt am Main, hat einer Freundin in Deutschland einen Brief geschrieben, in dem er ihre Frage zu beantworten versucht, warum er und seine Frau – eine promovierte Biologin – nicht aus dem Exil in der deutschen Kolonie Rolândia im Süden Brasiliens zurückkehren, in das das jüdische Ehepaar vor zehn Jahren geflohen ist.

Es ist ein langer Brief, den der erfolgreiche Kaffeepflanzer, Mitglied des »Movimento dos Anti-Nazistas Alemães do Brasil«, in die verlorene Heimat schreibt. Maiers Gründe gegen eine Rückkehr lassen sich kaum an einer Hand abzählen. Da seien die Ressentiments gegenüber den Emigranten, auch sei durch die andere Art des Erlebens eine Kluft zwischen drinnen und draußen entstanden, die zwar Einzelnen gegenüber zu überbrücken sei, aber der Menge gegenüber bestehen bleibe. Die Auswanderung sei ein Akt in Schmerz und Leid gewesen, seiner Frau und ihm habe die Behandlung durch die SS das Heimweh ausgetrieben. Er verweise auch auf die Worte Jeremias. Als die Juden nach der Zerstörung des ersten Tempels nach Babylonien verschleppt wurden, habe der Prophet sie aufgefordert, gute Bürger im neuen Land zu werden, Häuser zu bauen, Gärten zu pflanzen, sich zu mehren und für das Wohlergehen des neuen Landes zu arbeiten und zu beten. Ein ähnlicher Ruf durch ihre geistigen Führer habe auch die Emigranten der Gegenwart erreicht. Die Entwurzelung aus dem heimatlichen Boden sei ein Riss im Leben aller erwachsenen Emigranten, der, kaum vernarbt, nicht wieder aufgetan werden könne.

Aber sei, fragt Max Hermann Maier, Sohn eines früheren Filialleiters der Deutschen Bank in Frankfurt, nach zehn Jahren Exil im brasilianischen Busch die Rückkehr nicht ein Akt der Versöhnung, und seien die Juden nicht zur versöhnenden Geste verpflichtet? Selbstverständlich seien die Emigranten mit den Gegnern der Nationalsozialisten immer versöhnt gewesen, aber die Haltung der anderen sei zurzeit noch zu zweifelhaft, um ihnen die Hand zur Versöhnung zu reichen. Versöhnung sei ein Rechtsspruch zwischen Menschen über das Vergangene. Er könne nicht einseitig getroffen werden und sei nur möglich, wenn die Beteiligten sich in vollem Bewusstsein des Geschehenen über das Urteil einig seien. Das Urteil aber sei in Deutschland noch umkämpft. Und schließlich, so endet der lange Brief Max Hermann Maiers, komme ein besonderer Umstand hinzu: Deutschland sei unfrei. Alle Entschlüsse würden unter Zwang gefasst. Was das bedeute, wisse der Emigrant nur zu genau: »Mir scheint die Zeit zu einer Rückkehr noch nicht reif.«

Die Bevölkerung der neuen Heimat des Ehepaars Maier, das übrigens niemals zurückkehren wird, ist nicht eben typisch deutsch. Unter den mehr als 400 deutschen Familien, die seit Beginn der 1930er-Jahre nach Rolândia ausgewandert sind, bilden Juden und politisch Verfolgte die Mehrheit. Akademiker – Anwälte, Ärzte, Wissenschaftler – dominieren, einige tragen prominente Namen. Erich Koch-Weser – in der Weimarer Republik Reichsinnenminister, Vizekanzler und Reichsjustizminister – hat mit seiner Familie eine Fazenda gegründet. Auch Joachim Schlange-Schöningen lebt in Rolândia seit 15 Jahren, sein Familienname ist jedem Rolandenser ein Begriff, und in Westdeutschland steht er derzeit täglich in der Zeitung.

Ohne Hans-Joachim Schlange-Schöningen – Joachims Vater – würde es die Kolonie nicht geben. Als Reichsminister ohne Geschäftsbereich und Reichskommissar für die Ost-Hilfe hat er Anfang der 1930er-Jahre den Plan entwickelt, deutschen Siedlern die

Auswanderung nach Brasilien zu ermöglichen, und wurde so zum Spiritus Rector der Kolonie Rolândia. Jetzt ist der Christdemokrat führendes Mitglied des Wirtschaftsrats der Bizone, zu der sich die amerikanische und die britische Besatzungszone zusammengeschlossen haben, und damit einer der wichtigsten Politiker Westdeutschlands. Er ist einer der fünf Direktoren, und die Nachrichten, die sie in diesen Tagen in Frankfurt am Main verkünden, sollten die Herzen der Westdeutschen höher schlagen lassen: Rasante Belebung der industriellen Produktion, im Bergbau und in der Gummiherstellung schon wieder der Produktionsstand von 1936, vergleichbare Erfolge in der Erzeugung von Strom und Gas, die Baustoffe nicht zu vergessen. Am 3. November verabschiedet der Wirtschaftsrat sogar die Aufhebung des Lohnstopps. Zum ersten Mal seit Ende des Krieges haben die Westdeutschen einen Grund zum Feiern. Aber am 12. November treten neun Millionen Arbeiter, Angestellte und Beamte in der Bizone – der französische Militärgouverneur hat die Beteiligung am Streik in seiner Zone verboten – in einen 24-stündigen Generalstreik und fordern höhere Löhne und niedrigere Preise. Es ist der größte Streik in Deutschland seit dem Generalstreik gegen den Kapp-Putsch 1920.

Ist es überhaupt ein Streik? Die Gewerkschafter sprechen beschwichtigend von Demonstrationsstreik und von Arbeitsruhe, es fahren die Eisenbahnen, und der Postverkehr geht ungehindert weiter. Es gibt keine Kundgebungen und keine Versammlungen – das war die Bedingung der amerikanischen und britischen Militärgouverneure für die Genehmigung des Streiks. Die Auflagen sind die Reaktion auf einen Krawall in Stuttgart vor einigen Tagen. Die Gewerkschaft hatte zur Kundgebung aufgerufen. Sie war friedlich verlaufen, bis ein paar Teilnehmer den Volkszorn gegen ein armenisches Luxus-Modehaus – vermutlich mangels jüdischer Geschäfte – entfacht hatten und Bierflaschen geworfen wurden. Tränengaseinsatz des US-Militärs, ein paar verletzte Deutsche und ein paar verletzte Amerikaner, Abtransport des verantwortlichen Gewerkschaftssekretärs zum US-Militärgouverneur, zwei Tage später Einbestellung eines Journalisten (»Es darf kein Kommunist sein«) zum Empfang des Befehls Nr. 7 des Direktors der Militärregierung für Württemberg-Baden: Ausgehverbot für alle 450 000 Einwohner Stuttgarts zwischen 19 Uhr und 4 Uhr, auf Zuwiderhandlungen steht »jede Strafe außer der Todesstrafe«, in der Regel bleibt es bei zehn Mark. Wer waren die Störer? Der US-Oberbefehlshaber vermutet nationalistische oder links-extreme Elemente. Der Kommentator von Radio Stuttgart legt sich auf Kommunisten fest: »Die Gefahr von rechts ist lange nicht so groß wie die von links.« Der »Spiegel« winkt ab, für diesen Kommentator seien es immer die Kommunisten.

Die Militärgouverneure sind jedenfalls alarmiert, als die Gewerkschaft für die gesamte Bizone zur Arbeitspause aufruft. Sie wissen, dass mehr auf dem Spiel steht als die Glasscheiben einiger Kaufhäuser. Der Protest richtet sich gegen den Wirtschaftsdirektor der Bizone, Ludwig Erhard, und gegen sein marktwirtschaftliches Konzept. Wenn der Protest erfolgreich ist, dann ist Erhard am Ende. Der Protest ist aber nicht erfolgreich, er verläuft sich still schweigend, und Erhard bleibt.

Ist es Unkenntnis oder Beweis der Einsicht in die realen Verhältnisse, dass keine Gewerkschaft und kein Demonstrant gegen die Einschränkung der Versammlungsfreiheit protestiert? Die hessische Verfassung, die die Bevölkerung mit großer Mehrheit angenommen hat, verspricht zum Beispiel seit dem 1. Dezember 1946: »Alle Deutschen haben das Recht, sich ohne Anmeldung oder besondere Erlaubnis friedlich und unbewaffnet zu versammeln.« Aber auch im November 1948 gilt unausgesprochen der Zusatz: »Näheres bestimmt die Militärregierung.«

Andererseits: Wer interessiert sich überhaupt für die neuen Verfassungen der Länder? Der seit Ende des Krieges außer Dienst gesetzte Staatsrechtler Carl Schmitt natürlich, der in seinem Haus im sauerländischen Plettenberg in einem »Glossarium« seinen Hass auf die Besatzungsmächte, die Emigranten und die Juden in Worte fasst.

»Der Führer schützt das Recht vor dem schlimmsten Missbrauch, wenn er im Augenblick der Gefahr kraft seines Führertums als oberster Gerichtsherr unmittelbar Recht schafft.« Mit Erkenntnissen wie dieser war Schmitt zum Preußischen Staatsrat und für einige Zeit zum führenden Rechtsdenker des NS-Staates aufgestiegen. Er hat dem Staat die juristische Fassade geliefert, hinter der sich der Holocaust vollzog; jetzt beklagt er die maßlose Rache der Sieger, weil er keinen Lehrstuhl mehr bekommt. Immerhin findet er Zeit, die Landesverfassungen zu studieren, für Schmitt offensichtlich bizarre Konstrukte, die ihn intellektuell nicht befriedigen können: »›Angesichts des Trümmerfeldes‹, so beginnt die bayerische Verfassung vom 26. Oktober, um zu dokumentieren, dass auch den Bayern angesichts eines Trümmerfeldes nichts anderes eingefallen ist als billige verschimmelte Banalitäten aus der guten alten Zeit des Konstitutionalismus.«

Natonek ist verhaftet worden. Wolfgang Natonek ist der Vorsitzende der Hochschulgruppe der Liberal-demokratischen Partei, der auch Gerhard Schulz angehört. Er ist unbelehrbar, vielleicht, weil er der Sohn eines Unbelehrbaren ist. Sein Vater hat für die »Weltbühne« geschrieben, seine Werke standen in der NS-Zeit auf der Liste der verbannten Bücher, er musste emigrieren. Wolfgang Natonek wurde zum Staatenlosen erklärt, war als wehrunwürdig aus Hitlers Armee ausgestoßen und zur Zwangsarbeit verpflichtet worden. Natonek denkt wie Schulz, beide denken nicht so, wie es die SED verlangt. Er sagt öffentlich, die Immatrikulations-Politik der SED erinnere ihn an eine Zeit, »in der nicht studieren konnte, wer eine nichtarische Großmutter hatte. Wir wollen nicht eine Zeit, in der nicht studieren kann, der nicht über eine proletarische Großmutter verfügt«. Jetzt ist Natonek zusammen mit 20 Kommilitonen abgeholt worden, nachts von der sowjetischen Geheimpolizei NKWD. Schulz ist noch da, aber sein Stipendium ist gestrichen, weil er im Studentenrat im Dienst der Spaltung gearbeitet habe. Er bemerkt eine steigende Zahl der Verhaftungen an der Universität und eine sich allmählich ausbreitende Depression in der Studentenschaft. Seit einigen Tagen zeigt eine Wandzeitung der SED in der Universität eine Zeichnung, auf der Schulz in einem engen Verlies vor einer verschlossenen Tür zu sehen ist. Die Überschrift des folgenden Artikels lautet: »Schulz sucht eine Hintertür«.

Wo liegt Bonn, in dem seit fast einem viertel Jahr der Parlamentarische Rat für die Westdeutschen eine provisorische Verfassung zu kreieren versucht?

Walter Henkels erkundet die Umgebung der Stadt und bemerkt, dass die Landschaft – der Rhein, das Siebengebirge – nach mehr als drei Nachkriegsjahren das Zaubrische nicht aufgegeben habe. Das Schlüsselwort heißt für ihn noch immer Romantik. Ihm scheint, als spanne sich der Himmel Arkadiens über das Land. Noch träumten viele, wenn sie mit den weißen Schiffen der Köln-Düsseldorfer Rheindampfschifffahrt den Strom befuhren, von der blauen Blume. Doch sei nicht zu bestreiten, dass die Landschaft alt und etwas abgestanden wirke.

Auch das geistige Leben Bonns, mehr als ein Jahrhundert lang eine Stätte intellektueller, musischer und gelehrter Herren, scheine etwas ins Provinzielle abgerutscht. Zwar verdankten Bonn und das benachbarte Godesberg den Studenten jetzt wieder eine jugendliche Note. Aber die Studentenromantik, die ihr viele Generationen lang das Gepräge gab, sei dahin. Erschütterndes Anschauungsmaterial über den heutigen Studenten findet Henkels im

Luftschutzbunker in Poppelsdorf, wo mehr als 100 Studenten in unterirdischen, fensterlosen Verliesen wohnen.

Einigen könnte der Sinn für Studentenromantik durch ihre Kriegserfahrungen abhandengekommen sein, etwa achtzig Prozent der männlichen Kommilitonen sind Kriegsteilnehmer gewesen – oder durch ihre Nachkriegserfahrungen, ebenfalls etwa achtzig Prozent der studierenden ehemaligen Soldaten sind aus der Kriegsgefangenschaft zurückgekehrt. Was sie von Romantik wissen, das ist ihnen noch vor einigen Jahren als Romantik des Krieges vermittelt worden, zum Beispiel in der »Kriegsbücherei der deutschen Jugend«. Kurz vor Ende des Krieges war in der zur Rekrutierung des Wehrmachtnachwuchses aufgestellten Reihe in Band 140 unter der Überschrift »38 Mann stürmen Vichy« folgender Artikel erschienen: »Sofort empfängt uns heftiges MG- und Gewehrfeuer. Die Schutzscheibe eines unserer Fahrzeuge kracht und splittert. Aber da brüllt auch schon unser Leutnant: ›Feuer frei!‹ Und dann funken wir unseren Feuersegen hinüber. Tacktacktacktack keckern die braven Kanonen, auf die so viel Verlass ist und deren Schießen einem ungeheure Sicherheit verleiht, immerzu tacktacktacktack. Wie ein gewaltiges Feuerwerk prasselt die Wucht unseres zusammengefassten Feuers denen drüben entgegen. In das friedliche Tal der Allier ist der Teufel gefahren. Tod und Verderben bringt er. Da – in Kähnen versuchen sie oben über den Fluss zu entkommen. Drauf! Drauf! Die Rohre drehen sich: tacktacktacktack.« Es klingt wehmütige Erinnerung mit, wenn der Autor dieser Zeilen, der Angehörige der Propagandakompanie der Waffen-SS, Walter Henkels, vier Jahre später als Bonner Flaneur den Lesern mit einem Augenzwinkern empfiehlt, beim Besuch des Bonner Alten Zolls achtzugeben, nicht in die Einmannschützenlöcher zu stolpern.

Henkels beginnt in diesen Wochen seinen Aufstieg zum *Bonner Hofchronisten,* eine kommode Stellung, denn das Versöhnliche und Versöhnende, das die Landschaft verströmt, glaubt Henkels auch in der Arbeit des Parlamentarischen Rates zu erkennen. Zwar herrsche in dem Konsilium keine absolute Einmütigkeit, aber offenkundig das Bemühen, das Trennende hintanzustellen. Nicht weit vom Sitzungssaal, hundert Meter entfernt, ziehe Vater Rhein dahin, ruhig und gelassen. An seinen Ufern sei immer die Libertas zu Hause gewesen, das sei dem Parlamentarischen Rat recht bekömmlich.

Wüsste aber Vater Rhein, was am 30. November im Sitzungssaal geschieht, wäre es mit seiner Ruhe und Gelassenheit vorbei. Die sozialdemokratische Abgeordnete Friederike Nadig legt in der 26. Sitzung des Grundsatz-Ausschusses den von ihrer Kollegin Elisabeth Selbert formulierten Antrag vor, den Katalog der Grundrechte um einen Satz zu ergänzen: »Männer und Frauen sind gleichberechtigt.«

Der Satz klingt harmlos, aber der liberale Abgeordnete Thomas Dehler erkennt sofort die gefährlichen Konsequenzen, die seine Aufnahme ins Grundgesetz haben würde: »Dann ist das Bürgerliche Gesetzbuch verfassungswidrig.« Das ist richtig. Nach dem Bürgerlichen Gesetzbuch vom 1. Januar 1900 darf der Ehemann das Arbeitsverhältnis seiner Frau kündigen, er verwaltet ihr Vermögen – und ist auch dessen Nutznießer –, er darf den Wohnsitz der Familie bestimmen und die Schule der Kinder, und er gibt der Ehefrau und den gemeinsamen Kindern seinen Namen. Daran hatte auch die Weimarer Reichsverfassung nichts geändert.

Zwar hatten die Frauen nach dem Ersten Weltkrieg das Wahlrecht bekommen, die Verfassung hatte sie aber lediglich mit den gleichen staatsbürgerlichen Rechten (neben dem Wahlrecht unter anderem dem Recht auf Zugang zu öffentlichen Ämtern) versehen wie die Männer, die Benachteiligungen im Bürgerlichen Gesetzbuch aber bestehen lassen. Noch immer gilt das Bibelwort: Die Frau sei dem Manne untertan. Mit ihrem Antrag stellt Selbert, die sich weder als Feministin noch als radikal versteht, die Systemfrage, und nicht nur Dehler wittert sofort die Gefahr. Als der Ausschuss an diesem Tag auseinandergeht, kann er einen Erfolg verbuchen. Als Kompromiss wurde die der Weimarer Verfassung entlehnte Formulierung gewählt: »Männer und Frauen haben die gleichen staatsbürgerlichen Rechte und Pflichten.«

Das Verbot der Diskriminierung soll lediglich mit der Bestimmung erreicht werden: »Niemand darf wegen seines Geschlechts, seiner Abstammung, seiner Rasse, seiner Sprache, seiner Heimat und Herkunft, seines Glaubens, seiner religiösen oder politischen Anschauungen benachteiligt oder bevorzugt werden.« Das würde das Familienrecht des Bürgerlichen Gesetzbuches nicht antasten, und die Gleichberechtigung der Frauen wäre auf unbestimmte Zeit vertagt, denn die faktische Vormundschaft des Ehemanns über seine Frau wird weder von der Justiz noch von den meisten Mitgliedern des Parlamentarischen Rates als Benachteiligung angesehen. Über den Kompromiss wird der Hauptausschuss am 3. Dezember in erster Lesung beraten. Sollte Dehler glauben, damit sei die Sache entschieden, irrt er. Für Elisabeth Selbert hat der Kampf um die Gleichberechtigung erst begonnen.

Im Übrigen aber, da hat Walter Henkels ganz recht, geht es in den Räumen der früheren Pädagogischen Akademie, in denen der Parlamentarische Rat tagt, sehr sachlich zu. Sofern die Westdeutschen in diesen Monaten sich nicht über die Kollektivschuldfrage empören und gegen den Fragebogen, den Millionen Deutsche auszufüllen haben, protestieren, klagen sie vor allem über die Flüchtlinge, die aus dem Osten nach Westdeutschland gelangen.

Nicht nur die Sachlichkeit, mit der der Parlamentarische Rat das Problem behandelt, vor allem die Lösung, die er dafür im November ohne lange Debatte findet, ist also eine Überraschung. Der

Zweite Weltkrieg hatte 5,25 Millionen Deutschen das Leben gekostet. Doch durch die Flüchtlinge und die Vertriebenen hat sich die Zahl der Einwohner in den vier Besatzungszonen 1946, verglichen mit dem Jahr des Kriegsbeginns, um mehr als zehn Prozent erhöht. Am stärksten betroffen ist Schleswig-Holstein, das mit der Versorgung von 1,2 Millionen Flüchtlingen – das sind 67 Prozent der Gesamtbevölkerung – vollkommen überfordert ist.

Die Menschen hausen in Ställen, Höhlen und Erdbunkern unter zum Teil katastrophalen Bedingungen. Das Boot ist übervoll. Aber mit der dringenden Bitte, andere Bundesländer mögen das Land durch die Aufnahme von Flüchtlingen vor dem Kentern bewahren, ist Schleswig-Holstein schon mehrfach gescheitert. Hermann von Mangoldt (CDU), 1946/47 schleswig-holsteinischer Innenminister, weiß genau, wovon er spricht, als er im Grundsatz-Ausschuss einen Vorschlag seines SPD-Kollegen Ludwig Bergsträsser aufgreift, ein unbeschränktes Grundrecht auf Asyl zu schaffen. Obwohl dem konservativen Kieler Staatsrechtsprofessor bewusst ist, dass jeder weitere Flüchtling die wirtschaftlichen Probleme der Länder – zumal Schleswig-Holsteins – verschärfen wird und die Mehrheit der Bevölkerung gegen ihn ist, fordert er den uneingeschränkten Schutz politischer Flüchtlinge: »Nimmt man eine solche Beschränkung auf, dann kann die Polizei an der Grenze machen, was sie will. Es ist dann erst eine Prüfung notwendig, ob die verfassungsmäßigen Voraussetzungen des Asylrechts vorliegen oder nicht. Diese Prüfung liegt in den Händen der Grenzpolizei. Damit wird das Asylrecht vollkommen unwirksam. Wir haben dafür Erfahrungen aus dem letzten Krieg, namentlich von der Schweiz her. Man kann das Asylrecht nur halten, wenn man die Bestimmung ganz einfach und schlicht fasst: Politisch Verfolgte genießen Asylrecht.« So geschieht es.

Nicht nur der Parlamentarische Rat zieht Lehren aus den zwölf Jahren des NS-Regimes, auch die Justiz scheint entschlossen zu sein, nach der barbarischen Strenge, zu der sie sich von den Nationalsozialisten im Strafrecht bereitwillig hatte verpflichten lassen, der Nachsicht und dem Zweifel wieder mehr Gewicht zu geben, zumindest in bestimmten Einzelfällen.

Ein Beispiel: Im Mai 1943 verhandelte ein Sondergericht am Landgericht Köln einen Fall von Kriegswirtschaftsverbrechen, in dessen Mittelpunkt ein jüdischer Textilkaufmann stand. Dem Kaufmann war verboten, sich gewerblich zu betätigen, so hatte er mithilfe seiner Ehefrau und eines Textilfabrikanten ein Schiebergeschäft mit großen Posten Damenstrümpfe und schwarz gehandelter Stoffe aufgezogen. Der Präsident des Landgerichts, Walter Müller, fürchtete, das Sondergericht werde in seinen Urteilen gegen den jüdischen Händler und seine beiden mitangeklagten Komplizen Milde walten lassen. Das NSDAP-Mitglied forderte den Vorsitzenden, einen auf seine Beförderung zum Oberlandesgerichtsrat hoffenden Beisitzer und einen weiteren Beisitzer auf, Todesstrafen zu verhängen: »Was Sie auch immer einwenden mögen, hier gibt es keine Diskussion – die Rübe muss herunter, der Gauleiter will es so.« Auch vor anderen Hauptverhandlungen hatte Müller die von ihm gewünschten Quoten genau bestimmt: »Ich hoffe, dass hier doch wenigstens ein viertel Dutzend Rüben heruntergehen.« Für Fälle des verbotenen Umgangs mit Kriegsgefangenen hatte der Präsident des Landgerichts als Richtschnur für das Strafmaß definiert: »Ein Butterbrot – ein Jahr Gefängnis. Ein Kuss – zwei Jahre Gefängnis. Geschlechtsverkehr – Kopf ab!«

Im November 1948 spricht das Schwurgericht Bonn Walter Müller frei vom Vorwurf des Verbrechens gegen die Menschlichkeit und der Verleitung zur Rechtsbeugung. Verbrechen gegen die Menschlichkeit lägen nicht vor, weil nicht erwiesen sei, dass Müller mit seinen Eingriffen Erfolg gehabt habe. Müllers Versuche, Richter am Sondergericht zur Verhängung unverhältnismäßiger Todesstrafen zu drängen, seien auch keine Verleitung zur Rechtsbeugung gewesen. Denn durch das Bedrängen der Richter seien noch keine konkreten Personen bedroht worden. Es sei auch kein Nachweis zu erbringen, dass Müller die Richter gegen ihre Überzeugung habe gefügig machen wollen. Vielmehr sei ihm zugute zu halten, dass er die Richter lediglich zu seiner eigenen Überzeugung habe hinführen wollen.

Der Fall des Kölner Landgerichtspräsidenten Müller wird fünf Gerichte beschäftigen. Das letzte Urteil wird im Juni 1953 erneut vom Schwurgericht Bonn gefällt, das die Entschlossenheit zur Milde in bestimmten Einzelfällen bekräftigt. Es lautet wiederum auf Freispruch, den das Gericht aber diesmal mit Müllers notorisch geringer fachlicher Qualifikation und dessen politischer Verblendung begründet.

Das ist die Geschichte von Karl und Anneliese, die in Nürnberg beginnt und vorläufig in Landsberg endet. Es ist eine Geschichte, die erzählt werden muss, denn es ist die Geschichte einer Liebe, die die Rachsucht einer Siegermacht zu zerstören versucht. Hier ist Anneliese, 27 Jahre, mittelgroß, schlank, eine schwarze Lockenkrone über dem blassen Gesicht und an der Linken ein ziselierter Verlobungsring. Und hier kommt Karl, 33 Jahre jung, zum Tode verurteilter SS-Hauptsturmführer. Wir wissen nicht, was Karl in seinem früheren Leben getan hat, aber wir wissen, dass er liebt. Er liebt seine Anneliese, und sie liebt ihren Karl.

Als er nach Nürnberg als Angeklagter kam, da kam er als gebrochener Mann, denn seine Frau hatte ihn gerade wegen eines Besatzungssoldaten verlassen, von dem sie auch ein Kind erwartete. Als Anneliese Karl das erste Mal gesehen hat, wusste sie, dass es endlich die so lange ersehnte, die richtige Liebe war, war sie doch in ihrem jungen Leben so oft schon enttäuscht worden. Karl Sommer war der Untergebene Oswald Pohls gewesen, des Herrn der Konzentrationslager. Was immer er als SS-Hauptsturmführer im Einzelnen gemacht haben mag (wir wissen es nicht) – jetzt ist er Karl, der Anneliese liebt, eine Sekretärin im Verteidigerbüro im Nürnberger Justizpalast. Die Gitter können die Liebenden trennen, aber aufhalten können sie die Liebe nicht. Karl lässt sich scheiden, und sie verloben sich. Dann aber das grausame Urteil: »Death by hanging.« Und man weiß nicht, warum. So beginnt der verzweifelte Kampf Anneliese Beyers um Gnade und Leben für ihren Verlobten. Sie schreibt dem amerikanischen Militärgouverneur, sie schreibt dem amerikanischen Präsidenten, dem amerikanischen Kongress, dem amerikanischen Heeresminister. Spürt denn keiner, wie kostbar die Liebe ist?

Wenn in Landsberg, wo einst Adolf Hitler Häftling war, die Todeskandidaten alle vier Wochen den Besuch ihrer nächsten Angehörigen empfangen, dann macht sich auch Anneliese auf den Weg zu der heute mit mehr als 1000 Kriegsverbrechern belegten Strafanstalt, um ihren Karl im roten Pullover der zum Tode Verurteilten zu sehen. Sie warten im Dunkel auf den Tod. Kein elektrisches Licht erleuchtet die Zellen. Es ist eine gespenstische Tafelrunde, wenn die Todeskandidaten Mittag für Mittag und Abend für Abend zum Essen zusammenkommen. Am Nachmittag vor der Hinrichtung wird für die Todgeweihten ein Altar errichtet, zum Abendmahl. Am Freitag, dem Hinrichtungstag, wenn die Delinquenten, nur mit einem Hemd bekleidet, zum Galgen geführt werden, läutet das Armsünderglöckchen den 20000 Bewohnern Landsbergs, dass wieder ein Urteil vollstreckt wird.

Ist da kein Mitleid, kein Barmen? Die eidesstattlichen Versicherungen, die zur Entlastung der Todeskandidaten herumgereicht werden, sind von zweifelhaftem Wert, denn es gibt sie fast unbegrenzt für alle – Inflationswährung. Doch es gibt die Bischöfe, den Vorsitzenden der Evangelischen Kirche in Deutschland, Bischof Theophil Wurm, den Erzbischof von Köln, Josef Kardinal Frings, und den Weihbischof im Erzbistum München und Freising, Johannes Neuhäusler. Auch für sie ist es schwer, die Aufhebung der

Todesurteile zu erwirken, doch, wer weiß, ihr für die verurteilten Kriegsverbrecher lautstark öffentlich erhobenes Wort hat Gewicht, auch ihre Warnung vor Justizmorden, die zum Tod verurteilten Massenmördern drohen.

Aber warum? Warum sind sie alle, ist auch Karl Sommer zum Tod verurteilt worden? Vielleicht weil der SS-Hauptsturmführer der Mordgeselle Oswald Pohls gewesen ist und mit ihm zusammen jüdisches Vermögen geraubt und jüdische Häftlinge ausgebeutet hat vor ihrer Ermordung? Wir wissen es nicht, und wir erfahren es nicht, denn der »Spiegel«, der im November mit dieser Schmonzette erscheint, erzählt es uns nicht, mit keinem Wort. Er erzählt nur von der Liebe von Anneliese und Karl und wirbt für das Liebesglück eines Massenmörders.

Karl Sommer wird im Mai nächsten Jahres zu lebenslanger Freiheitsstrafe begnadigt. Ende 1953 wird Sommer entlassen und setzt sein Leben als Kaufmann in Niedersachsen fort.

Dezember 1948

Die Westalliierten vereinbaren, das Ruhrgebiet internationaler Kontrolle zu unterwerfen und zur Aufteilung der Kohle-, Koks- und Stahlproduktion eine internationale Ruhrbehörde einzurichten – ohne Mitwirkung der Sowjetunion (Ruhrstatut). Der amerikanische Armeeminister Kenneth Royall teilt mit, Westdeutschland werde nicht wieder aufgerüstet werden, zu befürworten sei hingegen der Aufbau einer Polizeitruppe zur Aufrechterhaltung der öffentlichen Ordnung. Auch der britische Militärgouverneur in Deutschland, Sir Brian Robertson, weist Gerüchte über eine geplante Aufrüstung zurück. Der Wirtschaftsrat beschließt ein Lastenausgleichsgesetz, das vor allem Flüchtlingen und Bombengeschädigten helfen soll.

Und was ist mit Richard Schuh? Nach Recht und Gesetz ist das Leben des Raubmörders, der in der Landesstrafanstalt Rottenburg auf seinen Hinrichtungstermin wartet, verwirkt. Vom Recht hat er nichts mehr zu hoffen, Gnade wurde ihm verweigert. Der Ministerpräsident von Württemberg-Hohenzollern, Gebhard Müller (CDU), ist ein Befürworter der Todesstrafe. Er war nicht bereit, für Schuh eine Ausnahme zu machen. Im Oktober hat er entschieden: »Das Urteil ist zu vollstrecken.«

Nicht nur das Recht hat Schuh gegen sich, auch das Gesetz selbstverständlich, das Mörder unverändert mit dem Tod bedroht. Wenn der Parlamentarische Rat die Todesstrafe nicht rechtzeitig liquidiert, ist es mit ihm vorbei. Im Dezember geht im Hauptausschuss des Parlamentarischen Rates der Antrag ein, das Grundgesetz um die Regelung zu ergänzen: »Das keimende Leben wird geschützt. Körper- und Leibesstrafen sind verboten. Die Todesstrafe wird abgeschafft.« Das fordern nicht die Sozialdemokraten um Carlo Schmid, die auf Herrenchiemsee die Debatte um die Todesstrafe begonnen haben, sondern Hans-Christoph Seebohm von der nationalkonservativen Deutschen Partei, die mit Seebohm im Parlamentarischen Rat einen eigenwilligen Vertreter hat.

Der 45 Jahre alte gebürtige Oberschlesier hat sich seit Beginn der Beratungen in allen Fraktionen den Ruf eines schwer erträglichen Vielredners und nervenden Antragstellers erworben. Zumindest in der Öffentlichkeit wird Seebohm unterstellt, mit seinem Einsatz für die Abschaffung der Todesstrafe wolle er vor allem zum Tod verurteilten Kriegsverbrechern helfen. Damit stünde Seebohm keineswegs allein, aber er selbst nennt andere Motive. Er habe sich, sagt er, schon immer gegen die Vollstreckung von Todesstrafen ausgesprochen. Es sei notwendig, den Satz als klares

Bekenntnis zur körperlichen Unversehrtheit in die Verfassung aufzunehmen.

Dem stimmt an diesem Tag ausdrücklich nur ein Ausschussmitglied zu, ausgerechnet der Kommunist Heinz Renner. Der Liberale Theodor Heuss bezeichnet sowohl den Schutz keimenden Lebens als auch die Abschaffung der Todesstrafe als Sonderfrage, die im Grundgesetz zu erwähnen überflüssig sei. Zwar bekommt Seebohm am Ende für seinen Antrag sechs Stimmen zusammen, doch sechs Abgeordnete enthalten sich und neun stimmen dagegen. Seebohm hat nicht nur in Bonn die Mehrheit gegen sich. Eine Umfrage ergibt, dass 74 Prozent der Deutschen für die Beibehaltung der Todesstrafe sind, nur 21 Prozent für die Abschaffung, fünf Prozent unentschieden. Aber noch darf Richard Schuh hoffen. Das Justizministerium von Württemberg-Hohenzollern hat den Tag seiner Hinrichtung auf den 18. Februar terminiert. Eine Woche davor, am 10. Februar wird der Hauptausschuss in Anwesenheit des Justizministers von Württemberg-Hohenzollern, Carlo Schmid (SPD), erneut beraten.

Ruth Andreas-Friedrich nimmt Abschied von Berlin. Alle Papiere sind in Ordnung, das Reisebüro der Overseas Airlines hat sie zum Flug nach Frankfurt vorgemerkt. Ihr letzter Gang durch die Straßen, die letzten Gespräche mit der Tochter, über die Blockade, die Luftbrücke, das Ostgeld, das Westgeld, ein letzter Besuch bei Andrik auf dem Friedhof Steglitz. Andrik war der Mann vor Frank, der jetzt in München auf sie wartet. Andrik war mit Ruth Andreas-Friedrich Kopf und Herz der Widerstandsgruppe »Onkel Emil«.

Der Russe Andrik, der Leo Borchard hieß, seit er in Deutschland lebte, und Lew Lwowitsch Borchard bei seiner Geburt in Moskau. Der Dirigent Andrik, der im Januar 1933 sein erstes Konzert mit den Berliner Philharmonikern gegeben hatte und auch das erste Konzert mit den Philharmonikern wenige Tage nach Ende des

Krieges im fast unbeschädigten Titania-Palast in Steglitz (amerikanischer Sektor), einem gigantischen Kino im Stil der Neuen Sachlichkeit, ausgelegt für 1700 Gäste. Borchard hatte Tschaikowsky und Mozart gespielt, aber begonnen hatte er mit dem Sommernachtstraum von Felix Mendelssohn Bartholdy, den Goebbels als »jüdisches Machwerk« auf die Verbotsliste gesetzt hatte. Das Publikum war begeistert. Drei Monate später war Andrik tot.

Er und Ruth Andreas-Friedrich saßen im Auto eines britischen Obersten, als ein US-Soldat auf den Wagen schoss. Der Oberst hatte den Stopp-Befehl des Soldaten nicht beachtet, der Soldat weisungsgemäß das Feuer eröffnet. Berlin im August 1945: Der russische Lebenspartner einer deutschen Frau von einem amerikanischen Soldaten getötet, weil ein britischer Offizier eine Weisung missachtet hat. Ruth Andreas-Friedrich steht ein letztes Mal vor Andriks Grab. Es kommt kein Trost von Andrik, denkt sie, was für ein Irrtum, ihn hier zu suchen. Einige Tage später sitzt sie im Flugzeug nach Frankfurt. »In die Freiheit«, sagt ihr Sitznachbar. »In die Freiheit«, will sie antworten, doch aus ihrer Kehle dringt kein Laut. Das Flugzeug hebt sich mit einem Ruck in die Luft, Rasen, Lichter, Häuserwände, S-Bahnschienen und Straßen verschwinden. »Da unten liegt verschwimmend im Nebel der Schauplatz BERLIN«, schreibt Ruth Andreas-Friedrich und schließt ihr Tagebuch.

Sie wird in München leben und den Direktor der Universitäts-Poliklinik heiraten, Walter Seitz (»Frank«), nach dessen Tarnnamen »Onkel Emil« sich die Widerstandsgruppe benannt hatte. Sie wird noch einige Bücher schreiben (»Gesund und hübsch durchs Jahr«, »Ein reizender Abend: 1000 Tipps für frohe Feste«), aber keines reicht an ihr Tagebuch heran, es bleibt ihr Lebensbuch.

Auch Georg Wrazidlo ist nicht mehr da. Vor einem Jahr, im März, hat der Medizinstudent an der Humboldt-Universität als Vertreter der Berliner Hochschulgruppe an einem gesamtdeutschen Treffen des Rings Christlich-Demokratischer Studenten in Marburg teilgenommen, wenige Tage später, nach einem Besuch des Cafés Kranzler Unter den Linden im russischen Sektor war er weg, wie vom Erdboden verschluckt. Darum findet am 4. Dezember die Eröffnungsfeier der Freien Universität Berlin im Titania-Palast in Steglitz ohne ihn statt, kurios, denn ohne Wrazidlo säßen sie wahrscheinlich heute nicht hier.

Wrazidlo, ein gläubiger Katholik, der im KZ gesessen hatte, war Vorsitzender einer überparteilichen Arbeitsgemeinschaft demokratischer Studenten, die schon bald nach der Wiedereröffnung der Humboldt-Universität mit Genehmigung der sowjetischen Militärregierung gegründet worden war. Die Probleme mit der Besatzungsmacht und der SED hatten am 1. Mai 1946 begonnen, als 27 Mitglieder der Arbeitsgemeinschaft, unter ihnen Wrazidlo, beim Rektor der Universität gegen rote Fahnen und Transparente der SED am Haupteingang protestiert hatten: Eine Hochschule sei keine Parteiinstitution, sondern diene Bildung und Wissenschaft. Dafür waren sie ins Haus der Ministerien zitiert und in vergitterten Kellern verhört worden. Wrazidlo war kurze Zeit später von der Zentralverwaltung für Volksbildung abgesetzt und durch einen SED-Studenten ersetzt worden.

So ging es weiter. Es gab die Studentenzeitschrift »Forum«, die mit sowjetischer Lizenz erschien, und bald darauf auf Antrag der Studenten Wrazidlo, Otto Hess und Joachim Schwarz die Studentenzeitschrift »Colloquium« mit amerikanischer Lizenz. Wenig später war Wrazidlo verschwunden. Nachdem im Januar 1948 im »Colloquium« eine böse Glosse auf den neuen Rektor Hermann Dersch erschienen war, anonym, aber an der Autorschaft des einschlägig begabten Kommilitonen Otto Stolz bestand kein Zweifel, hatte Dersch den Studenten Hess, Schwarz und Stolz mitgeteilt, dass die Zentralverwaltung für Volksbildung »ihr Einverständnis mit Ihrer Zulassung zum Studium an der Universität Berlin im Hinblick auf die in Ihrer publizistischen Tätigkeit liegende Verletzung von Anstand und Würde eines Studierenden hiermit widerruft«.

Die West-Berliner Presse hatte in großer Aufmachung berichtet, der Studentenrat habe die Zentralverwaltung aufgefordert, die Maßnahmen zurückzunehmen, Tage später habe eine Protestversammlung im Hotel Esplanade stattgefunden, zu der mehr als 1000 der 2800 Studenten erschienen und auf der die Gründung einer freien Universität im Westen Berlins gefordert wurde. Die US-Militärregierung von General Clay hatte sich der Sache angenommen, und in nur sieben Monaten ist aus dem Plan einer Reformuniversität mit relevanter studentischer Selbstverwaltung die Freie Universität entstanden. General Clay hat zwei Millionen D-Mark bereitgestellt, 350000 Bücher sind gespendet worden, und ein Studentenausschuss hat eine Satzung formuliert, die den Studenten Stimmrecht in allen Gremien der Universität gewährt und die Universität zur Körperschaft des öffentlichen Rechts erklärt, also schützt vor staatlichem Eingriff.

Im November haben in Dahlem die Vorlesungen begonnen, 2000 Studenten teilen sich 30 Professoren.

Zur feierlichen Eröffnung am 4. Dezember spricht der Historiker Friedrich Meinecke nicht persönlich vor den 2000 Gästen im Titania-Palast, sondern über Funk. Er ist erkrankt und muss vom Bett aus seine Rede zu Wissenschaft und Freiheit halten. Ernst Reuter, der drei Tage später zu West-Berlins Oberbürgermeister gewählt werden wird, spricht selbstverständlich auch, und der berühmte, vom westdeutschen Publikum gefeierte amerikanische Dramatiker Thornton Wilder hört andächtig zu. Er hält seit ein paar Wochen Vorlesungen an der Frankfurter Universität, deren Rektor übrigens nicht zur Gründung der Freien Universität erschienen ist – wie alle anderen westdeutschen Rektoren hat er dankend auf die Teilnahme verzichtet. So spricht Reuter vor allem zu jungen Gesichtern, deren Träger noch keinen Namen haben, aber schon in wenigen Jahren jedem wachen westdeutschen Zeitgenossen bekannt sein werden: Ernst Benda, Gerhard Löwenthal, Klaus Schütz.

Und wo ist Georg Wrazidlo? Noch ist er im Speziallager Nr. 3 des sowjetischen Geheimdienstes in Hohenschönhausen. Ein Spitzel hatte ihn im März 1947 ins Café Kranzler gelockt. Dort hatten ihn deutsche Polizisten verhaftet und der NKWD-Stelle in Potsdam übergeben. Gegen Wrazidlo ist Anklage erhoben worden wegen »faschistischer Geheimbetätigung«, ein interessanter Vorwurf gegen einen, der von den Nationalsozialisten ins KZ geworfen worden ist, und am 12. Dezember 1948, also acht Tage nach der Eröffnung der Freien Universität, verurteilt ihn ein sowjetisches Militärtribunal zu 25 Jahren Zwangsarbeit. Dann rückt er ins Gelbe Elend ein, ins sowjetische Gefängnis Bautzen 1, zusammen mit 7000 weiteren Gegnern des Stalinismus, also dort, wo auch der Leipziger Student Wolfgang Natonek seine Strafe verbüßt, der dem Häftling Walter Kempowski im Knast die französische Sprache näherzubringen versucht.

Wolfgang Natonek wird 1956 entlassen, geht in die Bundesrepublik, wird nach seinem Studium Lehrer an einem Göttinger Gymnasium und gibt später eine Dokumentation über politische Gefangene in der DDR heraus. Georg Wrazidlo wird ebenfalls 1956 entlassen und schließt sein Medizinstudium an der Freien Universität Berlin ab. Deren studentische Gründer machen in der Bundesrepublik zum Teil beachtliche Karrieren: Der Jurist Ernst Benda wird Bundestagsabgeordneter (CDU) und sorgt 1965 mit einer aufsehenerregenden Rede in der »Ver-

jährungsdebatte« dafür, dass NS-Verbrechen weiterhin verfolgt werden können, er wird Bundesinnenminister und in den 1970er-Jahren Präsident des Bundesverfassungsgerichts. Gerhard Löwenthal, wegen seiner jüdischen Abstammung bis 1945 rassistisch verfolgt, nach 1945 in der Ostzone politisch diskriminiert, wird – als bekennender Konservativer – einer der bekanntesten und umstrittensten Fernsehmoderatoren der Bundesrepublik. Klaus Schütz wird für die SPD Bundestagsabgeordneter und 1967 Regierender Bürgermeister von Berlin.

Ist in München der Allgemeine Studentenausschuss das Problem oder der bayerische Kultusminister? Alois Hundhammer annulliert die Ergebnisse der Wahlen zum Asta von Technischer Hochschule und Universität: »Diese revolutionäre Jugend geht darauf aus, den Staat zu erschüttern.« Der eigentliche Grund ist zwar ein Formfehler, die Folge aber ein erbitterter Streit unter den wenigen politisch interessierten Studenten. Nur 3000 der 11 000 Kommilitonen hatten sich an den Wahl beteiligt, von ihnen fühlt sich vor allem eine Minderheit diskriminiert. Der Gründer der Münchner Hochschulgruppe der strikt konservativen Bayernpartei übergibt Hundhammer eine Resolution, in der er auch den bisher amtierenden Studentenausschuss als »stark verpreußt« bezeichnet, der darum nicht als rechtmäßige Vertretung der bayerischen Studentenschaft anerkannt werden könne.

Es sind nicht die Probleme der deutschen Hochschullandschaft, die den von der Universität verwiesenen Staatsrechtslehrer Carl Schmitt in Plettenberg in diesen Tagen beschäftigen. Schmitt trauert um seinen Kollegen Gustav Adolf Walz, der am 17. Dezember in Rottweil im Alter von 51 Jahren gestorben ist. Der Staats- und Völkerrechtler hatte ab 1933 Karriere gemacht. Im selben Jahr war er zum »Führer der Universität« Breslau berufen worden, seit

1940 hatte er im Auftrag der NSDAP in Brüssel die Universität kontrolliert. Trotz erheblicher inhaltlicher Differenzen blieb ihm Schmitt bis zum Ende gewogen.

Schmitts Konzept des »totalen« oder »totalitären« Staates hatte Walz schroff mit der Begründung zurückgewiesen, dahinter stecke eine heimliche Rezeption römisch-faschistischen Rechtsdenkens, und sein Konzept des völkischen Führerstaats dagegengesetzt, der durch eine »totale Politisierung« gekennzeichnet sei, verbunden mit der »totalen Entbürgerlichung und Entprivatisierung«. Die Kluft in der staatsrechtlichen Theorie mochte im Leben unüberwindlich sein, aber im Tod fühlt sich Schmitt dem Kollegen Walz, der Schmitts Katholizismus nicht leiden konnte, christlich verbunden. Zum Tod des »armen« Gustav Adolf Walz – seines Leidensgenossen, denn auch ihm war von der französischen Militärregierung die Rückkehr an die Universität verboten worden – notiert er: »So treibt man deutsche Gelehrte in den Tod. Ich aber will seiner gedenken in einer christlichen Consideratio.«

Es ist eine missliche Situation, wenn ein Staat infolge eines von ihm begangenen Völkermords daran gehindert ist, eine Konvention zum Schutz vor dem Völkermord zu unterzeichnen. Zumal die »Konvention über die Verhütung und Bestrafung des Völkermordes«, die die Generalversammlung der Vereinten Nationen am 9. Dezember mit 55 zu 0 Stimmen beschließt, ohne die Deutschen nicht entstanden wäre.

Der polnisch-jüdische Jurist Raphael Lemkin hat jahrelang nach dem präzisen Begriff für das Verbrechen gesucht, das die Türken mit deutscher Duldung während des Ersten Weltkriegs an den Armeniern verübten, und für die Vernichtung der Juden in Europa durch die Deutschen. 1933, in dem Jahr, als in Deutschland die Barbarei die Macht übernahm, war der 33-jährige Jurist auf einer Expertenkonferenz des Völkerbunds mit seinem Entwurf gescheitert, der »Barbarei« unter Strafe stellte, worunter Lemkin Gewaltakte gegen wehrlose »rassische, religiöse oder soziale Kollektive« verstand. Für das Scheitern hatte er einen hohen Preis gezahlt. Er war ohne Urlaub zu nehmen und auf eigene Kosten von Warschau zur Konferenz nach Madrid gefahren. Das hatte ihn seine Stellung im polnischen Parlament, dem Sejm, gekostet, wo Lemkin, nicht nur Jurist, auch Linguist, die semantische Vereinheitlichung der preußischen, russischen und österreichischen Gesetze für das neue Polen kontrollieren sollte.

Das Wort Genozid setzt sich aus (griechisch) genos, deutsch: Volk, und (lateinisch) caedere, deutsch: töten, zusammen. Das war das Wort, das Lemkin schließlich erfand, um die Menschheitsverbrechen im Recht auf den Begriff zu bringen: der Völkermord im Völkerrecht. Der Protest gegen diese Verbrechen ist natürlich nicht neu, Lemkin hat berühmte Vorgänger. Mit seinem »Kurzgefassten Bericht von der Verwüstung der Westindischen Länder« hatte Bartolomé des Las Casas, der Bischof von Chiapas in Mexiko, 1552 die Ausrottung der Indianer durch die Spanier und den Terror ihrer Kolonialherrschaft angeklagt: »Sie achteten und schonten sie weit weniger – und ich sage die Wahrheit, denn ich habe es die ganze Zeit über mit angesehen – nicht etwa bloß als ihr Vieh – wollte Gott, sie hätten sie nicht grausamer als ihr Vieh behandelt! –, sondern sie achteten sie nicht höher, ja noch weit geringer, als den Kot auf den Straßen.«

Nicht nur der Begriff des Genozid, sondern alle 19 Artikel der Konvention sind die Schöpfung Lemkins. Die Abstimmung der UN-Generalversammlung, einen Tag vor der Verabschiedung der UN-Menschenrechtscharta, ist auf den ersten Blick der Erfolg eines hartnäckigen Juristen. Aber Lemkin hat die Artikel nicht nur als Rechtsfachmann formuliert, sondern als Überlebender, der fast seine gesamte Familie im Holocaust verloren hat. Seinen Erfolg erkauft er mit einer Niederlage. Das »soziale Kollektiv«, das Lemkin auch in der Konvention hatte schützen lassen wollen, wird nicht mehr erwähnt. Die kommunistischen Staaten, die in diesen Jahren mit der blutigen Liquidierung der Eigentümergesellschaften beschäftigt sind, hätten anderenfalls die Unterschrift verweigert.

Die Deutschen werden nicht um Zustimmung gebeten, und das nicht nur, weil sie keine Regierung haben, die gefragt werden könnte. Sie sind drei Jahre nach dem Krieg von der Weltgemeinschaft noch immer geächtet. Vielleicht ist das der Grund, dass sie sich von der Völkermord-Konvention auch nicht betroffen fühlen. Über die Abstimmung wird in den deutschen Zeitungen jedenfalls kaum berichtet. Der Name Raphael Lemkins wird nirgends erwähnt.

Die US-amerikanische Athletic Union gibt in New York bekannt, dass Deutschland 1949 an den in Lake Placid stattfindenden Weltmeisterschaften im Bobfahren teilnehmen darf. Welches Deutschland? Bobfahrer aus dem Saarland werden jedenfalls nicht in der deutschen Mannschaft sein. Das Saargebiet hat eine eigene Verfassung, eine eigene Staatsbürgerschaft und schon seit dem 1. Januar 1948 – nach einem entsprechenden Beschluss des saarländischen Landtags – den Franc als alleinige Währung. Es gelten französische Preise, Löhne und Steuersätze. Als einzige Partei des Saarlands protestieren die Kommunisten gegen den wirtschaftlichen Anschluss an Frankreich.

Friedrich Helms hat ein neues Verhältnis zur Zeit. Tage berechnet er nicht mehr nach Stunden, sondern nach der Zahl der Holzscheite, die er und seine Frau pro Tag verbrauchen: derzeit 61. Am 19. Dezember liegen im Holzstall 4500 Scheite. Helms berechnet, dass der Vorrat in 70 Tagen erschöpft sein wird, also Ende Februar.

Weihnachten steht vor der Tür, aber auch das ist ihm kein Trost. Zwar ist eine Sonderzuteilung von Mehl und Zucker zu erwarten, aber noch immer sind die Rationen in der Ostzone so knapp, dass Friedrich Helms mit Wehmut davon hört, womit Berlin bereits wieder versorgt wird.

Auch aus der über die Festtage geplanten Reise zu den Töchtern nach Uelzen wird es nichts werden – da sind die Strapazen der Zonensperre, die Betreuung des Häuschens und der Hühner, schließlich die Geldfrage. Nicht nur persönlich sieht Helms der Zukunft skeptisch entgegen, auch die Hoffnung, die deutsche Einheit lasse sich vielleicht doch noch erhalten, hat er fast aufgegeben. Eine Spaltung in Ost und West aber werde nicht segensreich sein. Es gehe Deutschland nur gut, schreibt der traurige Helms in seinem Gartenhaus, wenn es ein ungeteiltes Ganzes sei und der Mensch am Bodensee sich genau so fühlt als Deutscher wie der in Schleswig, »ja, wie der in Ostpreußen«.

Das Weihnachtsgeschäft verläuft für den Einzelhandel in den drei westlichen Besatzungszonen nicht ganz zufriedenstellend. Es leidet unter der Zurückhaltung der Kunden, die auf den ersten Blick nur schwer zu erklären ist, denn die Geschäftsstraßen in den größeren Städten sind wieder festlich herausgeputzt, die Schaufenster hell erleuchtet, das Angebot ist so reichhaltig wie lange nicht. Ausgerechnet zur Weihnachtszeit bekommt aber der Einzelhandel die Auswirkungen der Währungsreform zu spüren.

Sie hatte zunächst die Nachfrage stark belebt, was zu einem erheblichen Preisanstieg führte. Jetzt ist zwar die Gefahr einer Inflation gebannt, aber auch Kaufkraft und Nachfrage der Kundschaft haben nachgelassen. In einzelnen Sparten erzielt der Handel dann doch befriedigende Umsätze. Haushalts- und Spielwaren gehen gut, auch Textilien, allerdings können hier noch nicht alle Kundenwünsche erfüllt werden, unter anderem fehlt es an hochwertigen Wollstoffen. Porzellan wird nachgefragt, ist aber zu teuer,

Schmuck ist ebenfalls teuer, wird aber nicht nachgefragt. Von erfüllten Erwartungen berichtet hingegen die Lebensmittelbranche. Drei Jahre nach Kriegsende schlagen die Deutschen bei Tisch wieder zu. Sehr gut gehen Gänse für 3,50 DM bis 7,00 DM das Pfund.

Vor den Auswirkungen der Luftbrücke bleiben sogar einige ausgewählte Bürger Münchens nicht verschont. Die CSU-Stadtratsfraktion protestiert in diesem Zusammenhang gegen eine Wohnungs-Sonderaktion des bayerischen Innenministeriums. Der Hintergrund: Der Flugplatz Erding bei München musste in die Versorgung Berlins durch die Lufttransporte einbezogen werden. Infolgedessen waren auf Weisung der amerikanischen Militärregierung 140 jüdische Familien, die dort untergebracht waren, in der Stadt München einzuquartieren.

Mit der Ausführung wurde die Wohnungsabteilung des Innenministeriums beauftragt, deren Leiter ein früheres NSDAP-Mitglied ist. Er ordnete an, dass der Wohnraum all jener Personen festzustellen sei, die früher unter die Nürnberger Rassegesetze gefallen sind, und zwar durch eigene »fliegende Kolonnen« oder »Kommissionen«, deren Mitgliedern uniformierte Polizeibeamte beigegeben wurden. Es ist nicht sicher, inwieweit der Polizeipräsident und der Oberbürgermeister, die ihre Zustimmung gegeben hatten, über Details und Charakter der Sonderaktion unterrichtet waren. Jedenfalls aber war nur von einem Einverständnis »zur Überprüfung der Wohnungen, die von Auswanderern frei gemacht wurden«, die Rede; es betraf auch nur die Mithilfe der Polizei »bei etwa notwendiger zwangsweiser Entfernung von Schwarzmietern«. Tatsächlich aber wurde nicht der Wohnraum bereits weggezogener Auswanderer überprüft, sondern der gesamte Wohnraum ausschließlich der Personen, auf die noch vor wenigen Jahren die Nürnberger Gesetze zutrafen, ob Ausländer oder Inländer, ob ganz oder teilweise jüdischer Abstammung.

Da und dort wird an den Weihnachtsfeiertagen in den westlichen Besatzungszonen auch schon wieder öffentlich musiziert. Im hessischen Ort Wölfersheim, Kreis Friedberg, findet eine Tanzveranstaltung statt. Eine Musikkapelle spielt muntere Weisen, zu vorgerückter Stunde zum Beispiel das einst bei Nazis beliebte Lied »Argonnerwald«. Einige Teilnehmer und Hinzueilende geraten so in Stimmung, dass sie beginnen, kräftigere Töne anzuschlagen: »Die Rote Front, schlagt sie entzwei! SA marschiert! Achtung, die Straße frei!« Der Vorsitzende des Gesangvereins unterbricht nach einiger Zeit den Radau und lässt einen Walzer spielen. Als eine Zeitung berichtet, ein großer Teil der Mitglieder der Tanzkapelle habe früher der örtlichen SA-Kapelle angehört, erscheint wenig später die Berichtigung: »Der überwiegende Teil der Kapelle bestand nicht aus ehemaligen SA-Männern.« Der Berichtigung ist hinzugefügt: »Der Saal wurde von niemand demonstrativ verlassen.«

Am 23. August 1939 wurde in Hamburg von der Großen Strafkammer 6 »der Jude und Kaufmann Leon Israel Abel, geboren am 7. September 1880 in Hamburg … wegen Rassenschande (Verbrechen, strafbar nach §§ 2, 5 II des Blutschutzgesetzes vom 15. September 1935) unter Freisprechung im Übrigen zu einer Zuchthausstrafe von zwei Jahren verurteilt«. Die bürgerlichen Ehrenrechte wurden dem Angeklagten auf drei Jahre aberkannt. Leon Abel habe sich zweimal in den Massagesalon »der damals noch ledigen Zeugin Olga König« begeben, »um sich dort behandeln zu lassen«. Er habe eine Magenmassage verlangt, die »bis zum Nabel erfolgte« und vor der er sich – den Feststellungen des Urteils zufolge – unaufgefordert vollkommen entkleidete, »sodass die Zeugin bei ihrem Eintritt gezwungen war, die Geschlechtsteile des Abel mit einem Handtuch zuzudecken«. In der Urteilsbegründung heißt es, das Gericht gehe davon aus, »dass der Angeklagte tatsächlich wegen Magenleidens früher bei verschiedenen Ärzten in Behandlung gewesen ist«. Auch werde »als zutreffend unterstellt, dass der Angeklagte noch 1937 in Marienbad wegen seiner Magenbeschwerden eine mehrwöchentliche Kur durchgemacht hat«. Das Gericht stellt auch fest, dass bei diesen Behandlungen und Kuren der Angeklagte, »wie er behauptet und wie ihm geglaubt werden kann, auch mit Massage behandelt worden ist und dadurch Linderung seiner Beschwerden erreicht« hat.

Trotz allem glaubt das Gericht Abel nicht, dass er den Massagesalon der Zeugin Olga König wegen seiner Magenbeschwerden aufgesucht hat. Denn ein »unbedingtes Erfordernis, im Mai 1938 Massagen wegen des Magenleidens vorzunehmen«, habe nicht bestanden: »Der Angeklagte gibt auch zu, dass er sich anderswo nicht mehr habe den Magen behandeln lassen, nachdem er durch die Polizei im Massagesalon der König aufgestöbert worden war«. Leon Abel wisse, dass er »als Jude von deutschblütigen Frauen sich fernzuhalten hat … Wenn er stattdessen gut aussehende arische Frauen aufsuchte, sich vor diesen nackt ausgezogen und von diesen hat behandeln lassen … so hat er das nach der Überzeugung des Gerichts nur deshalb getan, um sich auf diese Art aufzugeilen und die Frauen, gleichgültig, ob diese es merkten oder nicht, als Objekt seiner Sinneslust zu missbrauchen«. Es sei auch zu berücksichtigen, dass Abel die strafbare Handlung etwa drei Jahre nach Inkrafttreten der Nürnberger Gesetze begangen habe. »Es stellt eine ganz außerordentliche Frechheit dar, dass der Angeklagte es um diese Zeit noch gewagt hat, die Zeugin König als Objekt seiner Geschlechtslust zu missbrauchen. Seine Handlung ist umso verwerflicher, als die Zeugin König schweren körperlichen und seelischen Schaden davongetragen hat, als sie erfuhr, dass Abel Jude war und sich von ihr hatte behandeln lassen.«

26 Richter und Staatsanwälte haben bis 1945 in Hamburg den Großteil der Rassenschande-Fälle bearbeitet, 18 haben den Krieg überlebt, elf arbeiten schon wieder als Richter oder Staatsanwalt. Einer von ihnen ist Edmund de Chapeaurouge, der als Beisitzender Richter an der Entscheidung im Fall Abel mitgewirkt hatte. Im Dezember meldet sich im Parlamentarischen Rat sein Vater zu Wort, Paul de Chapeaurouge, Mitglied der CDU-Fraktion.

Der 72 Jahre alte Jurist gibt zu Protokoll, in Hamburg seien seines Wissens keine Missstände aufgrund der Tatsache aufgetreten, dass Richter früher der NSDAP angehört hätten. Damit stellt er sich hinter den Liberalen Thomas Dehler. Der Präsident des Bamberger Oberlandesgerichts sagt, es sei falsch, die deutschen Richter damit zu belasten, dass »die deutsche Politik gefehlt« habe. Er könne den Richtern bescheinigen, dass sie in ihrer Mehrheit »heroisch« gegen das Unrecht gekämpft und sich »im Rahmen des Möglichen für das ewige Recht« eingesetzt hätten. Dehler fehlt es vielleicht an Beispielsfällen, aber es mangelt ihm keineswegs an Mut. Denn angesichts der 32 000 Todesurteile, die die deutsche Justiz in der NS-Zeit gefällt hat, gehört viel Mut zu dieser These. Die Willfährigkeit, mit der sich die Richter und Staatsanwälte dem NS-Staat zur Verfügung gestellt hatten, war nicht geringer als die Abwehr, mit der sie der Weimarer Demokratie begegnet waren.

Der SPD-Abgeordnete Rudolf Katz, als Jude und Sozialist zur Emigration gezwungen, klagt, erst jetzt, nach Sichtung der Personalakten, werde klar, dass in vielen Fällen belastete Richter ohne die gebotene Überprüfung eingestellt worden seien. Das könnte aber auch daran liegen, dass 1948 zum Beispiel in der britischen Zone 30 Prozent der Gerichtspräsidenten und 80 bis 90 Prozent der Landgerichtsdirektoren ehemalige Parteigenossen sind, die kein großes Interesse an intensiverer Kontrolle haben. Auch im Fall Sievert Lorenzen liegt es nicht an der fehlenden Akteneinsicht, dass der schleswig-holsteinische Justizminister Rudolf Katz den Juristen wieder eingestellt hat. Ihm war die berufliche Biografie Lorenzens bekannt, der der Parteikanzlei von den Volksgerichtshof-Verfahren gegen die Widerstandskämpfer des 20. Juli Bericht erstattet und geschrieben hatte, Graf Helmuth von Moltke sei ein »unglaubliches Charakterschwein«. Allerdings hat eine Spruchkammer Lorenzen als entlastet eingestuft, womit er einen Anspruch auf Wiedereinstellung hatte. Katz hätte ihn dennoch bei voller Besoldung in den Ruhestand versetzen können, wenn seine Wiederverwendung als unzumutbar angesehen worden wäre. Katz hat es aber nicht getan, vielleicht weil Lorenzen im Jahr 1948 bereits SPD-Mitglied ist.

Doch sind es die Sozialdemokraten, die nach den Erfahrungen mit deutschen Richtern fordern, dass in Zukunft nicht mehr ausschließlich die fachliche Qualifikation über eine Einstellung als Richter entscheiden dürfe, vielmehr sei die »demokratische Zuverlässigkeit« der Bewerber zu überprüfen. Bei der Auswahl von Bundesrichtern müsse ein Richterwahlausschuss die Personalkontrolle übernehmen, besetzt mit Landesministern und einer gleichen Anzahl von Parlamentariern. Dem widerspricht vehement Thomas Dehler, der vor einer Auswahl nach »politischen Gesichtspunkten« warnt. Die Union akzeptiert schließlich die Forderung der SPD, als sich die süddeutschen Ministerpräsidenten dem Antrag der SPD anschließen. Die Landesregierungen sind in dem Ausschuss gut repräsentiert, die Föderalisten sind zufrieden.

Als besonders zuverlässiger Demokrat scheint sich in den folgenden Jahren Chapeaurouge jr., der Hamburger Rassenschande-Richter, herauszustellen. Er wird Richter am Bundesverwaltungsgericht und wirkt in den 1970er-Jahren als Berichterstatter an Entscheidungen mit, in denen zwei Frauen der Zugang zum Lehrerreferendariat wegen ihrer Mitgliedschaft in der DKP verweigert wird. Ein Befangenheitsantrag der Anwälte unter Hinweis auf Chapeaurouges Urteile während der NS-Zeit wird abgelehnt.

Silvesterabend 1948 – die Geburtsstunde von Otto Normalverbraucher. Den Deutschen ist der Normalverbraucher seit 1939 vertraut. Mit Beginn des Krieges hatten die Nationalsozialisten ein Rationierungssystem eingeführt und zwischen einzelnen Kategorien der Zuteilungsempfänger unterschieden: Schwerarbeiter, Schwerstarbeiter, werdende und stillende Mütter, Kinder, Kranke und der Normalverbraucher. Im Film »Berliner Ballade« von Robert A. Stemmle, der an dem Abend Premiere hat, kehrt die Kategorie als Individuum zurück und hat den Vornamen Otto. Der entlassene Kriegsgefangene sucht einen Platz in der Nachkriegsgesellschaft, aber außer bürokratischen Demütigungen, enttäuschten Hoffnungen, reaktionärem Gerede und politischen Parolen hat die Gesellschaft nichts zu bieten. Otto Normalverbraucher protestiert nicht, denn es würde ihn niemand hören, er sieht vieles, sagt aber nichts, denn es hat ihn niemand gefragt, er wird zum Opfer, aber er wehrt sich nicht, denn wenn alle Opfer sind, wer ist dann der Täter? Das Einzige, was in diesem Leben zu erstreben sich lohnt, fällt immerhin am Ende Otto Normalverbraucher zu: eine Frau und mit ihr das Glück im stillen Winkel. Der Film ist eine Satire, die Botschaft aus dem Off die fatalistische Ermunterung zur Ratlosigkeit: »Diese Zeit muss durchgestanden werden. Nur – wie?«

Gert Fröbe ist Otto Normalverbraucher. Die Rolle macht ihn schlagartig bekannt und populär. Der Typ, den Fröbe verkörpert, der Durchschnittskonsument, ist der Typ, in dem sich die meisten Deutschen zu erkennen glauben. Aber persönlich kommt Fröbe als Vorbild nicht in Betracht. Zwar ist er einige Jahre Mitglied der NSDAP gewesen – darin also durchaus ein Durchschnittsdeutscher –, aber er ist bald wieder ausgetreten und hat eine jüdische Familie vor Verfolgung geschützt. Das wäre Otto Normalverbraucher nicht passiert.

Zum Jahresausklang noch rasch ein Blick auf die Berliner Blockade in Zahlen. Am Silvestertag landet die 100 000. Maschine mit Versorgungsgütern für die rund zwei Millionen Einwohner der drei eingeschlossenen Westsektoren. In den 180 Tagen seit Beginn der Blockade haben amerikanische und britische Flugzeuge 700 172,7 Tonnen Güter eingeflogen. Die täglichen Transportleistungen werden ständig gesteigert. Schon Anfang Juli wurde die Marke von 1000 Tonnen überschritten, Mitte August wurden mehr als 4700 Tonnen, einen Monat später fast 7000 Tonnen pro Tag herangeschafft. Schon im Herbst ist es gelungen, die Bevölkerung mit dem Notwendigsten zu versorgen. Die Folgen der Blockade für die Wirtschaft sind allerdings dramatisch. Von 62 500 Betrieben mussten bereits 10 480 zu Kurzarbeit übergehen, 5712 ihre Produktion ganz einstellen. Die Zahl der Arbeitslosen ist von 47 000 im Juni auf 113 000 im Dezember gestiegen. Ein Ende der Blockade ist nicht abzusehen, vorsorglich hat US-Präsident Harry Truman atomwaffenfähige Langstreckenbomber B-29 nach Europa verlegen lassen.

Januar 1949

Der britische Militärgouverneur Sir Brian Robertson kündigt für das kommende Jahr die Bildung einer westdeutschen Regierung an. Der SED-Parteivorstand gibt die Bildung eines Politbüros nach dem Vorbild der kommunistischen Partei der Sowjetunion (KPdSU) bekannt und erklärt sich zu einer »Partei neuen Typs« auf der Basis des Marxismus-Leninismus. Die Militärregierungen der Westalliierten errichten in Bad Ems ein militärisches Sicherheitsamt, das die Remilitarisierung Westdeutschlands verhindern soll.

Die Luftbrücke ist einzigartig, die Berliner Blockade ist es nicht. Es jährt sich zum fünften Mal das Ende der Blockade Leningrads. Sie hatte 871 Tage gedauert und folgenden Verlauf genommen: Am 8. September 1941 umschlossen Einheiten der Heeresgruppe Nord unter dem Oberkommando von Generalfeldmarschall Ritter von Leeb Leningrad mit dem Ziel der Auslöschung der Bevölkerung.

In der Stadt und den ebenfalls eingeschlossenen stadtnahen Gebieten lebten etwa 2,9 Millionen Einwohner, davon 400 000 Kinder. Leningrad war von allen Versorgungslinien abgeschnitten, allein Transporte unter fortdauerndem deutschen Bombardement über den Ladogasee, der jedoch keine Anlegestelle hatte und zu dem keine Zufahrtswege führten, ermöglichten die spärliche Lieferung von Nahrungsmitteln. Ab dem 1. Oktober erhielten Arbeiter, Techniker und Ingenieure auf Karten 400 Gramm Brot pro Tag, alle übrigen je 200 Gramm. Ab dem 13. November wurden die Normen zur Ausgabe von Brot an die Bevölkerung gesenkt. Arbeiter, Ingenieure und Techniker bekamen jetzt je 300 Gramm Brot, alle anderen 150 Gramm. Am 20. November wurde auch diese Ration nochmals gekürzt: 250 Gramm auf die Arbeiterkarte und 125 Gramm für die Restlichen.

Im Winter 1941/42 kam es zu einer Rattenplage. Versuche, die Ratten zu vergiften, mussten aufgegeben werden, um nicht die Menschen zu gefährden. Die Ratten fraßen die kargen Lebensmittelvorräte, die Menschen fraßen die Ratten, später auch Menschen. Nach Aufzeichnungen des Innenministeriums, Gebietsleitung Leningrad, wurden im Dezember 1941 wegen des Verzehrs von Menschenfleisch 43 Menschen verhaftet, im Januar 1942 366, im Februar 612, im März 399, im April 300, im Mai 326, in Juni 56.

Danach sanken die Zahlen, zwischen Juli bis Dezember 1942 wurden nur noch 30 Personen wegen Kannibalismus verhaftet. Militärtribunale verurteilten die Täter zum Tod durch Erschießen, ihr Vermögen wurde konfisziert. Die Urteile waren sofort rechtskräftig, die Exekution erfolgte unverzüglich.

Die monatlichen Todesfälle während des ersten Jahres der Belagerung Leningrads im Überblick: Oktober 1941– 6199, November – 9183, Dezember – 39 073, Januar 1942 – 96 751, Februar – 96 015, März – keine Angaben, April – 64 294, Mai – 49 794, Juni – 33 668.

Die Menschen aßen, was sich kauen und schlucken ließ, Klebstoff und Kleister, Krähen und Katzen, wer nichts fand, starb an dem Ort und an der Stelle, an der er entkräftet niedergesunken war. Einer von ihnen war der große Dichter Daniil Charms, der vor Hunger verreckte, bevor er in der Psychiatrie vermodern konnte, in die ihn die Bolschewiki gesteckt hatten. Überlebt hat Tanja. Sie hat ein Tagebuch geführt, auf sechs der neun Seiten steht alles, was dem zwölf Jahre alten Mädchen wichtig war: »Am 28. Dezember 1941 starb Ženja / Großmutter starb am 25. Januar 1942./ 17. März – Leka ist gestorben./Opa Vasja starb am 13. April./ 10. Mai – Opa Ljoša, Mama –/ 15. Mai – Die Savičevs sind tot. Alle sind gestorben./Tanja ist allein geblieben.« Tanja wurde ohnmächtig gefunden, aus Leningrad fortgebracht und zwei Jahre lang in einem Invalidenheim betreut. Dann starb auch sie. Es wird geschätzt, dass 1,1 Millionen Menschen während der Belagerung Leningrads gestorben sind. Die meisten sind verhungert, Tausende kamen durch die Bombardements ums Leben.

Die Erinnerung an dieses Kriegsverbrechen der Wehrmacht liegt in diesen Tagen auch deshalb nah, weil sich derzeit zwei ehemalige Generalfeldmarschälle dafür in einem der Nachfolgeprozesse der Nürnberger Prozesse verantworten müssen, neben Ritter von Leeb sein Nachfolger als Oberbefehlshaber der Heeresgruppe

Nord, Georg von Küchler. Die Verhandlung hatte bereits im Februar 1948 begonnen, das Urteil wird am 14. April verkündet.

Albert Speer bemerkt zu Beginn des Jahres eine Steigerung seines Lebensgefühls. Das Essen wird den Spandauer Gefangenen jeweils von der Nation vom Dienst – im monatlichen Wechsel amerikanischer, russischer, britischer und französischer Bewacher – aus der Truppenverpflegung geliefert. In den letzten beiden angelsächsischen Monaten hat Speer fünfzehn Pfund zugenommen. Überrascht bemerkt Speer: Das deutsche Sprichwort, hinter Gitter schmecke auch der Honig bitter, trifft auf ihn nicht zu. Glücklicherweise bringt der russische Monat jeweils eine asketische Phase, und das nicht nur im Versorgungssinne. Vielmehr verändert die kargere Kost auch Speers Lebensgefühl. Er hat den Eindruck, dass ihm die Zeit unter den Russen besser bekomme: »Die Mönchsorden wussten schon vom Zusammenhang zwischen Entbehrung und Vergeistigung.«

Was Ernst Friedlaender sich nicht erklären kann: Der Krieg liegt nun schon vier Jahre zurück, aber noch immer sind die Deutschen »das unbeliebteste Volk Nr. 1«. Natürlich seien die Vorzüge mancher Völker gegenüber den Deutschen nicht zu verkennen, schreibt der stellvertretende Chefredakteur der Hamburger Wochenzeitung »Die Zeit« in einem ausführlichen Artikel. Den Deutschen fehle nun einmal die Lebenskunst der Franzosen und der Humor der Angelsachsen. Vom Ausland her gesehen, wirke das Gespräch mit Deutschen schwerfällig, langatmig, theoretisch, verglichen mit französischem Esprit und mit angelsächsischem Common Sense. Auch gehe die deutsche Gründlichkeit anderen Völkern auf die Nerven.

Im internationalen Verkehr wirkten sich die leicht beschwingten Vorzüge eher aus als jene, die erst bei intimer Bekanntschaft, bei wirklicher Freundschaft wahrgenommen würden. Das gelte auch für die großen Kulturgesandtschaften von Volk zu Volk: »Wir haben nichts, was mit dem amerikanischen Film, der englischen Unterhaltungsliteratur, der französischen Mode auf gleicher Ebene liegt, auch nichts, was dem Wiener Walzer oder dem finnischen Sport vergleichbar wäre.«

Die klassische deutsche Musik sei ein Gesandter weit schwereren Kalibers, der wohl in die Tiefe, aber nicht in die Breite wirke. Ein Volk genieße nicht deshalb geringe Sympathien, weil es abstoßende Eigenschaften habe, sondern deshalb, weil ihm anziehende Eigenschaften fehlten: »Unser Mangel an Leichtigkeit, an Charme trägt am meisten dazu bei, dass wir ein vergleichsweise ungeliebtes Volk sind.« Zu den weniger bedeutenden, aber nicht bestreitbaren Ursachen der Abneigung, die den Deutschen entgegenschlägt, zählt Friedlaender zwei Ereignisse der jüngeren deutschen Geschichte: »Wir sind zweimal der Hauptgegner fast aller anderen Völker gewesen, das zweite Mal unter den besonders grauenhaften Bedingungen eines totalen Krieges, bei dem nicht zu leugnen ist, dass der Angriff von Deutschland ausging. Das bedeutet gewiss nicht Kollektivschuld und am wenigsten hinsichtlich der nazistischen Verbrechen. Aber wir können hundertmal dahin argumentieren, man solle uns nicht kollektiv verdammen, man solle überhaupt endlich die Vergangenheit begraben und sich um die Zukunft bekümmern. Das ändert ebenso wenig wie unsere berechtigte Kritik an zahlreichen Handlungen und Unterlassungen der Sieger etwas daran, dass man den Hitlerkrieg noch nicht vergessen hat.«

Friedlaender war vor seiner Emigration Co-Direktor der I.G.-Farben-Tochter Agfa in den USA. Er gilt – neben Marion Gräfin Dönhoff – als moderate Stimme der Redaktion. Das ist im Vergleich mit dem Mitherausgeber und Chefredakteur Richard Tüngel nicht besonders schwer. Die Leser von Tüngels Leitartikeln können kaum entscheiden, ob sein Hass auf die Emigranten, auf die westlichen Besatzungsmächte oder auf »Moskaus Bastard-Regierung« überwiegt. Friedlaender hasst nicht, er wirbt um Verständnis, bei Gelegenheit auch für die Besatzungsmächte, hier und heute aber für die Not der Deutschen, die selbst dem finnischen Sport und dem britischen Humor nichts entgegenzusetzen haben, und für deren wütende Proteste gegen das Ruhrstatut.

Wütender ist kein Protest gegen die internationale Kontrolle der westdeutschen Schwerindustrie als der des KPD-Vorsitzenden für die drei Westzonen, Max Reimann. Entsprechend ist die Reaktion der britischen Besatzungsmacht. Sie erlässt im Januar gegen Reimann Haftbefehl. Das Mitglied des Parlamentarischen Rates hat wenige Tage zuvor auf einer Parteiveranstaltung in der Düsseldorfer Rheinhalle eine deutsche Mitwirkung in der Kontrollbehörde an der Ruhr als Kollaboration geschmäht und gerufen, dass sich die westdeutschen Politiker nicht wundern dürften, würden sie eines Tages vom deutschen Volk als »Quislinge« bezeichnet.

Das ist ein böser Vergleich, denn der norwegische Politiker Vidkun Quisling war bis 1945 Chef einer von den Nationalsozialisten eingesetzten Marionetten-Regierung, sein Name gilt international als Synonym für Kollaborateur. Die britische Militärregierung erkennt in dem Vergleich Reimanns eine Drohung. Das ist nicht abwegig, immerhin ist Quisling unmittelbar nach Ende des Kriegs zum Tod verurteilt und hingerichtet worden. Vorsorglich unterbricht Reimann seine Arbeit in Bonn und flieht nach Ost-Berlin. Wenige Tage später kehrt er jedoch zurück, um an der Beisetzung seines verstorbenen Bruders teilzunehmen. Er wird verhaftet und vor einem britischen Militärgericht in Düsseldorf angeklagt. Das ist nicht nur für Reimann ein Problem, sondern auch für den Parlamentarischen Rat. Zwar ist unbestritten, dass Parlamentarier in den Landtagen der westlichen Besatzungszonen Immunität genießen, die Frage ist aber, ob die Mitglieder des Parlamentarischen

Rates Parlamentarier sind. Mit anderen Worten: Im Fall Reimann geht es um den rechtlichen Status und um das Selbstverständnis des Parlamentarischen Rates. Die Urteilsverkündung wird auf den 1. Februar festgesetzt.

Otto Palandt hat ein Gespür für das richtige Timing. Der Jurist war rechtzeitig am 1. Mai 1933 der NSDAP beigetreten, und rechtzeitig ist er am 31. Dezember 1944 wieder ausgetreten. In den dazwischenliegenden Jahren hat er – mit Protektion des späteren Präsidenten des Volksgerichtshofs, Roland Freisler – eine ansehnliche Karriere gemacht. Schon im Juni 1933 war der Kassler Oberlandesgerichtsrat zum Vizepräsidenten des Justizprüfungsamtes Preußen ernannt worden, kaum ein Jahr später zum Leiter des Reichsjustizprüfungsamtes. Schließlich war er – abseits seiner Karriereplanung – Herausgeber eines neuen Kommentars zum Bürgerlichen Gesetzbuch geworden. Ein ursprünglich dafür vorgesehener Ministerialrat im Reichsjustizministerium war tödlich verunglückt. Der Kommentar erschien im Frühjahr 1939 im Verlag C.H. Beck, der nach der Machtergreifung durch die Nationalsozialisten zum bedeutenden juristischen Fachverlag aufgestiegen ist – dank der Übernahme eines auf juristische Literatur spezialisierten Verlags, dessen jüdischer Eigentümer Otto Liebmann auf Druck der Nationalsozialisten sein Unternehmen hatte verkaufen müssen.

Liebmann war eines natürlichen Todes gestorben, seine beiden Töchter wurden in Auschwitz ermordet, Palandt wurde in der Welt der deutschen Juristen berühmt. Sehr bald galt der Kommentar, zu dem Palandt selbst nur ein im nationalsozialistischen Sinne verfasstes Vorwort und die Einleitung beigesteuert hatte, als Standardkommentar zum Bürgerlichen Recht und war allseits bekannt unter dem Namen des Herausgebers: der Palandt. Weniger berühmt, aber nicht weniger wichtig war der Kommentar, den der Chef des Reichsjustizprüfungsamtes mit einem Kollegen zur Justizausbildungsverordnung von 1934 veröffentlichte. Die Anforderungen, die Palandt an die Kandidaten für das erste juristische Staatsexamen stellte, waren durchaus zeitgemäß: »Dazu gehört vor allem die ernsthafte Beschäftigung mit dem Nationalsozialismus und seinen weltanschaulichen Grundlagen, mit dem Gedanken der Verbindung von Blut und Boden, von Rasse und Volkstum.«

Entsprechend hatte Palandt auch für den Ausschluss der Frauen vom Anwaltsberuf durch die Änderung der Rechtsanwaltsordnung vom 20. Dezember 1934 volles Verständnis gezeigt, denn es sei »Sache des Mannes, das Recht zu wahren«. Frauen seien das »justizuntaugliche Geschlecht«. Es blieb das Geheimnis Palandts, warum er ein Jahr zuvor einer Vertreterin dieses Geschlechts, Dr. jur. Elisabeth Selbert, als Vorsitzender des Prüfungsausschusses das Bestehen des Zweiten Staatsexamens gestattet hatte. Nur so konnte es geschehen, dass Elisabeth Selbert am 15. Dezember 1934, also fünf Tage vor Inkrafttreten des Ausschlusses der Frauen vom Anwaltsberuf, ihre Anwaltszulassung erhielt.

Offenbar hat nicht nur Otto Palandt, sondern auch Elisabeth Selbert ein Gespür für gutes Timing. Der soeben perfekt entnazifizierte Palandt (»in jeder Hinsicht entlastet«) erwartet im Januar 1949 für die nächste Zeit die siebte, mit einem neuen, zeitgemäßen Vorwort versehene Auflage seines berühmten Kommentars, die Rechtsanwältin Elisabeth Selbert im Parlamentarischen Rat die nächste Runde im Streit um die Gleichberechtigung der Frauen im Grundgesetz.

Streit? Der Liberale Theodor Heuss weiß von keinem Streit, er erinnert sich nur an ein »Quasi-Stürmlein«, das sich zwischen der Beratung im Dezember 1948 und der zweiten Lesung am 18. Januar 1949 ereignet haben soll. Jedenfalls ist es Elisabeth Selbert gelungen, in den wenigen Wochen einigen Wirbel zu entfachen, in dem der Widerstand gegen die Gleichberechtigung im Parlamentarischen Rat über Nacht verschwunden ist.

Sie hatte in Vorträgen in den westlichen Besatzungszonen die Frauen zum Einsatz in eigener Sache aufgerufen, und überall hatte sie mit ihrem Appell Erfolg. Gewerkschaftsfrauen haben Eingaben nach Bonn geschickt, darunter 40 000 Metallarbeiterinnen aus der britischen Zone und 90 000 Frauen des Gewerkschaftsbunds Württemberg-Baden. Betriebsbelegschaften haben sich angeschlossen, beispielsweise der Gesamtbetriebsrat von Henschel & Sohn und die Mitarbeiterinnen des Arbeitsamtes Frankfurt am Main. Hinter Selberts Forderung nach Gleichberechtigung haben sich sämtliche weibliche Landtagsabgeordnete der westlichen Zonen gestellt, nur die bayerischen Parlamentarierinnen hielten sich zurück. Die wichtigsten Unterstützerinnen hat Selbert in ihrer unmittelbaren Umgebung mobilisiert – die Ehefrauen der Bonner Abgeordneten.

Zur zweiten Lesung liegen dem Hauptausschuss zwei Anträge zur Gleichberechtigung der Frauen vor. Die CDU favorisiert die Formulierung: »Männer und Frauen haben die gleichen Rechte und Pflichten. Die Gesetzgebung hat dies auf allen Gebieten zu verwirklichen.« Die SPD hält am Wortlaut Selberts fest: »Männer und Frauen sind gleichberechtigt.« Keines der 61 männlichen Mitglieder des Parlamentarischen Rates, die Widerstand gegen die Gleichberechtigung geleistet haben, kann sich daran erinnern, jemals dagegen gewesen zu sein. Offenbar hat nicht zuletzt Selberts Hinweis gewirkt, dass in den westlichen Besatzungszonen auf 100 männliche 170 weibliche Wähler kommen.

Die Frau des hessischen CDU-Abgeordneten Walter Strauß sitzt im Publikum, als ihr Mann die Auseinandersetzungen der vergangenen Monate im Namen der deutschen Männer zum Missverständnis erklärt: »Ich glaube, dass ich für die überwiegende Anzahl aller deutschen Männer und insbesondere aller deutschen Ehemänner spreche, wenn ich sage, dass der Grundsatz der Gleichberechtigung von Mann und Frau uns zumindest seit 1918 bereits so in Fleisch und Blut übergegangen ist, dass uns die Debatte etwas überrascht hat.« Alle Einwände gegen den Antrag Selberts sind mit einem Mal vergessen. Der liberale Abgeordnete Thomas Dehler hatte Selbert an die absehbaren Konsequenzen ihres Antrags erinnert: »Dann ist das Bürgerliche Gesetzbuch verfassungswidrig.« Nichts anderes wünscht Elisabeth Selbert. Am 18. Januar nimmt der Hauptausschuss Selberts Antrag ohne Gegenstimmen an: »Männer und Frauen sind gleichberechtigt.«

Zwei ironische Volten der Geschichte: Ausgerechnet Otto Palandt, der Verächter des justizuntauglichen Geschlechts, hat Elisabeth Selbert zur Karriere als Anwältin und damit indirekt und ungewollt den deutschen Frauen zur Gleichberechtigung verholfen. Und nicht zuletzt Selberts Erfolg wird jahrelang dafür sorgen, dass regelmäßig neue Auflagen des Palandt mit überarbeiteter Kommentierung erscheinen. Denn es tritt ein, was Thomas Dehler befürchtet und Elisabeth Selbert verlangt hat: Das Grundrecht der Gleichberechtigung macht große Teile des Bürgerlichen Rechts verfassungswidrig.

Jeder Mensch muss sich von Zeit zu Zeit erholen, aber er muss dafür nicht unbedingt verreisen. Der Treibstoffverbrauch der Deutschen ist entschieden zu hoch. Ab Januar gilt die Kraftfahrzeug-Benutzungsverordnung, die Fahrten mit Kraftfahrzeugen zu Ausflugs-, Erholungs- und Vergnügungsfahrten verbietet. Das betrifft mehr Motorrad- als Pkw-Fahrer – von diesen sind nicht einmal 500 000 unterwegs, von jenen fast eine Million. Und das Verbot trifft vor allem Männer.

Motorisierte Frauen sind auch deshalb eine Rarität, weil sie den Führerschein nur mit Zustimmung ihres Vaters oder ihres Ehemanns machen dürfen. Die missbräuchliche Verwendung von Kraftfahrzeugen wird künftig mit Freiheitsstrafen bis zu fünf Jahren und mit Geldstrafen bis zu 100 000 DM bedroht. Als Missbrauch gelten Besuchsfahrten aller Art, aber auch Fahrten an Sonn- und Feiertagen. Künftig erhält zwar jeder Kraftfahrzeughalter eine Betriebsgenehmigung, ohne – wie bisher – einen Bedarf nachweisen zu müssen. Der Treibstoff jedoch ist streng rationiert für gesetzlich genehmigte Zwecke wie die Aufrechterhaltung eines Wirtschaftsbetriebs oder Krankenbesuche eines Arztes.

Es ist offenbar nicht so leicht zu sagen, wer Franz von Papen eigentlich ist. Robert Kempner, der stellvertretende Hauptankläger in Nürnberg, hält ihn für eine »Null«, sogar für eine noch größere Null als Hjalmar Schacht. Kurt Tucholsky hatte in ihm »ein Ancien Régime der bösesten Art« erkannt, für Alfred Polgar ist er der Prototyp des »Herrenreiters«, der nur dort Erfolg haben könne, wo Schwindel und Betrug gefragt seien: »Sein Wahlspruch: Ich dien' – egal wem.« Vom Vorwurf, ein Hauptkriegsverbrecher zu sein, ist er in Nürnberg freigesprochen worden. Weil er aber unbestreitbar ein Verbrecher war, hat ihn eine deutsche Spruchkammer 1947 zu acht Jahren Arbeitslager verurteilt.

Davon ist in diesen Tagen immerhin ein Viertel verbüßt, weshalb ihm unverzüglich die Reststrafe erlassen wird, was Thomas Mann in einem Brief an seinen jüngeren Bruder Viktor mit den Worten kommentiert: »Der Schuldige aller Schuldigen, ein wahres Schwein – als bloßer Mitläufer erklärt und seine Schlösser und Millionen ihm zurückgegeben.« Von Papen verlässt das Internierungslager Regensburg, wo ihn einst ein ehemaliger SS-Mann mit einem Faustschlag ins Gesicht ein wenig robust begrüßt und seinen Oberkiefer zertrümmert hatte, und bezieht sogleich standesgemäß eine Wohnung auf Schloss Benzenhofen in Oberschwaben, um dort mit der Niederschrift seiner Memoiren zu beginnen.

Welche Rolle werden darin seine juristischen Helfershelfer spielen, die Staatsrechtsprofessoren Carl Schmitt, Erwin Jacobi und Carl Bilfinger, die 1932 vor dem Reichsgericht den sogenannten Preußenschlag verteidigt hatten, mit dem die Reaktionäre um von Papen Hitler den Weg frei gemacht hatten? Alle drei haben den NS-Staat recht kommod überstanden, und auch jetzt können sie sich eigentlich nicht beklagen. Carl Schmitt freilich beklagt sich unaufhörlich, hält in seinem Haus in Plettenberg fast täglich Gericht über die Siegermächte und verurteilt die »Ex-Post-Kriminalisierung des Angriffskrieges«. Erwin Jacobi versucht als Rektor der Universität Leipzig, sich die Hochschulpolitik und Studentenpolitiker wie Gerhard Schulz vom Leibe zu halten. Und was macht Carl Bilfinger? Wenn alles gut geht, macht er in den nächsten Tagen noch einmal akademische Karriere. Einerseits ist er schon 69 Jahre alt – das spricht, zumindest auf den ersten Blick, gegen ihn. Andererseits ist er ein alter Nazi, was wiederum kein Nachteil sein muss.

Wie hilfreich das für die Fortsetzung von Universitätskarrieren sein kann, hat Carlo Schmid bereits in Tübingen deutlich zu spüren bekommen. Die französische Militärregierung hatte ihn nach dem Krieg in ihrer Besatzungszone nicht nur an die Spitze der provisorischen Regierung gestellt, sondern ihm als Landesdirektor auch die schulischen und universitären Angelegenheiten anvertraut. Sogleich hatte Schmid mit der Erneuerung der Eberhard Karls Universität begonnen, international renommierte Professoren nach Tübingen geholt – unter anderem die Philosophen Romano Guardini, Wilhelm Weischedel und Eduard Spranger –, war dann aber auf sich verschärfenden Widerstand in der Studenten- und in der Professorenschaft gestoßen.

Die Gesamthaltung der Studenten sei sehr bedauerlich, hatte Schmid schon Ende 1945 registriert, was zum einen an der hohen Zahl eingeschriebener ehemaliger aktiver Offiziere liege, zum anderen aber auch an einer Reihe Professoren, die einen negativen Einfluss auf die Studenten ausübten. Einige Professoren waren zwar mithilfe verschärfter Entnazifizierungsvorschriften von der Universität entfernt worden, doch verzögerten die Fakultäten die Neubesetzung der frei gewordenen Lehrstühle. Offenkundig sollten sie freigehalten werden, bis die entlassenen Professoren nach einem sehr wahrscheinlich erfolgreich absolvierten Spruchkammerverfahren zurückkehren konnten.

Schmids Kultdirektion schickte Mahnung um Mahnung. Nichts geschah. Als er schon nicht mehr Kultminister war, hatte Carlo Schmid in einer »Denkschrift zur Lage der Universität Tübingen« zornig davor gewarnt, der Universität schon jetzt die unbeschränkte Selbstverwaltung wiederzugeben: »Die Gefahr der Beherrschung der Hochschule durch eine Clique, die sich jeder, auch der geringsten von staatlicher Seite geplanten Neuerung gegenüber sofort ablehnend einstellt, ist heute schon wieder sehr groß.«

Immerhin war es Schmid gelungen, gegen den Widerstand der Universität seine eigene wissenschaftliche Laufbahn endlich voranzutreiben. Nach seiner Habilitation über die Rechtsprechung des Ständigen Internationalen Gerichtshofs hatten die Nationalsozialisten dafür gesorgt, dass er keine Professur erhielt. Auch jetzt war die Universität nicht bereit, das Versäumte nachzuholen. Es sei doch sehr zu bezweifeln, hieß es, dass der Kultminister angesichts seiner Arbeitsbelastung in der Lage sei, die Professur »vollamtlich« auszufüllen. Schmids Staatssekretariat hatte sich schließlich über die Bedenken hinweggesetzt und ihn zum ordentlichen Professor ernannt.

Es ist ungeklärt, warum Heinrich Hartmann, von 1935 bis 1945 zunächst Hauptreferent, dann Leiter der Hauptabteilung »Bildende Kunst« in der Reichsjugendführung der Hitlerjugend (HJ), im Frühjahr 1946 ausgerechnet beim Sozialdemokraten Carlo Schmid in Tübingen erschienen ist. Nach den Entnazifizierungsbestimmungen hätte ihn Schmid sofort verhaften lassen müssen. Aber nachdem er mit Hartmann lange gesprochen hatte, schickte er eine Botschaft an Henri Humblot, den Jugendoffizier in der französischen Besatzungszone: Hartmann bitte, von ihm empfangen zu werden. Humblot hatte dem »fast undenkbaren« Geheimtreffen zugestimmt, und am Ende des Gesprächs, das die ganze Nacht gedauert hatte, wusste der französische Offizier, wie er später erzählte, »dass etwas Bedeutendes im Spiele war«. Damals, vor drei Jahren, hatte eines der interessantesten, aber auch heikelsten sozialpolitischen Experimente der Nachkriegszeit begonnen.

Hunderttausende Jugendliche lebten in den Ruinen der Städte, vagabundierten über die Landstraßen und schliefen in Scheunen und Bunkern. Viele hatten ihre Heimat und ihre Eltern verloren, aber bei den meisten war das politische Bewusstsein im Sinn der Nationalsozialisten intakt geblieben – 70 Prozent der jungen Deutschen glaubten damals, der Nationalsozialismus sei im Prinzip eine gute Idee gewesen. Das glaubten vor allem diejenigen, die fast ausschließlich die Erziehung der Hitlerjugend kennengelernt hatten. Ein anderes Problem waren ihre früheren Erzieher, die zumeist selbst noch sehr jungen HJ-Funktionäre, die – aus berechtigter Furcht vor Verhaftung – in die Illegalität gegangen waren. Zu ihnen gehörte Hartmann (Jahrgang 1914), der seine Karriere in der HJ 1934, also mit 20 Jahren begonnen hatte.

Wohin mit den einen, wohin mit den anderen? Hartmann hatte vorgeschlagen, sie zusammenzubringen. Er und andere frühere HJ-Funktionäre sollten, nach entsprechender Umerziehung, als Zeichen der Reue und zur Wiedergutmachung am Wiederaufbau beteiligt und mit der Betreuung vagabundierender Jugendlicher beauftragt werden. Das entsprach selbstverständlich auch seinem eigenen Interesse. Hartmann versprach sich davon Rehabilitierung und damit die Aussicht auf eine berufliche und gesellschaftliche Zukunft. Hartmanns Vorschlag entsprach aber auch den Vorstellungen des linksliberalen Germanisten und Pädagogen Humblot, der deutsche Jugendliche nicht durch Strafe und Kontrolle, sondern durch Angebote zu Gesprächen und mit internationalen Begegnungen für die Demokratie zu gewinnen versuchte. Das unterschied sich kaum von der Überzeugung Schmids, der für ehemalige HJ-Funktionäre auf »Integration statt Strafe« setzte. Anderenfalls drohe deren Resignation in Widerstand gegen den neuen Staat umzuschlagen.

Unmittelbar danach hatte Hartmann begonnen, ein Netzwerk mit »alten Kameraden« aufzubauen und in Diskussionen über den NS-Staat und ihre Rolle als HJ-Führer in dessen Machtapparat für die Mitarbeit zu werben. Ab 1. März 1948 hatten sich 21 von ihnen am 1. Freiwilligen Hilfsdienst beteiligt, der die Aufgabe hatte, eine durch Unwetter zerstörte Straße wiederherzustellen und sich an Wochenenden in einer »Feierabend-Universität« mit gesellschaftspolitischen Fragen zu befassen.

Als Referenten waren unter anderem Carlo Schmid (»Kritik des Nationalsozialismus«), der stellvertretende Landesinnenminister von Württemberg-Hohenzollern, Theodor Eschenburg, vormals SS-Mitglied (»Werdegang der NSDAP«), und der sozialdemokratische Oberbürgermeister Esslingens, Dieter Roser (»Sozialismus und Humanität«) aufgetreten. Es lag auf der Hand, dass die Zusammenkunft der HJ-Funktionäre in der französischen Militärregierung auf Misstrauen stoßen würde. Am 8. April 1948 wurden die Teilnehmer des Freiwilligen Hilfsdienstes verhaftet und erst fünf Tage später nach Interventionen Humblots entlassen.

Ein geplanter 2. Freiwilliger Hilfsdienst war danach nicht mehr zustande gekommen. Der Argwohn gegenüber den früheren HJ-Funktionären beschränkte sich nicht auf die Franzosen, auch in der SPD wurde das Projekt misstrauisch betrachtet. Doch war es Carlo Schmid gelungen, Kurt Schumachers Unterstützung zu gewinnen, der die alten HJ-Führer zu »irregeleiteten Idealisten« erklärte und generell für einen »großherzigen und weitherzigen« Umgang mit der Jugend plädierte.

Parallel und unabhängig von Hartmann hatte Humblot mit der Verwirklichung seines Planes begonnen, deutsche und französische Jugendliche zusammenzubringen. Als er im Frühjahr 1946 von der französischen Militärregierung den Auftrag bekommen hatte, in der Besatzungszone für französische Studenten Sommeraufenthalte zu organisieren, hatte er auf eigene Faust die geplanten Aufenthalte in ein »wirklich internationales Studententreffen« (Humblot) umfunktioniert, das »erste bedeutende internationale Treffen in Deutschland nach dem Zweiten Weltkrieg« (Humblot) mit 500 Teilnehmern, vor allem Franzosen, aber auch vielen Deutschen.

Die Netzwerke, die aus dieser und anderen internationalen Begegnungen entstanden waren, brauchten eine institutionelle Basis und eine Organisation als Rückhalt. Das verlangten auch die geplanten Integrationshilfen für notleidende Jugendliche und die Verbindung mit Integrationsangeboten für ehemalige HJ-Funktionäre. Dank der Initiativen des französischen Jugendoffiziers Henri Humblot, des sozialdemokratischen Politikers Carlo Schmid und des ehemaligen HJ-Führers Heinrich Hartmann entsteht diese Organisation Anfang des Jahres 1949. Am 4. Januar tagt die Gründungsversammlung des »Internationalen Bundes für Kultur- und Sozialarbeit e.V.« (IB) im kleinen Senatssaal der Universität Tübingen.

Prof. Carlo Schmid scheint wie gemacht für eine attraktive Leitungsfunktion, die Anfang des Jahres 1949 zu vergeben ist. Geplant ist die Wiederbegründung des völkerrechtlichen Kaiser-Wilhelm-Instituts als Max-Planck-Institut. Bisher steht weder fest, wo das Institut seinen Platz finden, noch wer es leiten soll. Klar ist nur, dass einer als Leiter keinesfalls in Betracht zu ziehen ist: der frühere Leiter Carl Bilfinger.

Der ehemalige Ordinarius der Universität Heidelberg hatte die Leitung 1943 übernommen und war 1945 entlassen worden. Das lag nicht nur an seiner offenen Feindschaft gegenüber der Weimarer Republik, die er auch mit der Verteidigung des Preußenschlags unter Beweis gestellt hatte. Vielmehr hatte er so viele nationalsozialistische Treueschwüre geleistet, dass sie für 1000 Jahre gereicht hätten: Am 1. Mai 1933, also kurz nach der Machtübernahme der Nationalsozialisten, war er in die NSDAP eingetreten, im selben Jahr in den NS-Rechtswahrerbund, seit 1936 hatte er als Beisitzer des Heidelberger Kreisgerichts der NSDAP fungiert. Seit Juni 1939 war Bilfinger auch Mitglied des NS-Dozentenbundes, des NS-Altherrenbundes und der Nationalsozialistischen Volkswohlfahrt, seit November 1942 Gaugruppenverwalter Hochschullehrer des NSRB in Baden.

In seinen Vorlesungen war Bilfinger immer wieder mit dem Parteiabzeichen der NSDAP aufgetreten und hatte die Autorität des Führers beschworen. Selbstverständlich hatte er auch im Jahr 1936 an der von seinem Kollegen Carl Schmitt initiierten Tagung »Das Judentum in der Rechtswissenschaft« teilgenommen, aus der Schmitts berüchtigte Schrift »Die deutsche Rechtswissenschaft im Kampf gegen den jüdischen Geist« hervorgegangen war. Bilfinger hatte es auch nicht an einem eigenständigen antisemitischen Bekenntnis fehlen lassen und die Regierung von US-Präsident Roosevelt dafür kritisiert, dass sie durch die Verabschiedung von ihrer isolationistischen Außenpolitik die »Führung der vom internationalen Judentum betriebenen Hetze gegen den deutschen Nationalsozialismus« übernommen habe. Mit anderen Worten: Prof. Bilfinger ist erledigt.

Man kommt im Übrigen auch sehr gut ohne ihn aus, an Kandidaten für die Institutsleitung fehlt es nicht. Carlo Schmid aus Tübingen kommt in Betracht, zumal er in den 1920er-Jahren als Referent am damaligen Kaiser-Wilhelm-Institut für ausländisches Öffentliches Recht und Völkerrecht in Berlin gearbeitet hat. Ein besonders qualifizierter Kandidat ist auch Prof. Erich Kaufmann in München, ein renommierter Völkerrechtler, der vor der NS-Zeit mit bedeutenden wissenschaftlichen Werken hervorgetreten ist. Der Rektor der Universität Bonn bringt die Stadt am Rhein als Standort des Instituts ins Spiel und schlägt als Leiter den anerkannten Professor für Öffentliches Recht Richard Thoma vor. Diskutiert wird auch die Ansiedlung in Hamburg unter der Leitung Rudolf Launs oder in Frankfurt am Main, das den Völker- und Europarechts-Experten Walter Hallstein aufbieten könnte.

Das Kandidaten-Karussell dreht sich immer schneller. Vielleicht fällt deshalb erst sehr spät auf, dass niemand mehr draufsitzt. Die Kandidaten springen so eilig ab, wie sie aufgesprungen sind. Kaufmann in München scheidet aus, weil er sich wohl doch nicht so sehr für die Institutsleitung interessiert. Bonn wirkt unentschieden und hat einen wichtigen Fürsprecher verloren, nachdem sein Hauptunterstützer, der nordrhein-westfälische Kultusminister und Rektor der Bonner Universität von allen Ämtern hatte zurücktreten müssen – er hatte unter anderem die vorgeschriebene politische Überprüfung der Studenten vernachlässigt. Hamburg wird von den Mitgliedern des Instituts vom Karussell geschubst, die der Mangel an personeller Kontinuität zum Berliner Vorläufer stört, auch Frankfurt spielt plötzlich keine Rolle mehr.

Und Carlo Schmid? Vor ihm hat ausgerechnet die Universität Tübingen mit dem schon einmal verwendeten Hinweis gewarnt: Als SPD-Politiker, Schriftsteller und Lyriker könne er sich kaum auf die Institutsarbeit konzentrieren. Vielleicht ist diesmal etwas Wahres dran. Mit seiner Arbeit im Parlamentarischen Rat ist Schmid noch Monate beschäftigt.

Wenn kein Guter zu haben ist, warum dann nicht den Besten nehmen? Aber Hans Kelsen wird nicht gefragt. Einer der berühmtesten Verfassungs- und Völkerrechtler der Weimarer Zeit wird von niemandem gebeten, aus der Emigration in den USA zurückzukehren, von keiner Universität, von keinem Institut, also auch nicht vom Max-Planck-Institut für Völkerrecht, das so dringend einen Leiter sucht. Denkt niemand an ihn? Man denkt an ihn. Man will ihn nicht.

Der jüdische Rechtstheoretiker ist nicht nur der bekannteste

Vertreter des Rechtspositivismus, der nach dem Krieg misstrauisch beäugt wird. Seine Theorie der Reinen Rechtslehre – die Vorstellung eines von allen politischen, theologischen oder anderen Einflüssen gelösten Rechtssystems – hatte den Wiener Juristen in den 1920er-Jahren nicht nur berühmt, sondern seinen Gegnern verhasst gemacht, Gegnern wie Carl Schmitt, Erwin Jacobi und Carl Bilfinger, die nicht zuletzt mit ihrem Auftritt in der Verfassungsklage »Preußen versus Reich« klargemacht hatten, dass für sie kein Unterschied von Recht und politischem Interesse bestand.

Trotz der gravierenden Differenzen hatte der in Köln lehrende Kelsen einst der Berufung Carl Schmitts an seine Fakultät ausdrücklich zugestimmt. Als 1933 das Wissenschaftsministerium in Berlin nach der Gleichschaltung von den Universitäten die Namen der Personen verlangte, die ihrer Ämter enthoben werden sollten, stand auf der reichsweiten Liste nur ein einziger Kölner Professor: Hans Kelsen. Der damalige Starjurist der NSDAP, Carl Schmitt, hatte ein vom Dekan verfasstes Bittgesuch zugunsten Kelsens als einziges Mitglied der Rechtsfakultät nicht unterschrieben, entsprechend wurde das Gesuch beschieden. Schmitts Hass auf den ins amerikanische Exil vertriebenen Demokraten ist ungebrochen. Kelsen sei, notiert er in seinem »Glossarium«, »ein eifriger Veranstalter von juristischen Vernichtungsmitteln«, der ihn an »die kleinen Gehilfen in den Höllen des Hieronymus Bosch« erinnere.

Carlo Schmid scheidet als Kandidat für die Leitung des Max-Planck-Instituts für Völkerrecht aus, Erich Kaufmann scheidet aus, Walter Hallstein scheidet aus, Rudolf Laun scheidet aus, Richard Thoma scheidet aus, Hans Kelsen kommt nicht in Betracht. Wer bleibt übrig? Auf die Personalentscheidung im Februar darf man gespannt sein.

Ehe es zu spät ist, hier noch eine Erinnerung Max Frischs, die er am Neujahrsmorgen 1949 in Zürich festgehalten hat. Er erinnert sich an einen französischen Film, »der schildert, wie einem Mann

(Michel Simon) plötzlich die Sympathie entzogen wird, die er jahrelang im Quartier genossen hat; plötzlich, ohne dass er sich verändert hätte, fällt ein Verdacht auf ihn – oder man könnte auch sagen: plötzlich hat ihn der Schutzengel verlassen, und nun soll er sehen – er sieht: sein Gepäck, seine ganze Habe auf der Straße, er sieht die Nachbarn alle, die unter ihren Türen stehen oder aus den Fenstern gaffen, alle halten ihn für den Mörder, einer stellt ihm das Bein, er wehrt sich, keiner hilft ihm, andere spielen Fußball mit seiner Habe, plötzlich ist er wie ein Stier in der Arena, dessen Blut sie wollen, halb besessen und halb scherzhaft treiben sie ihn auf das Dach, bis er zu Tode stürzt. Das Martyrium des Hasses (Antisemitismus).«

Friedrich Helms hat zugenommen, ein Kilo in den drei Wochen seit Beginn des Jahres. Er hackt Holz – an manchen Tagen 500 Scheite, jedes erfordert drei bis fünf Schläge –, mittags gibt es Bratkartoffeln und Bohnensalat: »Kein Wunder also die Gewichtszunahme«. Zwar haben sich die Aussichten, nach Uelzen zu ziehen, nicht verbessert, noch immer ist keine Wohnung frei, und auch das Transportproblem ist nicht gelöst. Insgesamt aber registriert Friedrich Helms mit seinen jetzt 71 Kilo Körpergewicht in seinem Gartenhaus in Wilhelmshorst dank des kräftigen Essens ein höher gestimmtes Lebensgefühl, ganz ähnlich wie Albert Speer in Spandau in der russischen Woche. Mögen auch die Ursachen verschieden sein.

Februar 1949

Die einmillionste Tonne Güter trifft über die Luftbrücke in West-Berlin ein. In der Bizone sind 1 019 426 Menschen arbeitslos. Die Militärregierungen der Westzonen beschließen, ein einheitliches Zollsystem und eine einheitliche Kontrolle des Handelsverkehrs an den Grenzen ihrer Zonen einzuführen. Auch West-Berlins Oberbürgermeister Reuter wendet sich gegen eine Remilitarisierung Westdeutschlands.

Am 1. Februar wird der KPD-Vorsitzende Max Reimann zu einer dreimonatigen Freiheitsstrafe verurteilt und diese Nachricht von seinen Parteifreunden in allen vier Besatzungszonen begeistert aufgenommen. Unter »Hoch Reimann!«-Rufen wird der Abgeordnete des Parlamentarischen Rates aus dem Gebäude des mittleren britischen Militärgerichts in Düsseldorf geführt und ins Stadtgefängnis gefahren. Die SED und die KPD feiern ihn als Märtyrer, der den westdeutschen Politikern die Maske von den Gesichtern gerissen und sie als Kollaborateure, als Büttel der westlichen Siegermächte entlarvt habe, weshalb er jetzt mundtot gemacht werde.

Diese Reaktion haben im Parlamentarischen Rat die Mitglieder von CDU und SPD vorausgesehen und die Briten vor dem »Propaganda-Schlager für die KPD« gewarnt. Vergeblich. Der Präsident der Rates, Konrad Adenauer, wird beauftragt, beim britischen Kommandeur für Nordrhein-Westfalen, Generalmajor W. Henry Alexander Bishop, dafür einzutreten, zumindest die Vollstreckung der Strafe bis zum Ende der Grundgesetz-Beratungen auszusetzen. Vergeblich. Daraufhin trägt eine Delegation von Parlamentariern Bishop den Wunsch des Parlamentarischen Rates persönlich vor. Wiederum vergeblich. Bishop beharrt auf seinem Standpunkt, Immunität genössen Landtagsabgeordnete, nicht aber die Mitglieder des Parlamentarischen Rates, denn dieser sei kein Parlament, nur ein Beratungsgremium mit parlamentarischem Charakter, was der Begriff »Parlamentarischer Rat« auch klar zum Ausdruck bringe. Schließlich gelingt es doch noch mithilfe des britischen Militärgouverneurs Sir Brian Robertson, Reimann in der Rolle als Märtyrer vor der Zeit von der Bühne zu holen – seine Verbüßung wird ausgesetzt und Reimann am 12. Februar aus der Haft entlassen. Das ist weniger für ihn, eher für den Parlamentarischen Rat ein Akt der Befreiung.

Wo ist eigentlich Gottfried Benn geblieben? In der Bozener Straße 20, Parterre, in Berlin-Schöneberg. Lange nichts von ihm gehört, was an den Nazis lag, an den Besatzungsmächten, schließlich an der Währungsreform. Sie hat einigen Zeitschriften den Todesstoß versetzt, den »Merkur« immerhin zum Verzicht auf drei Ausgaben gezwungen. Darum verzögert sich das Comeback Gottfried Benns um ein halbes Jahr, dann aber erscheint endlich in der Februar-Ausgabe 1949 der »Berliner Brief«, den er auf Einladung der Redaktion schon im vergangenen Sommer geschrieben hat.

Triumphaler Auftakt der Rückkehr des kältesten deutschen Dichters, wie eh und je in der Pose des Herrenreiters als Drachentöter, der das sogenannte christliche Abendland (inklusive Zivilisationsgemecker) zum Teufel schicken würde, glaubte er an ihn, der Pfarrerssohn aus Brandenburg, als Arzt mit eigener, schlecht gehender Praxis spezialisiert auf Haut- und Geschlechtskrankheiten (Hühneraugen, Tripper), in den freien Stunden Einkehr beim lyrischen Ich, jeden Monat ein Gedicht: »Eine Art Aktion am Sandsack: einseitig, ergebnislos und ohne Partner –: evoe!«

Benn war vergessen, im Dritten Reich und von den Besatzungsmächten zum Schweigen verurteilt, sein Brief ist ein Fehdehandschuh, eine Kampfansage an die Öffentlichkeit: »Wenn man wie ich die letzten fünfzehn Jahre lang von den Nazis als Schwein, von den Kommunisten als Trottel, von den Demokraten als geistig Prostituierter, von den Emigranten als Renegat, von den Religiösen als pathologischer Nihilist öffentlich bezeichnet wird, ist man nicht so scharf darauf, wieder in diese Öffentlichkeit einzudringen.« Auf nichts ist Benn tatsächlich aber schärfer. In seiner Ablage ruht die Produktion der vergangenen Jahre, jetzt wird geliefert, Buch um Buch.

Der Ton, den Benn in seinem Brief an die Öffentlichkeit anschlägt, ist lässig arrogant, erstaunlich für einen, der den Emigranten, während er selbst die Nationalsozialisten beschmuste, den hämischen Gruß hinterherrief: »Leben Sie wohl«, sie als »Amateure der Zivilisation« verhöhnte, und die Freundschaft mit Klaus Mann zugunsten der – wenn auch nur kurzen – Liaison mit den neuen Machthabern ohne Bedenken fahren ließ. Benns Rückkehr in die verachtete Öffentlichkeit ist jedenfalls ein voller Erfolg. Kurz darauf schreibt er seinem Freund, dem Film- und Literaturkritiker Frank Maraun, der noch vor einigen Jahren als Erwin Goelz in der Filmabteilung des NS-Propagandaministeriums beschäftigt war, sein Auftritt habe »einigermaßen eingeschlagen«. Evoe.

Fips war das lustige Pseudonym von Philipp Rupprecht, der als Karikaturist seit 1925 in Julius Streichers antisemitischer Hetzschrift »Der Stürmer« die Leserschaft Woche für Woche mit dem Bild des hässlichen Juden belieferte, den »Stürmerjuden«. Die letzte Ausgabe liegt erst vier Jahre zurück – in der besten Zeit betrug die Auflage annähernd 500 000 Exemplare –, fast jedem Deutschen dürften also die monströsen Gestalten in Erinnerung sein, mit denen Fips die hasserfüllten, antisemitischen Ergüsse Streichers, seine Diffamierungen der Juden als Vergewaltiger und Kinderschänder, als Brunnenvergifter, Räuber, Hurenböcke, Raffkes und Weltverschwörer mit ebenbürtigen Karikaturen umrankte: die Juden mit Hakennase, mit wulstigen Lippen und lüstern hervorschießender Zunge, mit langen, dürren Händen, die sich am Geld ehrlicher nichtjüdischer Männer und an der Unschuld blonder nichtjüdischer Frauen vergreifen, mit dicken Bäuchen, gebläht vom Blut nichtjüdischer Kinder, und mit verschlagenen, vor Geilheit blitzenden Augen.

Streicher habe mit dem »Stürmer« die Vernichtung der Juden vorbereitet, hieß es im Todesurteil des Internationalen Militärgerichtshofes über den exzessiven Antisemiten. Dass das gelingen konnte, hatte Streicher nicht zuletzt Rupprecht zu verdanken, dessen Karikaturen 20 Jahre lang das Markenzeichen des »Stürmers« waren. Auch am Menschenbild der Jugend hatte Rupprecht gearbeitet und in dem Kinderbuch »Der Giftpilz« die Hasstiraden des ehemaligen Volksschullehrers Ernst Hiemer (»Die Welt erwacht in Juda's Ketten / Deutschland alleine kann sie retten. / Deutsches Denken und Deutschsein / Wird einst die ganze Welt befreien. / SIEG HEIL!«) illustriert. Gegen Rupprecht wird nicht vor dem Internationalen Militärgerichtshof verhandelt, er wird im Februar von der Berufungskammer für Oberbayern als Hauptschuldiger eingestuft und zu zehn Jahren Arbeitslager verurteilt.

Nicht Fips' Werk, aber Philipp Rupprecht ist in Deutschland vergessen, sogar so gründlich vergessen, dass sich vermutlich niemand mehr erinnern kann, warum er verurteilt worden ist. Jedenfalls wird er schon ein Jahr später, im Oktober 1950, aus dem Arbeits- und Festhaltelager Eichstätt entlassen und findet sein Auskommen als Kunstmaler und Dekorateur.

Fast zwei Dutzend amerikanischer Korrespondenten bereisen in diesen Monaten im Auftrag der US-Militärregierung die westlichen Besatzungszonen, um sich ein Bild von der Lage in Deutschland zu machen. Jedem Journalisten ist ein eigenes Thema zugewiesen. Einer recherchiert die Probleme im Ruhrgebiet, ein anderer untersucht das Verhältnis Deutschlands zu seinen Nachbarn, Robert Lewison hat den Auftrag, sich an den Schulen und Universitäten umzusehen. Seine Analyse liest sich wie ein Frontbericht, er erzählt von einer Niederlage: Die westlichen Siegermächte haben die deutsche Wehrmacht geschlagen, aber beim Versuch, die Schulen zu demokratischen Einrichtungen umzuformen, sind sie an den deutschen Bildungspolitikern, den Lehrern und den Eltern gescheitert.

Der Autor ist schockiert, sein Bericht changiert zwischen Verzweiflung und Empörung. Allein die Zahl ehemaliger Nazis an den Schulen sei verheerend. In Hessen (amerikanische Zone) seien von den 10 000 Volksschullehrern 7000 frühere NSDAP-Mitglieder, in Württemberg-Baden 10 500 von 18 000 Lehrern, in den gesamten drei Westzonen wenigstens 60 Prozent der jetzt tätigen Lehrer. Aber die seien oft nicht einmal die schlimmsten. In der französischen Zone hätten die französischen Erzieher den Eindruck gewonnen, dass viele der reaktionärsten Lehrer der NSDAP nur deshalb nicht angehört hätten, weil die Partei nicht nur national, sondern auch sozialistisch gewesen sei.

Zwar seien einige deutsche Lehrer bereit, das Schulsystem zu ändern, aber die große Mehrheit leiste offen oder versteckt erbitterten Widerstand. In Bayern zum Beispiel hätten die Amerikaner vorgeschlagen, die Prügelstrafe an der Volksschule abzuschaffen. »Wie kann eine Schule ordentlich sein, wenn die ungehorsamen Schüler nicht geschlagen werden«, hätten die bayerischen Lehrer bestürzt gefragt und sich »mit dem amtlichen Rohrstock wie Kavallerieoffiziere mit der Reitgerte auf die Hand geschlagen«. Als Anführer des Widerstands hat Robert Lewison den bayerischen Kultusminister Alois Hundhammer ausgemacht, »ein Nationalist mit antinationalsozialistischer Vergangenheit«. Hundhammer habe den Eltern Fragebogen geschickt, um zu beweisen, dass das Prügeln der Kinder durchaus populär sei. Der Beweis sei gelungen. Eine Untersuchung der öffentlichen Meinung durch die Amerikaner habe das Ergebnis bestätigt. Zwei von drei Eltern in Bayern seien für das Prügeln in der Schule, »und so bleibt es dabei«.

Komme ein Besucher in eine deutsche Klasse, sprängen die Kinder auf und stünden stramm wie Soldaten. Man sehe kein Lächeln und höre kein Kichern. Auf Kommando setzten sie sich wieder. Begegne ein deutsches Kind seinem Lehrer auf der Straße, greife es in einer Art zur Mütze, die den alliierten Psychologen als nahe verwandt mit dem militärischen Gruß vorkomme. Er habe mehrere deutsche Schulleiter gefragt, schreibt Lewison, ob es nicht sinnvoller wäre, das Kind, nicht den Lehrstoff in das Zentrum des Unterrichts zu stellen. Übereinstimmend hätten sie geantwortet: »Die deutsche Mentalität ist anders.«

Die westlichen Besatzungsmächte haben alle Geschichtsbücher und 80 Prozent der sonstigen Schulbücher einstampfen lassen. Ersatz ist allerdings nur schwer zu beschaffen. Gelingt es, werden die neuen Bücher von den Lehrern häufig ignoriert. Selbst wenn die Lehrer sie im Unterricht verwenden, stellen sie, wie Lewison bemerkt, oft »allerlei Interessantes« mit ihnen an. Er berichtet folgenden Fall: In einer Klasse weist eine Lehrerin stolz auf die Wand, wo ihre Schülerinnen Illustrationen zu der gerade gelesenen Geschichte angebracht haben. Die Geschichte selbst ist eine einfache Erzählung von den ländlichen Wanderungen eines Jungen. Die Bilder haben nichts mit der Geschichte zu tun. Offensichtlich haben sie aber Beziehungen zu dem Geburtsort des Verfassers, der zufällig in Ostpreußen zu liegen scheint.

Der Vater einer Schülerin, ein deutscher Flüchtling aus Ostpreußen, hatte alle Fotografien und Drucke besorgt. Sie zeigen Ansichten von Königsberg und Danzig, die heute – wie Lewison anmerkt – mit amerikanischer und britischer Zustimmung zu Russland und Polen gehören. Auf die Frage, was sie ihren Schülerinnen über Ostpreußen erzähle, antwortet die Lehrerin: »Ich erzähle ihnen, dass es deutsches Land ist, das wieder zu Deutschland zurückkommen muss, weil Deutschland mehr Lebensraum braucht. Ich erzähle ihnen, dass viele Deutsche aus Ostpreußen vertrieben wurden und wieder in ihre Heimat möchten. Ich erzähle ihnen von den Leiden der Deutschen, die jetzt noch dort sind.«

Lewison schreibt, die Lehrerin sei keineswegs eine ehemalige Nationalsozialistin, im Gegenteil, ihre Akten bewiesen, dass sie den nationalsozialistischen Angriffen auf die katholische Kirche »irgendwie« Widerstand geleistet habe. Sie sei sich nur in keiner Weise bewusst gewesen, dass jemand die Bilder an der Wand falsch auffassen könne. Sie habe sie voller Stolz gezeigt: »Sie hatte nur vergessen, wie die meisten Deutschen, dass Hitlers Bemühen,

Danzig wiederzuerlangen, der unmittelbare Anlass zum Zweiten Weltkrieg gewesen war.«

Trostloser als die Gespräche mit deutschen Lehrern sind für Lewison nur die Unterhaltungen mit deutschen Lehramtsstudenten. Er besucht das Weilburger Pädagogische Institut in Hessen und trifft sich mit einer Gruppe von männlichen und weiblichen Studenten zwischen 20 und 28 Jahren zum Gespräch. Es dauert drei Stunden, in denen kein einziger Student eine Auseinandersetzung mit einem anderen führt; keine einzige Bemerkung der dabeisitzenden Professoren wird von den Studenten angegriffen; niemand spricht, ohne sich vorher vom Rektor durch Erheben der Hand die Sprecherlaubnis zu holen.

Lewison erkundigt sich nach der Einstellung der Studenten zu politischen Parteien. Einer sagt: »Wir haben kein Interesse an politischen Parteien, wir haben uns einmal die Finger verbrannt.« Ein anderer, ein früherer Soldat: »Wir warten auf die Partei, die alle übrigen Parteien, die jetzt so viel reden, bekämpft, oder eine Partei, die alle übrigen zu einer einzigen verschmelzen wird.«

Lewison fragt: »Wie war die deutsche Erziehung vor 1933 beschaffen, dass eine ganze Generation Hitler Gefolgschaft leistete?« Einer sagt, nicht die Erziehung habe Schuld gehabt, sondern die ausländischen Finanzleute, die Hitler unterstützten, hätten ihn an die Macht gebracht. Ein anderer: Wie könne man das deutsche Volk für die Unterstützung Hitlers tadeln, wo doch die ausländischen Mächte 1936 zu den Olympischen Spielen kamen und den Nazis damit ihre Anerkennung bezeugten. Ein Dritter: Hitler sei zur Macht gekommen, weil es zu viele Parteien gegeben habe. Ein Vierter: Die wirtschaftliche Depression sei verantwortlich.

Lewison will von den Studenten erfahren, welches Bild sie von Adolf Hitler haben. Eine Studentin: »Es gab manches Gute in Hitlers Programm. Was Hitler wollte, waren genau die Wünsche des deutschen Volkes.« Eine andere: »Wir dürfen die deutsche Jugend nicht dazu erziehen, pessimistisch über Hitler zu denken. Angenommen, es käme einmal ein anständiger Hitler.«

Schlussfrage von Lewison: »Zöge die deutsche Jugend in den Krieg, um Ostpreußen und Schlesien den Russen wieder abzunehmen?« Ein Student: »Was würden Sie tun, wenn die Japaner die Hälfte der Vereinigten Staaten besetzt hätten?« Ein ehemaliger Wehrmachtsangehöriger: »Ich würde morgen wieder kämpfen, um diese Länder zu befreien.« Für diese Äußerung wird der Student vom Rektor scharf gerügt. Er tritt vor, schlägt die Hacken zusammen, macht eine zackige Verbeugung und entschuldigt sich: »Ich habe es nicht so gemeint. Ich habe in Russland gekämpft und würde eher mit einer weißen Fahne in die Sowjetzone gehen als mit einem Gewehr.« Daraufhin entschuldigt sich der Rektor bei Robert Lewison, dass sich einige Studenten danebenbenommen haben: »Sie wissen, uns Deutschen fehlt die demokratische Tradition.«

Leider führt seine Reise Lewison nicht in die Ostzone, zum Beispiel an die Universität Leipzig. Käme er dort mit Gerhard Schulz, dem aufmüpfigen Geschichtsstudenten ins Gespräch, würden sie sich gut verstehen. Wie der Studentenpolitiker verhindern will, dass die soziale Herkunft, die Klasse, und nicht die Leistungsfähigkeit über den Zutritt zur akademischen Ausbildung entscheidet, beklagt auch Lewison das »Kastenwesen« an deutschen Schulen.

Es trenne mit zehn Jahren eine sogenannte Elite vom gewöhnlichen Volk und bestimme in diesem frühen Alter bereits die Stellung, die die meisten Deutschen in ihrem späteren Leben einzunehmen hätten: »Die ›Elite‹, ungefähr 12 Prozent der Zehnjährigen, wird im Großen und Ganzen aufgrund von Wohlhabenheit und sozialer Stellung der Familien ausgewählt.« Acht bis zehn Jahre lang besuchten diese Kinder kostspielige Schulen, ein Viertel von ihnen dann eine Universität. Die Höheren Schulen und die Universitäten würden völlig aus öffentlichen Mitteln unterhalten, verlangten aber gepfefferte Gebühren. Hier werde die sogenannte Elite für die höheren Berufe, die Regierung und sonstige führende Stellen in Deutschland ausgebildet.

Die übrigen 88 Prozent der deutschen Kinder blieben vier Jahre auf eine Grundschule geringerer Qualität angewiesen. Mit 14 Jahren gingen sie in Lehrstellen für praktische Berufe: »Sie lernen Gefolgsleute werden, die keine Fragen stellen.« Weil sich die Lehrer als Teil der Elite empfänden, gehörten sie zu den unnachgiebigsten Verteidigern dieser Gesellschaftsordnung und dieses Erziehungssystems. Westzonen, Ostzone – hier wie dort entscheidet die soziale Herkunft über die Bildungsaussichten. Natürlich hätten Robert Lewison und Gerhard Schulz in ihrem Gespräch über einen entscheidenden Unterschied nicht lange reden müssen, er ist offensichtlich: In den Westzonen scheitern die Siegermächte an den Lehrern und in vielen Fällen an den Professoren, in der Ostzone scheitern an ihnen die Schüler und Studenten.

Dem Report über seine Deutschlandreise stellt Lewison einen vertraulichen Bericht von Beamten des amerikanischen Oberkommissariats an das Außenministerium voran. Darin heißt es, trotz den in den Tagen der Weimarer Republik und nach dem Sturz Hitlers eingeführten Reformen durchdrängen Nationalismus, Obrigkeitsanbetung und Traditionalismus das deutsche Schulsystem: »Insofern haben es deutsche Politiker, Pädagogen und andere einflussreiche Kreise verstanden, eine gründliche Schulreform zu verhindern.« Lewisons Arbeit, die ein Jahr später in deutscher Übersetzung zusammen mit den Beiträgen der anderen US-Journalisten im Buch »Das ist Germany« erscheint, trägt den Titel: »Erziehung – zu was?«

In den drei Westzonen scheint sich noch nicht herumgesprochen zu haben, dass die Verfassungen der Bundesländer ein neues Staatsbild etabliert haben, wonach nunmehr der Staat die Freiheit der Bürger zu garantieren hat, nicht mehr der Bürger die Sicherheit des Staates. Das verpflichtet den Staat und seine Beamten zu einer ungewohnten Rolle, die sie erst noch üben müssen. Zwischen September 1948 und Februar 1949 werden in Hessen 11266 Hausdurchsuchungen angeordnet. In 65 Prozent der Fälle liegt keine richterliche Anordnung vor. In Württemberg-Baden fehlt sie in 91, in Bayern in 84 Prozent der Durchsuchungen.

In allen drei Ländern steht das Grundrecht der Unverletzlichkeit der Wohnung in der Verfassung ebenso wie das Gebot einer richterlichen Anordnung bei Hausdurchsuchungen. Das hessische Innenministerium teilt mit, die Polizeibeamten seien bisher nach der Strafprozessordnung von 1946 geschult worden, nicht nach der hessischen Verfassung. In Zukunft werde die Polizei darauf hingewiesen werden, dass die Bestimmungen der Verfassung einzuhalten seien.

Am 10. Februar spielt Hans-Christoph Seebohm von der Deutschen Partei im Streit um die Abschaffung der Todesstrafe keine Rolle mehr, jetzt schalten sich die Sozialdemokraten Carlo Schmid und Friedrich Wilhelm Wagner, ein Rechtsanwalt aus Ludwigshafen und ehemaliger Reichstagsabgeordneter, im Hauptausschuss des Parlamentarischen Rates in die Debatte ein. Wagner ist nach der Flucht vor den Nationalsozialisten über die Schweiz, Straßburg, Paris, Spanien, Portugal und schließlich in die USA erst 1947 nach Deutschland zurückgekehrt. Er fordert die ausnahmslose Abschaffung der Todesstrafe: »Ich muss sagen, man sollte es im Jahre 1949 nicht mehr notwendig haben, diesen Antrag ausführlicher zu begründen. Wenn Sie mit dem Töten der Menschen, mit dem Töten von Mensch zu Mensch ein Ende machen wollen, können Sie auch nicht dem Staat das Recht geben, Menschen zu töten. Es wird nicht besser, wenn der Staat einem Menschen das Leben nimmt, als wenn es der Einzelne tut. Es ist, was es war: eine Barbarei.«

Die Fraktion der Christdemokraten ist in der Frage gespalten. Walter Strauß schlägt vor, die Debatte an diesem Tag nicht zu vertiefen, sondern sich in den Fraktionen zu besprechen. Auch sein Kollege Heinrich von Brentano erbittet Bedenkzeit und Schluss der Debatte. Doch da meldet sich noch Adolf Süsterhenn zu Wort, der rheinland-pfälzische Justizminister. In Carlo Schmids Heimatstadt Tübingen wartet der Raubmörder Richard Schuh auf seine Hinrichtung, in Mainz – demnächst Sitz der Landesregierung, die damit Koblenz aufgibt – die zweifache Kindsmörderin Irma K. Auf Süsterhenns Geheiß haben die Beamten seines Hauses in den vergangenen Monaten die Hinrichtungsstätte für Irma K. vorbereitet. In Keller der Haftanstalt Mainz steht in Zelle 27 die Guillotine der Schlosserei Tiggemann in Hamm bereit. Süsterhenn ist ein erklärter Befürworter der Todesstrafe. Er geht direkt auf den Vortrag Wagners ein: »Machtanwendung als solche ergibt noch nicht den Tatbestand der Barbarei. Es kommt vielmehr darauf an, ob die Macht im Dienste des Rechts angewandt wird.« Nach Süsterhenns Bekenntnis zur Todesstrafe geht der Hauptausschuss ohne Abstimmung auseinander.

Acht Tage später, am 18. Februar 1949 um sechs Uhr morgens wird Richard Schuh mit der Guillotine hingerichtet. Seine enthauptete Leiche wird dem Anatomischen Institut Tübingen übergeben, das ausweislich seines Leichenbuchs Schuhs Kopf für »wissenschaftliche Zwecke«, den »Rest als Dauerpräparat« verwendet.

Albert Speer hat mal wieder einen Traum. Ihm träumt von einem ausgedehnten Spaziergang in Wäldern an den nördlichen Ufern der Havelseen, obwohl es dort keine gibt. Große Laubbäume haben ihn daran erinnert, dass auf seine Initiative vor dem Krieg damit begonnen wurde, den Grunewald umzuforsten, der nach dem Kahlschlag der friderizianischen Zeit mit Kiefern bepflanzt worden war. Aus Zehntausenden von Setzlingen werden nach zwanzig Jahren Laubwälder geworden sein: »Eine der wenigen Spuren meiner Tätigkeit. Wenn in hundert Jahren der Grunewald wirklich grün sein wird, so ist das mein Werk.«

Dazu müsste der Grunewald erst wieder aufgeforstet werden. In seiner Zelle fehlt Speer natürlich der Überblick. Er sieht nicht bis zum Grunewald. Die Hälfte der Bäume ist in den Nachkriegsjahren dem Kahlschlag zum Opfer gefallen. Überhaupt sind die Spuren der Tätigkeit Speers und seiner Genossen nicht nur in den zerbombten Städten offensichtlich, auch in den Wäldern sind sie unübersehbar. 600 000 Hektar Wald – etwa ein Viertel des Bestands – sind vor allem seit Ende des Kriegs durch Kahlschlag verloren gegangen. Das Holz wird zum großen Teil von den Siegermächten als Reparationsleistung gefordert, zum anderen in den kalten Wintern von der Bevölkerung als Brennholz benötigt. Mit dem Ziel der Wiederaufforstung hat sich vor zwei Jahren die Schutzgemeinschaft Deutscher Wald gegründet. Als Nachzügler kommt in diesen Tagen in München ein bayerischer Landesverband dazu.

Noch ein Blick nach München. Hier steigt gerade der erste Nachkriegsfasching, und ein preußischer Fremdling – so nennt er sich selbst – geht staunend von Fest zu Fest. Er besucht den Film- und Presseball im Haus der Kunst, staatlich konzessionierter und durch die Teilnahme der sogenannten Spitzen der Gesellschaft sanktionierter Höhepunkt: Der Faschingshimmel besät mit Tausenden von Sternen, Jupiterlampen und Blitzlichter flammen über prominenten und nicht prominenten Gästen auf, im großen Saal ein Gedränge wie in der Trambahn nach Feierabend, zumal vor den Logen der Filmgötter, die statuarisch posieren wie auf Opferaltären. Dann weiter in die Künstlerkneipen, weniger drangvoll, aber herzhafter. Der Fremdling sieht Jünglinge und Mädchen, die – mehr oder auch weniger bekleidet – ihren Traum tanzen vom Swing und Boogie Woogie in komischen Verrenkungen, darunter gelegentlich auch ein echter Exote mit der Grazie subtropischer Zonen. Der Fremdling notiert, selbst jene schwer bestimmbaren Wesen würden da und dort geduldet, die von jenem merkwürdigen Zauber umwittert seien, den Hermann Hesse im »Steppenwolf«, seinem Anti-Spießer-Traktat, als »hermaphroditische Magie« bezeichne.

Der Fremdling aus Preußen bedenkt den rapiden Wechsel der Zeiten: Der gesellschaftliche Wandel in Deutschland hatte zunächst alle mit sich gerissen. Jeder Einzelne zählte zu den Outlaws der Welt. Die beginnende Neuordnung aber drängt den Außenseiter wieder in die Isolation. Das bringt der Fasching an den Tag – der Fasching in München, dieser deutschen Stadt, die wohl die wenigsten Hungernden und ganz gewiss auch die meisten Schlawiner und Kunstzigeuner in ihren neu entstehenden Mauern und in ihrem alten Schwabing birgt.

Das schreibt der preußische Fremdling, der Schriftsteller Arnold Bauer. Er schreibt nicht, dass er seit jeher ein isolierter Außenseiter ist. Als Homosexueller wird er in der beginnenden Neuordnung mit den gleichen Strafen bedroht wie vor Jahren im NS-System, selbst jetzt im Münchner Fasching. Die Isolation bleibt seine Heimat. Die Zeiten ändern sich, aber nicht für alle.

Auch für Carl Bilfinger ändern sie sich nicht. Er darf wieder werden, was er im Dritten Reich schon einmal gewesen ist: Das zuständige Komitee wählt den alten Leiter des Kaiser-Wilhelm-Instituts für ausländisches Recht und Völkerrecht zum neuen Leiter des Max-Planck-Instituts für ausländisches Recht und Völkerrecht. Und weil der in Heidelberg lebende Bilfinger seine Wahl an die Bedingung geknüpft hat, der Sitz des Instituts müsse Heidelberg sein, wird Heidelberg als künftiger Sitz des Instituts gewählt.

Mit Bilfingers Rückkehr hat niemand gerechnet, der Protest lässt auch nicht lange auf sich warten. Adolf Grimme, Generaldirektor des NWDR und ehemaliger Kultusminister von Niedersachsen, schreibt dem Präsidenten der Max-Planck-Gesellschaft und Nobelpreisträger, Otto Hahn, einen wütenden Brief und bezeichnet die Entscheidung für Bilfinger als »ernsten politischen und sachlichen« Fehler. Der jüdische Jurist Gerhard Leibholz, der seine Professorenstelle in Göttingen hatte aufgeben und emigrieren müssen, erklärt es für ausgeschlossen, dass jemand, der »von dem Braunen Haus in der Zeit, in der der Nationalsozialismus seine Orgien feierte, mit der Leitung des Instituts (...) betraut wurde«, das Institut nach dem Ende der NS-Diktatur weiterführen dürfe. Nicht so sehr die Parteimitgliedschaft Bilfingers sei das Problem, sondern dass er »für viele Jahre mit innerer Verve und Überzeugung sich freiwillig dem Nationalsozialismus (als Freund des berüchtigten Staatsrats C. Schmitt) zur Verfügung gestellt und für die Erreichung seiner Ziele eingesetzt« habe.

Sogar aus der bayerischen Staatskanzlei ist Kritik zu hören. Für sie meldet sich Ministerialdirektor Friedrich Glum zu Wort und berichtet von dem »außerordentlichen Befremden, mit dem die gesamte angelsächsische, ja man kann wohl sagen, westliche Welt« die Wiedereinsetzung Bilfingers betrachte. Die Kritik Glums ist insofern eine Überraschung, als er als Generalsekretär und Generaldirektor der damaligen Kaiser-Wilhelm-Gesellschaft die Selbstgleichschaltung der Gesellschaft vollzogen hatte. Überhaupt hat sich Glum vor Jahren als Freund der Gleichschaltung einen Namen gemacht. 1933 hatte er den »genialen Staatsmann« Hitler für die Gleichschaltung Bayerns gerühmt. Diese Bekenntnisse haben Glum im Sommer vergangenen Jahres den Platz in der bayerischen Delegation des Konvents auf Herrenchiemsee gekostet, gewiss auch aus Sorge vor Bedenken der angelsächsischen, wenn nicht sogar der westlichen Welt.

Natürlich fragen sich die Kritiker, wie es zur Ernennung des vielfach belasteten ehemaligen Nationalsozialisten Bilfinger hat kommen können. Die Antwort: Bilfinger ist entlastet. Die Spruchkammer Heidelberg hat ihm bescheinigt, »dem Nationalsozialismus keine wesentlichen Dienste geleistet« zu haben und »im wesentlichen nur passives Parteimitglied« gewesen zu sein. Der öffentliche

Kläger hatte dagegen zwar Berufung mit der Begründung eingelegt, es genüge die Lektüre eines Satzes aus einer völkerrechtlichen Schrift Bilfingers, um zu erkennen, dass er »im Sinne des nationalsozialistischen Regimes gewirkt« habe. Doch war die Berufung als offensichtlich unbegründet abgewiesen worden.

Die Entscheidung für Bilfinger wurde durch einige Umstände begünstigt. Bilfinger hatte das Beweismaterial – also seine in der NS-Zeit entstandenen Schriften – selbst ausgewählt und der Kammer zur Verfügung gestellt mit der Folge, dass diese nur »nationalistische, aber keineswegs eigentliche nationalsozialistische Tendenzen erkennen« konnte. Etliche Fachkollegen, Freunde und Mitarbeiter hatten Bilfinger bescheinigt, eigentlich nie ein richtiger Nationalsozialist gewesen zu sein, sondern – wie der Völkerrechtler Alexander Makarov beteuerte – eine »mit der ›totalitären‹ Weltanschauung unvereinbare Toleranz« an den Tag gelegt zu haben.

Diese sogenannten Persilscheine, die dem Weißwaschen der Beschuldigten dienen sollen, sind ungemein populär. Sie werden ausgestellt aus Sympathie, aus Dankbarkeit, als Ausdruck des Protests gegen die Siegermächte, immer öfter auch gegen Bezahlung – es entwickelt sich ein schwunghafter Handel und damit ein einträgliches Geschäft, an dem häufig auch Mitglieder von Spruchkammern verdienen. Die Spruchkammerverfahren werden zu »Mitläuferfabriken«, in die Millionen Deutsche als Belastete hineinkommen und zu 95 Prozent als Mitläufer oder Entlastete wieder herauskommen.

Viele Unschuldige legen übrigens großen Wert darauf, von den Kammern als ein wenig belastet, also als Mitläufer, eingestuft zu werden. Das verbessert die Berufsaussichten in der Wirtschaft und im öffentlichen Dienst. Das geht so weit, dass der Direktor der amerikanischen Militärregierung Bayerns die deutsche Verwaltung streng ermahnt, keine nichtnazistischen Beamten zu entlassen, um entnazifizierten Beamten Platz zu schaffen. Fast aussichtslos sind auf dem Arbeitsmarkt die Bewerbungsschreiben von ehemaligen Spruchkammervorsitzenden, Anklägern und Zeugen.

Weniger als zehn Prozent der Mitarbeiter der früheren Kaiser-Wilhelm-Gesellschaft verlieren aufgrund der Entnazifizierungsverfahren ihren Posten, warum sollte ihn dann Bilfinger nicht behalten dürfen? Allerdings ist interessant, dass Bilfinger die Fortsetzung der Karriere nicht zuletzt seinem Alter verdankt. Seine Mitarbeiter haben sich für ihn in der Erwartung verwendet, ihm auf diese Weise einen guten Abgang in den Ruhestand zu verschaffen. Auch die Spruchkammer hat die Rechnung ohne den alten Bilfinger gemacht. Der letzte Satz des Urteils lautet: »Entsprechend seinem Lebensalter und seinem Gesundheitszustand rechnet Bilfinger wohl nicht mehr auf Reaktivierung als Universitätslehrer …« Von wegen. Carl Bilfinger ist wieder da. Hans Kelsen kann bleiben, wo er ist – in der Emigration.

Egon Hermann ist der geborene Volksredner. Tritt er öffentlich auf, genügen wenige Worte, schon spricht nicht mehr Egon Hermann, sondern aus Egon Hermann spricht das Volk. Er tritt im früheren Konzentrationslager Dachau auf. Auf dem Gelände waren bis vor vier Jahren mehr als 41 000 Menschen ermordet worden, anschließend wurden hier NSDAP-Funktionäre und Angehörige der SS interniert, jetzt leben Flüchtlinge und Vertriebene aus den ehemaligen deutschen Ostgebieten in den Baracken, Deutsche und »Volksdeutsche« aus Schlesien, dem Sudetenland, Polen, Ungarn, Rumänien und Jugoslawien.

Egon Hermann spricht, also kommen sie heraus, zehntausend, zwanzigtausend stehen auf dem großen Platz dem grauen Gebäude gegenüber, in dem früher die Gaskammer war. Egon Hermann spricht die Sprache, die sie verstehen, er spricht den Dialekt der Sudetendeutschen, er schreit: »Sie sollen nicht vergessen, dass wir auch Deutsche sind, dass uns deutsches Blut leidenschaftlich durch die Adern rinnt. Sie sollen nicht mehr wagen, uns als Fremde im fremden Land zu behandeln. Als das mächtige Vaterland im Triumph vorwärtsstürmte, stürzten wir mit. Jetzt sollen sie nach der Niederlage für uns sorgen.«

Der amerikanische Journalist Ernest Leiser beobachtet die Szene, er notiert jedes Wort, das Hermann spricht, ihm entgeht keine Reaktion des Publikums. Als die Menschen auf dem Platz Beifall brüllen, winkt er ihnen, zu schweigen. Hermanns Wut wirkt auf Leiser einstudiert, doch sie ist die Wut der Vertriebenen: »Aber ich sage euch, wenn sie erklären, sie haben kein Geld, müssen wir verlangen, dass sie Geld auftreiben. Wenn sie sagen, es gibt keine Arbeitsplätze, keine Wohnungen, müssen wir erwidern: findet Arbeitsplätze, findet Wohnungen, oder wir werden uns für unser Recht machtvoll erheben.« So geht das eine Stunde, gegen die Deutschen, gegen die Besatzungsbehörden

Die Wut, die aus Egon Hermann schreit, peitscht die Wut der Menge an. Die Zuhörer stürmen mit Knüppeln und Steinen bewaffnet aus dem Lager und zertrümmern, ehe die Polizei sie beruhigt, alles, was sie in der Umgebung erreichen können. Egon Hermann, schreibt Leiser, bekenne, ein Nazi gewesen zu sein. Heute sei er zwar kein Kommunist, stehe aber links, seine politische Überzeugung habe die Farbe seines Herzbluts. Hermann, schreibt Leiser, strebe danach, der »Führer« der deutschen Heimatvertriebenen und durch sie ganz Deutschlands zu werden. Man nennt ihn den »Demagogen von Dachau«. Er saß ein Jahr im Gefängnis, weil er seine Anhänger in Bayern zu Unruhen aufgestachelt hat. Seine Strafe vergleicht er mit Hitlers Aufenthalt in Landsberg. Er sagt: »Meine Strafe ist ein Ehrenabzeichen.«

Leiser hält Egon Hermann für möglicherweise verrückt, aber die Anhänger, die sich um ihn versammeln, für ein ernstes Problem. Der amerikanische Journalist versteht sie. Sie seien aus den osteuropäischen Ländern hinaus- und in ein »Vaterland« hineingeworfen worden, das seinen »wandernden Kindern« keinen Raum, kaum Arbeitsmöglichkeiten, wenig Verständnis und noch weniger Hoffnung biete. Die Aufnahme der zehn oder zwölf Millionen Vertriebenen sei nicht viel wärmer gewesen als die Verabschiedung durch die Regierungen, die sie ausgewiesen hätten. Ohne Besitz, verbittert über die Vertreibung aus Ländern, die ihnen ihr Leben lang Heimat gewesen waren, hineingeraten in eine feindselige Umgebung, wünschten die meisten von ihnen nichts mehr, als wieder zu verschwinden.

Wohin? 85 Prozent beteuern in einer Umfrage der US-Militärregierung, wäre es möglich, würden sie sofort zurückkehren trotz der kommunistischen Herrschaft. In den Westzonen, schreibt Leiser, würden sie nur als Fremde empfunden, als Störung einer ohnehin schwer belasteten Gesellschaft. Das mache sie zu leichten Opfern diktatorischer Demagogen wie Egon Hermann, sie seien »die schwerste Bedrohung für die Entwicklung der westdeutschen Demokratie«.

Über ein eindrucksvolles Beispiel der Bedrohung wird in diesen Tagen aufgeregt in der britischen Zone gesprochen. In der jüngsten Stadt Deutschlands, die seit vier Jahren Wolfsburg heißt, aber am 1. Juli 1938 als »Stadt des KdF-Wagens bei Fallersleben« gegründet worden war, hat die rechtsextreme Deutsche Rechts-Partei bei den niedersächsischen Gemeinde- und Kreiswahlen im November 1948 überraschend 64,3 Prozent der Stimmen gewonnen. Die meisten Einwohner der Barackenstadt sind Flüchtlinge und Heimatvertriebene, unter ihnen haben die Rechtsextremisten den größten Zuspruch gefunden. Seitdem stellt die Partei den Bürgermeister. Schon im März wird ein Wahlprüfungsgericht über die Gültigkeit der Wahl entscheiden.

Was würde eigentlich geschehen, wenn die westdeutschen Bürger bei der Volksabstimmung über das Grundgesetz, die die Besatzungsmächte verlangen, gegen die provisorische Verfassung stimmen? Der Bischof von Münster, Michael Keller, stellt im Februar das Nein zumindest der katholischen Gläubigen in Aussicht, sollte der Parlamentarische Rat im Streit um das Elternrecht nicht nachgeben. Katholische und evangelische Kirche verlangen, dass es neben den staatlichen auch Privatschulen geben müsse, also auch Konfessionsschulen in kirchlicher Trägerschaft. Die katholische Kirche hat zwar, um ihrer Forderung Nachdruck zu verleihen, eine gut organisierte Kampagne gestartet, ist damit aber gescheitert. Ihre Volksinitiative hat 500 Eingaben von Pfarreien und Elternausschüssen ergeben, andererseits zu Protesten von 50000 Lehrern geführt.

Adolf Süsterhenn (CDU) erklärt das Elternrecht zum »natürlichen Recht« der Eltern, den »religiös-weltanschaulichen Charakter der Schule« zu bestimmen, aber nicht nur Theodor Heuss hält die Forderung vor allem für Wichtigtuerei der Kirchen: »Was heißt denn das Elternrecht als Grundrecht? Kinder zu kriegen? Was denn sonst?« Wie die Mehrheit des Parlamentarischen Rates wünscht Heuss eine weltanschaulich »offene« Verfassung, die allen Bürgern – ob konfessionell gebunden oder ungebunden – die gleichen Entfaltungsmöglichkeiten geben sollte. So ist das Elternrecht im Parlamentarischen Rat nach langen Diskussionen – auch mit den Kirchen – zur Garantie des Religionsunterrichts geschrumpft. Das genügt dem Bischof von Münster nicht, und er droht mit dem Aufstand der Gläubigen gegen das Grundgesetz.

Kellers Drohung hat ungeahnte Folgen. Ohnehin fürchten viele deutsche Politiker, dass die Wähler die Volksabstimmung über das Grundgesetz zum Anlass nehmen werden, ihrer Wut nicht nur über das mit Bangen erwartete, noch unveröffentlichte Besatzungsstatut freien Lauf zu lassen, sondern über die gesamte Politik der westlichen Siegermächte. Schon im vergangenen Dezember hat der SPD-Vorstand um Kurt Schumacher in Hannover mitgeteilt, eine Ratifizierung des Grundgesetzes durch die Landtage, also ohne Volksabstimmung, sei die einzige Chance, »relativ schnell zu Ende zu kommen«, und damit den Kurs der sozialdemokratischen Abgeordneten vorgegeben. Bisher hatte die Mehrheit des Parlamentarischen Rates allerdings an der Volksabstimmung festgehalten. Das ändert sich nach der Drohung des Bischofs schlagartig. Ratspräsident Konrad Adenauer erkennt sofort die Gefahr. Er leitet in der Unionsfraktion einen Kurswechsel ein: Nicht mehr die Wähler, sondern die Landtage sollen über die provisorische Verfassung entscheiden. Am Ende halten nur die FDP und der Christdemokrat Heinrich von Brentano an der Forderung nach einer Volksabstimmung fest. Am westdeutschen Volk wird also das Grundgesetz nicht scheitern.

März 1949

Der Deutsche Volksrat billigt einstimmig den Entwurf einer Verfassung für die Deutsche Demokratische Republik. Ein Memorandum der Westalliierten, das unter anderem eine Erweiterung der Länderkompetenzen verlangt, stürzt den Parlamentarischen Rat in eine Krise. In den drei Westzonen wird die Fleischration für Normalverbraucher um 100 auf 500 Gramm pro Monat erhöht. Zugleich wird – ausgenommen Nordrhein-Westfalen – die Tabakrationierung aufgehoben. Die KPD der Westzonen protestiert in einer Resolution gegen die Gründung eines Weststaates. Der US-Militärgouverneur General Lucius D. Clay versichert, der Staat werde gebildet, wenn die Westdeutschen ihn wollten.

Bismarck schlägt Churchill, Churchill schlägt Stresemann, Stresemann schlägt Hitler. Vom »Spiegel« im März nach dem »größten Politiker der Vergangenheit« gefragt, setzen die Leser Adolf Hitler an die vierte Stelle, einen Platz vor Stalin, der aber noch gar nicht vergangen ist, weit zurück folgt Jesus, der kein Politiker war, abgeschlagen der 73 Jahre alte Konrad Adenauer, der seine politische Zukunft noch vor sich hat. Sofern die Namensliste überhaupt eine Botschaft enthält, liegt sie darin, dass die Deutschen Hitler offensichtlich eine gewisse Anhänglichkeit bewahrt, im Übrigen aber noch keine sichere Orientierung haben. Auf die Frage, wer der erste »Staatspräsident« der neuen Republik werden solle, setzen zwar die meisten Leser Adenauer an die Spitze – von seinem sozialdemokratischen Kontrahenten Kurt Schumacher auf dem zweiten Platz in respektvollem Abstand gefolgt –, aber noch vor Theodor Heuss findet sich in der Wunschliste auf Platz sieben: »ein Monarch«.

Die Umfrage bietet einen interessanten, zuweilen irritierenden Einblick in die Gefühls- und Bewusstseinslage der Westdeutschen in diesem Frühjahr. 55 Prozent der Leser beteuern, die Demokratie sei ihnen wichtiger als ein guter Lebensstandard, aber 45 Prozent würden auf ihre Freiheit zugunsten eines geregelten Auskommens verzichten.

Wie die Mehrheit des Parlamentarischen Rates, die die Strafbarkeit der Homosexualität voraussetzt, befürworten 64 Prozent grundsätzlich die Strafbarkeit, 25 Prozent bei Gefährdung der Jugend, nur elf Prozent würden sie »stillschweigend« dulden. Ebenfalls 64 Prozent versichern, an Gott zu glauben, ohne in die Kirche zu gehen, 24 Prozent glauben an Gott und gehen in die Kirche, zwei Prozent glauben nicht an Gott, gehen aber dennoch in die Kirche, nur zehn Prozent bekennen, nicht an Gott zu glauben.

Ganz schlecht schneiden bei den Westdeutschen die modernen Künstler ab. Das Publikum liebt Verdi, Mozart und Lehár, hingegen liegt der Komponist der Stunde und ehemalige Gottbegnadete, Egk, zusammen mit Hindemith und Gershwin auf den hinteren Plätzen. Bilder von Dürer, Raphael und Caspar David Friedrich werden gerne betrachtet, die Werke von Nolde vermieden. Das hat offenbar nicht unbedingt mit den von Nolde in die Welt gesetzten Fake News zu tun, er sei ein Opfer der Nazis. Der Maler in Seebüll teilt sich mit Picasso den letzten Platz. Picasso ist Kommunist.

Zu Pazifisten sind die Deutschen offensichtlich nicht geworden. Zwar glauben nur vier Prozent, dass Deutschland in einem künftigen Krieg »wieder zur herrschenden Macht Europas« werden kann. Aber 31 Prozent sind der Ansicht, für die Rückeroberung der Ostgebiete würde es sich lohnen, wieder zu den Waffen zu greifen, zur »Erhaltung der westlichen Bürgerfreiheit« wären nur 16 Prozent dazu bereit, 34 Prozent gar nicht.

Und was soll aus Deutschland werden? 33 Prozent meinen, die Deutschen sollten überhaupt keinen Staat bilden, solange eine Besatzungsmacht auf deutschem Boden ist. Doch eine große Mehrheit hat sich mit der bevorstehenden Teilung bereits abgefunden. Nur 13 Prozent würden die Staatsbildung an die Bedingung knüpfen, dass die Ostzone mitmacht. Aber 54 Prozent wollen einen westdeutschen Staat bilden »mit dem Ziel, die Ostzone später heimzuholen«. Welche Regierungsform wünschen sich die Deutschen für Westdeutschland? 13 Prozent erwärmen sich erneut für eine Diktatur. 18 Prozent zögen – trotz der Erfahrungen der Weimarer Republik – eine Demokratie vor, in der die Regierung jederzeit vom Parlament gestürzt werden kann, 54 Prozent wünschen eine Demokratie, in der eine bestimmte Regierung unter einem bestimmten Ministerpräsidenten für einen bestimmten Zeitraum Regierungsvollmacht bekommt.

60 Prozent der befragten Leser wünschen sich Westdeutschland als Einheitsstaat, in dem die Bundesländer nur Provinzen sind, 26 Prozent als Einheitsstaat, in dem die Länder keine eigene Regierung, immerhin aber selbstständige Verwaltungen haben. Nur 14 Prozent wollen einen Bundesstaat, »in dem die Länder über Finanzen, Schulwesen, Steuern und Polizei allein entscheiden«. Dieses Föderalismus-Modell entspricht recht genau dem Konzept, auf das die westlichen Siegermächte den Parlamentarischen Rat verpflichtet haben. 86 Prozent der Befragten wollen das nicht. Es ist kein Zufall, dass der Streit um diese Frage den Parlamentarischen Rat im März in eine Krise führt.

Seit dem 2. März steht der »Große Verfassungskompromiss« auf der Kippe, auf den sich endlich die Mehrheit des Parlamentarischen Rates nach wochenlangen Verhandlungen geeinigt hat. Das Bemerkenswerteste an ihm ist, dass er überhaupt zustande kam. Denn die Einsicht, dass gegenseitiges Nachgeben zum Vorteil aller auf Dauer besser funktioniert als das Durchsetzen des eigenen Interesses zum Nachteil aller anderen, hatte nicht das Bewusstsein des Reichstags der Weimarer Republik bestimmt.

Von Anfang an war klar, dass die von den Alliierten und den Ministerpräsidenten gewünschte föderalistische Maximallösung keine Erfolgsaussichten haben würde. Vor allem die SPD-Fraktion – mit 27 Abgeordneten so stark wie die Fraktion der Union – bestand auf einer Stärkung der Bundeskompetenzen. Neuralgischer Punkt war insbesondere die Frage, wer welche Steuern einziehen und verwalten dürfe, der Bund oder die Länder. Die westalliierten Militärgouverneure befürchteten, eine zu starke zentralistische Finanzverwaltung werde die Eigenständigkeit der Länder gefährden. Die im Parlamentarischen Rat ausgehandelte Lösung sieht zwar eine starke Bundesfinanzverwaltung vor, aber zugleich eine deutliche Stärkung der Mitwirkungsrechte des Bundesrates.

Am 2. März aber droht sich der Kompromiss in Makulatur zu verwandeln. Ein Memorandum der Militärgouverneure wird bekannt, in dem sie eine nochmalige Erweiterung der Länderkompetenzen verlangen und die Bundesfinanzverwaltung als zu zentralistisch ablehnen. Den Deutschen verschlägt es fast die Sprache. Nur den Bayern nicht. Die Forderungen der Militärgouverneure entsprechen genau den Wünschen der Erzföderalisten von der CSU. Der bayerische Ministerpräsident Hans Ehard eilt nach Bonn, um die Gunst der Stunde zu nutzen und das Grundgesetz auf einen noch föderalistischeren Kurs zu bringen. Am 8. März suchen Abgeordnete des Rates und die Verbindungsoffiziere der Militärgouverneure eine Verständigung.

Ohne Erfolg. Der amerikanische Verbindungsoffizier Hans Simons und sein britischer Kollege lehnen die deutschen Vorschläge ab, noch freundlich im Ton, aber hart in der Sache. Auch der französische Verbindungsoffizier lehnt ab, ebenfalls hart in der Sache, aber barsch im Ton. Die Deutschen erarbeiten einen neuen Verfassungsentwurf. Noch ehe sie ihn übergeben können, verschärft Simons den Ton: Er und seine Kollegen seien es leid, immer wieder das Gleiche zu sagen. Das bleibt ihm jedoch auch diesmal nicht erspart.

Zur Prüfung des neuen Verfassungsentwurfs benötigen die Verbindungsoffiziere nur wenige Tage, dann sagen sie am 25. März mal wieder Nein: »Sie werden nicht überrascht sein zu vernehmen, dass wir Ihnen zu sagen haben, dass der Vorschlag … sich nicht im Einklang mit der Mitteilung vom 2. März (Memorandum) befindet.« Wenige Tage später machen auch die Außenminister der drei Westmächte den Deutschen klar, dass sie nicht daran dächten, von ihrem Memorandum abzurücken. Daraufhin konstatiert SPD-Fraktionschef Carlo Schmid »völlige Aussichtslosigkeit« und ist bereit, zur Not die Bundesfinanzverwaltung zu opfern, wenn nur das Grundgesetz als Ganzes gerettet wird. Jetzt aber will der SPD-Parteichef Kurt Schumacher nicht mehr und ruft zum Widerstand gegen die Alliierten auf.

Das sieht nach Drama aus, ist aber eine Farce. Denn als Schumacher die Genossen auf die Barrikaden befiehlt, hat er bereits von seinen Parteifreunden Carlo Schmid, Walter Menzel, Georg August Zinn und Otto Suhr erfahren, was ihnen der britische Militärgouverneur Robertson verraten hat: Die westlichen Außenminister haben tatsächlich nicht nur eine, sondern zwei Resolutionen verabschiedet. Die erste – nach der sie an ihrem Memorandum festhalten – ist veröffentlicht worden. Doch es gebe noch eine zweite, die geheim gehalten worden sei. Sie enthält de facto die Genehmigung des vorgelegten Grundgesetz-Entwurfs mit einigen unwesentlichen Änderungen.

Die Außenminister haben es den Militärgouverneuren überlassen, über den Zeitpunkt der Veröffentlichung dieser Resolution zu entscheiden. Der französische Militärgouverneur Pierre Koenig weiß nichts von der Initiative Robertsons, anders als sein US-Kollege Clay, der aber die Geheimresolution nicht veröffentlichen will, weil er um den von ihm gewünschten Föderalismus fürchtet und dem ihm verhassten Schumacher den Erfolg nicht gönnt. Er will auf Verzögerung setzen, aber Washington drängt jetzt zur Eile. Die vier Besatzungsmächte beraten über ein Ende der Berliner Blockade, der US-Außenminister fordert den Abschluss der Grundgesetz-Beratungen bis Mitte Mai. Also gibt Clay nach, und Schumacher lässt sich als Bezwinger der Alliierten feiern. Es heißt, Adenauer sei empört über die Informationspolitik der westlichen Siegermächte. Das ist zu bezweifeln. Denn auch er war über die Geheimresolution im Bilde.

Wolfsburg ist die Stadt der Fremden. In anderen deutschen Städten stehen Baracken, weil die Wohnungen und Häuser ausgebombt sind, Wolfsburg war von Anfang an eine Barackenstadt. Als die Nationalsozialisten mit dem Bau der Automobilstadt begannen, lebten auf dem Ackerland der Gemeinden Heßlingen und Rothehof-Rothenfelde 857 Einwohner. Gedacht war an die Errichtung einer Stadt für 90 000 Einwohner mit moderner Infrastruktur, nördlich der Bahnlinie und des Mittellandkanals die Hallen des Volkswagenwerks, südlich die Unterkünfte der Arbeiter und der städtischen Beschäftigten, insgesamt 24 000 Wohnungen – nur 3000 wurden gebaut. Der Rest sind wuchernde Lager, in denen nach Kriegsbeginn zuerst sowjetische Kriegsgefangene, polnische Frauen, KZ-Häftlinge und Militärstrafgefangene unterkamen. In den Steinbauten lebten deutsche Führungskräfte. Dann war der Krieg vorbei, und aus dem Osten kamen die Flüchtlinge, die Displaced Persons (DP), die Heimatvertriebenen, insgesamt 25 000 Menschen. Wer in eines der wenigen Steinhäuser ziehen will, muss nachweisen, dass er ein Jahr lang in einer Baracke gehaust hat, manche kommen dort seit fünf Jahren nicht heraus.

In Wolfsburg ist alles Notbehelf. Der Weg zu den Baracken der Stadtverwaltung und des Krankenhauses verläuft auf ausgetretenen Fußpfaden, vorbei an mit Müll gefüllten Splittergräben, an Schrebergärten und an den schmucklosen Wohnblocks. Seit die Zwangsarbeiter verschwunden sind, beherrschen die deutschen Flüchtlinge aus dem Osten das Bild, Wut über die Wohnungsnot bestimmt deren Gespräche.

Wolfgang Falk, stud. phil., Leutnant a.D. und Aktivist der rechtsextremen Deutschen Rechts-Partei (DRP), hat nicht viel benötigt, um die Stimmen der Lagerbürger zu gewinnen. Ein paar Auftritte auf einem Freilichtpodium mit schwarz-weiß-roten Fahnen haben genügt, der Aufruf zur »Erinnerung des Einsatzes unserer Frontsoldaten«, die wesensverwandte Ermahnung, das »Andenken an unsere Helden« nicht zu vergessen, sowie die ständig wiederholte Warnung vor der »Korruption in der Stadtverwaltung«. Damit hat Falk – er ist 24 Jahre alt und geht am Stock nach schwerer Kriegsverwundung – die Novemberwahl in Wolfsburg gewonnen.

Von 25 Abgeordneten des Gemeinderats gehören 17 der Rechtspartei an, sechs der SPD und zwei der CDU. Die FDP ist leer ausgegangen und legt gegen die Wahl Einspruch ein: Auf der Reserveliste der DRP hätten statt der zulässigen Höchstzahl von 14 Abgeordneten 18 Namen gestanden. Aber der Einspruch bleibt liegen, die gesetzliche Prüfungsfrist von 90 Tagen verstreicht. Die Entscheidung des Bezirkswahlgerichts Lüneburg unter dem Vorsitz des SPD-Regierungspräsidenten – zusammengetreten auf Anordnung des SPD-Innenministers – ist darum eine Überraschung. Wegen formaler Fehler annulliert das Gericht die Wahl, löst das Stadtparlament auf und setzt Neuwahlen an.

Viele gehen, er bleibt. Einer muss bleiben, denn einer muss schreiben, wie sie den Wartesaal verlassen. Ernest Landau ist dafür der richtige Mann. Er war als Journalist in Wien, als Widerstandskämpfer in Belgien, als Jude in den Konzentrationslagern Mechelen, Buna-Monowitz, Auschwitz-Birkenau und Dachau. Jetzt ist er wieder Journalist, seit seiner Befreiung in München.

Ernest Landau erzählt eine schöne Geschichte. Endlich könnten sich die 90 000 Juden der amerikanischen Zone auf die Reise begeben, der größte Teil von ihnen nach Israel. Einige von ihnen hätten die Konzentrationslager überlebt, viele seien auf der Flucht vor Pogromen in Polen, Rumänien und anderen osteuropäischen Ländern hierhergekommen, als sich herumzusprechen begann, dass die amerikanische Armee bereit war, »allen freiheitsliebenden Menschen« ein vorübergehendes Asyl zu gewähren.

Denn immer nur als vorübergehender Aufenthaltsort, als Wartesaal für die endgültige Reise in die Freiheit wurde Deutschland von den überlebenden Juden betrachtet, schreibt Landau. Er erinnert an den ersten Kongress der befreiten Juden im Januar 1946 im Münchner Rathaus, an dem als wichtigster Gastredner auch der heutige Ministerpräsident des Staates Israel, David Ben Gurion, teilgenommen hatte. Das Resultat des Kongresses war eindeutig.

Es hieß: »Öffnet die Tore Palästinas!« Der Ruf, schreibt Ernest Landau, sollte nicht mehr verhallen.

Jetzt endlich, drei Jahre später, habe die Auswanderung begonnen, die Liquidation der Lager für jüdische Displaced Persons und die Fahrt nach Israel. Alle politischen und bürokratischen Hürden, die so lange die Fahrt verhindert hätten, seien beseitigt, bis Ende Juni dürften, schätzt Landau, zwei Drittel der in der amerikanischen Zone lebenden Juden Deutschland verlassen haben. Die Operation Journey's End habe begonnen: »Der Wartesaal Deutschland leert sich.«

Ernest Landau ist ein höflicher Mensch, vielleicht ist er auch nur vorsichtig und will nicht die zarten Gemüter von Millionen deutschen Lesern der »Neuen Zeitung (Eine amerikanische Zeitung für die deutsche Bevölkerung)« verletzen. Er schreibt nicht, was es für jüdische Flüchtlinge aus osteuropäischen Ländern bedeutet, vor Pogromen, Demütigungen und Diskriminierung ausgerechnet auf den Boden jenes Landes fliehen zu müssen, das kurz zuvor sechs Millionen Juden ermordet hat.

Sie waren nicht nach Deutschland geflohen, sondern zu den Lagern der westlichen Alliierten, vor allem der USA, und die Freiheit, die sie dort fanden, war von Zäunen, Mauern und Stacheldraht geschützt. Kaum einer verlässt das Lager und zieht – obwohl er dürfte – in die Stadt. Nur Abschottung gibt Sicherheit. Einer sagt, was die meisten denken: »Die verfluchte deutsche Erde hat sich in ein zeitweiliges Heim für die jüdischen Massen verwandelt. Was soll man tun? In deutschen Fabriken arbeiten? Deutsche Häuser aufbauen? Die deutsche Erde bebauen?« Das schreibt Ernest Landau nicht. Ernest Landau will in Deutschland bleiben.

Auch in Nürnberg wird jetzt der Dokumentarfilm »Nürnberg und seine Lehre« über den Prozess gegen die Hauptkriegsverbrecher gezeigt. Zur Umerziehung gehört Aufklärung und zur Aufklärung Kenntnis der jüngsten deutschen Geschichte. Der im Auftrag der US-Militärregierung produzierte Film zeichnet nicht nur den Gang des Verfahrens von seiner Eröffnung bis zum Urteil im Oktober 1946 nach, seine Bilder zeigen auch den Aufstieg der Nationalsozialisten, den Beginn des Weltkriegs durch die Wehrmacht und die Opfer der Massenvernichtung in den Konzentrationslagern.

Die Psychologin Wanda von Bayer ist vor Ort. Sie beobachtet die Nürnberger Zuschauer. Auf den billigen Plätzen erkennt sie »zumeist kurzstämmige und primitive junge Männer, die man jetzt gelegentlich in Gruppen auf öffentlichen Plätzen herumstehen sieht und die man immer fragen möchte, wer sie geschickt hat«. Zwischen ihnen sitzen ihre Mädchen. Sie erscheinen von Bayer »ebenso naiv wie die Männer dieser Kriegs- und Nachkriegsgeneration«. Sie lachen herzlich beim Anblick der im Stechschritt marschierenden Soldaten und bei Hitlers Armsegen. Sie freuen sich an Panzern und Bränden. Die mittleren Plätze sind von bürgerlichen Ehepaaren »gerade noch hinreichend«, die teuren Plätze hingegen nur noch halb besetzt.

Die Psychologin registriert, dass sich später von den teuren Plätzen eine ganze Reihe Zuschauer erhebt und geschlossen den Raum verlässt, als die KZ-Gräuel gezeigt werden. Sie lässt offen, ob das wegen psychischer Übelkeit oder aus Protest (»wogegen?«) geschieht. Am Ende des Films sieht sie in ernste Gesichter des »doch sehr erschütterten Publikums«. Die größte Wirkung hätten die Worte einiger Angeklagten erzielt, Robert Ley zum Beispiel, Chef der Deutschen Arbeiterfront (DAF – Kraft durch Freude), der erklärt, »unser ganzes Unglück« sei die Strafe für die antisemitischen Verbrechen, oder Albert Speer, der prophezeit, diese Strafe drohe künftig jeder verbrecherischen Politik. Einerseits, resümiert Wanda von Bayer, sei das deutsche Publikum politikscheu, andererseits sei es politisch »sehr hellhörig«.

Aber selbst mit der Hellhörigkeit, nicht nur des Publikums, auch der aufmerksamen Psychologin, ist es nicht so gut bestellt. Spätestens beim Abspann müssten sich die verbliebenen Zuschauer an die Worte des früheren Reichsjugendführers Baldur von Schirach erinnern, der im Film die Verführung der Jugend zerknirscht gestanden hat. Denn der Name des Filmkomponisten, Hans-Otto Borgmann, der im Abspann erscheint, ist mit dem Namen Schirachs unlösbar verbunden.

Borgmann hatte die Musik für den NS-Propagandafilm »Hitlerjunge Quex« geschrieben, einen der ersten programmatischen NS-Filme. Der Text zum Marschlied »Unsere Fahne flattert uns voran« war von Schirach, die Melodie von Hans-Otto Borgmann. Sie war das ständig wiederholte Leitmotiv des Films, das Lied wurde die Hymne der Hitlerjugend: »Vorwärts! Vorwärts! / Schmettern die hellen Fanfaren, / Vorwärts! Vorwärts! / Jugend kennt keine Gefahren. / Deutschland, du wirst leuchtend stehn, / Mögen wir auch untergehn.«

Nachdem Borgmann auch noch die Großdeutsche Hymne Baldur von Schirachs vertont hatte, war er zum Leiter der Abteilung Musik der neu eröffneten Deutschen Filmakademie und zum Professor ernannt worden. Schirach hatte in Nürnberg 20 Jahre bekommen und hilft Speer in Spandau, eine Gießkanne in der Hand, bei der Anlage von Mistbeeten. Borgmann hatte den Auftrag zur Filmmusik für »Nürnberg und seine Lehre« bekommen und hilft den Siegermächten, die Deutschen über die Verbrechen Schirachs und Speers aufzuklären. Wanda von Bayer bemerkt es nicht.

Wer über Hans-Otto Borgmann schreibt, der darf von Wolfgang Zeller und Veit Harlan nicht schweigen. Auch Borgmann hat mit dem Lieblingsregisseur Joseph Goebbels', Veit Harlan, einige Filme gemacht, aber die Musik zu einem der widerwärtigsten und entsprechend erfolgreichen Antisemitismus-Filme, »Jud Süß« – bis 1943 hatten ihn mehr als 20 Millionen Deutsche gesehen –, hatte Zeller geliefert. Auch er ist im Jahr 1949 schon wieder gut im Geschäft. Zeller hat die Musik zu dem vom Publikum und der Kritik gefeierten Film »Ehe im Schatten« von Kurt Maetzig komponiert, der 1947 in Berlin (russischer Sektor) uraufgeführt und vor einem Jahr, Anfang April, auch in Hamburg gezeigt worden war. Während der Hamburger Premiere hatte es einen Eklat gegeben. Die Ursache war Veit Harlan.

Der Film der DEFA-Produktion in Potsdam-Babelsberg handelt vom Schicksal eines Schauspieler-Paars. Der Mann wird von den Nazis mit Berufsverbot und Schlimmerem bedroht, wenn er sich nicht von seiner jüdischen Frau scheiden lässt. Als sie keinen Ausweg sehen, nehmen sie Gift und gehen gemeinsam in den Tod. Der Handlung liegt das Schicksal des Schauspieler-Paares Joachim und Meta Gottschalk zugrunde, die im November 1941 gemeinsam Suizid begangen hatten, um der Deportation ins KZ Theresienstadt zu entgehen. Der Regisseur hat mit dem Film zugleich seiner jüdischen Mutter gedacht, die nach dem Erlass der Nürnberger Gesetze ebenfalls ihrem Leben ein Ende gesetzt hatte.

»Ehe im Schatten« war nicht nur der erste Film aus der Ostzone, der im Westen gezeigt wurde. Die Hamburger Premiere im Kino »Waterloo« war auch aus anderen Gründen etwas Besonderes. Neben Schauspielern und Regisseuren waren viele von den Nationalsozialisten rassisch und politisch Verfolgte gekommen und mitten unter ihnen: Goebbels' Hausregisseur Veit Harlan mit seiner Frau Kristina Söderbaum, der »Reichswasserleiche«. Niemand wollte sie eingeladen haben, aber sie hatten Ehrenkarten vorgewiesen. Der Filmproduzent, der selbst fünf Jahre im Konzentrationslager gewesen war, und der Kinobesitzer hatten das Ehepaar vor die Tür gesetzt. Schon am nächsten Tag hatte Veit Harlan in einem Brief an den Kinobesitzer gegen den Rauswurf protestiert: »Die Welt ist rund. Eines Tages wird meine Frau wieder auf der Leinwand sein und ich neben der Kamera stehen. Ich möchte Ihnen daher im Sinne einer weitschauenden Vernunft den Rat geben, sich für die peinliche Szene zu entschuldigen.«

Das ist eine Drohung, aber noch mehr ein Versprechen. Veit Harlan arbeitet daran, es möglichst unverzüglich einzulösen und sich dem deutschen Publikum mit neuen Werken zu empfehlen. Dem steht freilich das Strafverfahren im Weg, das Anfang März vor dem Hamburger Schwurgericht gegen Harlan beginnt.

Die Anklage lautet auf Verbrechen gegen die Menschlichkeit, der von Goebbels als genial gepriesene Film »Jud Süß« hatte nicht nur das Kinopublikum zu Beifallsstürmen hingerissen, sondern sich auch zur Motivierung von KZ-Wachmannschaften als brauchbar erwiesen. Das muss ein Missverständnis gewesen sein, Harlan versteht die Anklage nicht: »Ich bin aus tiefster Seele Philosemit.« Den Film habe er nur gedreht, weil Goebbels ihn dazu genötigt habe. Er habe dessen Aufforderung, den Film zu machen, lange widerstanden, bis an die Grenze zum Selbstmord. Er sei aber nicht lebensmüde.

So wie Harlan die Anklage nicht versteht, scheinen seine in großer Zahl erschienenen Anhänger den Philosemiten Veit Harlan nicht zu verstehen. Nicht nur jüdische Belastungszeugen werden von ihnen als »Judensau« und »Kommunistenschweine« beleidigt. Das Gericht wird prüfen müssen, ob ein kausaler Zusammenhang zwischen Harlans Film und dem Holocaust bestanden hat. Die Sache ist beim Vorsitzenden Richter Walter Tyrolf in erprobten Händen. Tyrolf war seit 1937 Mitglied der NSDAP und in der Hamburger Justiz für seine hohe Erfolgsquote bekannt: In 15 von 18 Fällen, in denen er als Staatsanwalt an einem Sondergericht die Todesstrafe – auch für Bagatelldelikte – beantragt und bekommen hatte, waren die Delinquenten hingerichtet worden. Walter Tyrolf ist entnazifiziert, Veit Harlan ist entnazifiziert. Die Urteilsverkündung ist am 23. April.

Friedrich Helms hat die drei Hühner gegen drei Sack Kartoffeln weggegeben. Jetzt steht er mit Marie in Wilhelmshorst bei Potsdam in Kartoffeln groß da, im Übrigen aber ist die Verpflegung

»jammerhaft«. Die Zuteilung von Zucker um fünf Gramm pro Tag aufgebessert, das macht eine Monatsration von 650 Gramm, ansonsten Roggenmehl, Brot und jetzt Kartoffeln (dafür keine Eier mehr). Friedrich Helms fährt in den britischen Sektor nach Charlottenburg. In den Schaufenstern immer mehr gute Sachen, Weine und Schnäpse zu Dutzenden, eine Handvoll Westmark, denkt Helms, würde genügen, und er könnte sich Genüsse bereiten wie in den besten Zeiten. Und was ist mit Uelzen? Marie will herausgefunden haben, dass in absehbarer Zeit ein Flug über Lübeck nach Uelzen möglich sei. Und die Kinder haben geschrieben, sie würden als Reisegeld ein paar Westmark schicken. Aber der Monat vergeht ohne die Post aus Uelzen, und Friedrich Helms macht sich nichts mehr vor: »Die ganze Reise ist auf ein totes Gleis gekommen.«

Der 200. Geburtstag Johann Wolfgang von Goethes wirft seinen Schatten voraus. Zur Verhinderung eines »unorganisierten Goethe-Rummels« bildet der brandenburgische Landesverband des Kulturbundes für die demokratische Erneuerung Deutschlands (sowjetische Zone) einen Landes-Goethe-Ausschuss. Außerdem regt er an, einen Zentral-Goethe-Ausschuss für die gesamte sowjetische Zone zu schaffen.

Thema eines Mittelschulaufsatzes für eine Oberklasse in Schwerin: »Goethes Faust und der Zweijahresplan«. Das ist immerhin originell, also kann es sich nicht um den Einfall eines Deutschlehrers handeln, wie er Bertolt Brecht vor Augen steht. Brecht blättert in diesen Tagen im »Wilhelm Meister«, einem der Bücher, die ihm und seinen Mitschülern einst »von den langweiligsten Wesen in der langweiligsten Weise« gerühmt worden seien. Wie habe man nur vermuten können, dass ein Roman, den die Deutschlehrer, »diese geschlechtslosesten aller Wesen«, den Schülern aufdrängten, etwas enthalten könne wie jene Szene, in der Philine ihre Pantöffelchen vor das Bett ihres Helden stellt, damit er glaube, sie liege in seinem Bett, ahnend, dies könnte ihn verstören, müsste ihn aber vorbereiten auf den wirklichen Besuch? »Die Deutschlehrer haben sich mit ihren langen Bärten vor das einzige Ruhelager der Sinnlichkeit der deutschen Literatur gestellt.« In Schwerin schaffen sie das noch immer.

Am 22. März nimmt in der Ostzone der Journalist und Schriftsteller Walther Victor »das Herz Goethes in des Volkes Hut«. Er beendet sein Vorwort zu einem Goethe-Lesebuch »für unsere Zeit«, in dem er sich auf die höhere Ebene »des goetheschen Vollmenschentums« begibt, von da aus der »bürgerlichen Goethelegende« eine Abfuhr erteilt und den Kampf gegen den »Schwindel des unfruchtbaren Goethekultus« aufnimmt.

Ohne Unterstützung ist damit aber selbst der leidenschaftlichste SED-Genosse überfordert: »Will der Zeitgenosse sich angesichts des 200. Geburtstages von Goethe Rechenschaft geben von dessen Weltbedeutung, dann wendet er sich ganz natürlicherweise zunächst zu Marx und Engels.« Der Ertrag dieser Zeugenbefragung ist beträchtlich, aber nicht überraschend. Es ergibt sich, dass Goethes kraftvolles Liebesleben zwar nicht die »Entwicklungsgeschichte von Ehe und Familie heraufbeschworen« hat, das musste er »einem Friedrich Engels überlassen«. Aber es sei doch erstaunlich zu sehen, wie er »aus der Fülle seiner Lebenskraft« seiner Zeit vorausgelebt und dabei die Erfahrung gemacht habe, von den nächsten Mitmenschen nicht verstanden zu werden, »wie später auch Engels«.

Goethes geistige Nähe zu Marx und Engels zeigt sich für Victor auch darin, dass offenbar weder Schiller noch Frau von Stein ihm menschlich am nächsten standen, sondern Philipp Friedrich Seidel, Goethes Kammerdiener, ein Mann des Volkes und deshalb von der bürgerlichen Literaturgeschichtsschreibung um den »geschuldeten Nachruhm« gebracht. Victors Gedankenführung schließt mit dem nach allem nicht mehr unerwarteten Hinweis, Goethe habe »Traum und Tat im Sinne des Leninwortes vereint«.

Das Outing Goethes als früher Sozialist bleibt nicht unwidersprochen. »Und nun halten die Kommunisten den Platz. Nachdem die Särge Goethes und Schillers aus ihrem Kriegsdomizil in einem Jenaer Flakbunker wieder an Ort und Stelle zurückgekehrt waren, konnte der Mythos Weimar, nun in rote Halbseide gebunden, seine neueste Auflage erleben. Russische Besatzungsgeneräle reihten jetzt Goethe und Schiller in vielen Festakten in die geistige Ahnenreihe Ernst Thälmanns ein. Der in der langen Reihe der Goethe-Ideologen sicherlich dümmste, ein ehemaliger Provinzjournalist namens Walter (sic!) Victor, spielte sich nach vorn.« Die Polemik schreibt Heinz Winfried Sabais, der Chefsekretär des Deutschen Goethe-Ausschusses Weimar/Berlin und damit einer der wichtigsten Organisatoren der ostdeutschen Feiern zum Goethe-Jahr, allerdings erst lange nach seiner Flucht in den Westen im nächsten Jahr – er befürchtet Repressionen, weil er nicht als Spitzel arbeiten möchte. Sabais verschwindet, Victors Goethe-Lesebuch wird eines der meistverkauften Bücher der Ostzone.

April 1949

Die Außenminister der USA, Kanadas, Großbritanniens, Frankreichs, Belgiens, der Niederlande, Luxemburgs, Norwegens, Dänemarks, Islands, Portugals und Italiens unterzeichnen in Washington den Nordatlantikpakt, der militärischen Beistand gegen eine mögliche sowjetische Aggression gewährt. Die drei Westmächte verkünden das Besatzungsstatut, das der Bundesrepublik zwar in bestimmtem Maß die gesetzgebende, vollziehende und rechtsprechende Gewalt einräumt, für einige wichtige Gebiete aber – zum Beispiel Außenpolitik, Entmilitarisierung und Aufnahme von Flüchtlingen – behalten sie die Hoheitsrechte. Auch bleiben alle Gesetze dem Einspruchsrecht der Besatzungsmächte unterworfen. Die Berliner Alliierte Kommandantur gibt eine weitreichende Amnestie für ehemalige Nationalsozialisten in den Westsektoren Berlins bekannt.

Ist der Verbrecher schuldig oder der, der ihn zum Verbrecher gemacht hat? Der öffentliche Kläger erhebt vor der V. Spruchkammer Bremen Klage gegen die 32 Jahre alte Arbeiterin Margarete Ries. Ihr wird zur Last gelegt, weibliche jüdische und russische Gefangene des KZ Auschwitz derart misshandelt zu haben, dass einige an den Folgen starben. Ries war im August 1939 als »Asoziale« in das KZ Ravensbrück eingeliefert, drei Jahre später nach Auschwitz – Außenlager Brody überstellt und dort nach wenigen Wochen hauptsächlich im Arbeitskommando Wasserwirtschaft zunächst als Kapo, später als Oberkapo eingesetzt worden.

Hervorgerufen durch die körperlich schwere Arbeit, die schlechte Verpflegung und die mangelhafte gesundheitliche Betreuung, sei es den Frauen oft nicht möglich gewesen, das Arbeitstempo zu halten. Teilweise hätten ihre Kräfte auf dem Weg von der Arbeit zum Lager versagt. In solchen Situationen habe die Betroffene das Tempo mithilfe eines Stocks beschleunigt und auf die schwachen Frauen auf dem Heimweg erbarmungslos eingeschlagen, um sie zur Eile anzutreiben. Das Verhalten der Betroffenen sei auch Kranken gegenüber schonungslos gewesen, die nicht zur Arbeit gehen konnten. Auch hier habe sie den Stock eingesetzt. In einem Fall sei eine Häftlingsfrau ins Wasser gestoßen worden, in dem sie ertrunken sei. Die Betroffene sei gemäß dem Gesetz zur Befreiung vom Nationalsozialismus und Militarismus vom 9. Mai 1947 als Hauptschuldige einzustufen.

Margarete Ries hat in mehreren Verhören Misshandlungen durch Faust- und Stockschläge an ihren Mitgefangenen gestanden. Auch hat sie zugegeben, dass Gefangene nach ihren Stockschlägen zu Boden fielen und nicht mehr fähig waren, sich aus eigener Kraft zu erheben. Doch habe sie keine Gefangene derart geschlagen, dass der Tod derselben auf der Stelle eingetreten sei. Damit wolle sie nicht behaupten, dass nicht der Tod einiger Gefangener durch sie beschleunigt wurde. Sie verwies darauf, ihrerseits von einem SS-Rottenführer, der das Kommando führte und seinen »tierischen Trieben ohne Skrupel nachging«, misshandelt worden zu sein, wenn sie seine Befehle nicht ordentlich ausgeführt habe. Das seien Befehle gewesen, die sie unter normalen Umständen bestimmt abgelehnt hätte. Allein sein Aussehen habe sie in Schrecken versetzt. Die Summe der Einzelerlebnisse im KZ Auschwitz habe sie erst zu dem gemacht, was sie im Lager gewesen sei. Zum Schluss sei sie »nur noch auf den Erhalt des eigenen Lebens bedacht« gewesen.

Margarete Ries, die sich seit ihrer Verhaftung am 13. Januar 1948 in Untersuchungshaft befindet, gibt zu bedenken, dass sie nunmehr alles in allem sieben Jahre interniert gewesen sei. Ihre Bitte um Beurlaubung bis zur Verhandlung vor der Spruchkammer wird abgelehnt.

In wenigen Monaten wird sich Herbert Lewin in den »Fall Lewin« verwandeln. Noch ist Lewin ein unbekannter Frauenarzt. Er ist im Juli 1945 nach Köln zurückgekehrt, nicht aus dem Krieg, sondern aus den Konzentrationslagern Litzmannstadt, Auschwitz, Oranienburg, Sachsenhausen, Schwarzheide und Warnsdorf. Vor seiner Deportation war er Chefarzt der gynäkologisch-geburtshilflichen Abteilung des Israelitischen Asyls in Köln. Nach seiner Rückkehr hatte ihn Oberbürgermeister Konrad Adenauer (CDU) gebeten, einen Bustransport von pflegebedürftigen und kranken jüdischen KZ-Überlebenden von Theresienstadt nach Köln zu leiten, und die zuständigen Behörden aufgefordert, dem Chefarzt des jüdischen Krankenhauses behilflich zu sein.

Seit 1946 ist Lewin Vertrauensarzt der Stadt Köln, er hat sich noch einmal habilitiert – seine erste Habilitationsschrift war von den Nationalsozialisten nicht anerkannt worden –, und der Witwer hat auch ein zweites Mal geheiratet. Seine erste Frau Alice ist im KZ ermordet worden, ebenso wie der erste Mann von Lewins zweiter Frau, der Kunstgewerblerin und Fotografin Irma Salomon. In diesen Wochen stößt Lewin in einer Fachzeitschrift für Gynäkologie auf die Ausschreibung der Chefarztstelle der Städtischen Frauenklinik Offenbach. Lewin bewirbt sich. Sein Name steht als fünfter auf der Liste der engeren Wahl, die aus 37 Bewerbern zusammengestellt wurde. Der Magistrat benötigt etwas Zeit für seine Entscheidung. Das ist kein Problem. Aber dass er die Entscheidung im September zweimal treffen wird, das macht die Wahl zum Skandal und Herbert Lewin zum »Fall Lewin«.

Herbert Lewins Frau Irma stammt übrigens aus Plettenberg, dem Heimat- und Wohnort des außer Dienst gesetzten Rechtsdenkers Carl Schmitt, der sich – wie Margarete Ries – derzeit mit der Frage beschäftigt: »Wer machte uns zu Verbrechern?« Wer Schmitt nicht kennt, könnte in der Frage – wie bei Margarete Ries – ein Geständnis erkennen, aber die Antwort, die Schmitt darauf gibt, klärt unmissverständlich über diesen Irrtum auf. Die Deutschen zu Verbrechern gemacht, schreibt Schmitt, »haben diejenigen, die uns verurteilten aufgrund der von ihnen selbst geschaffenen Kriminalisierung des Angriffskrieges. Ein Richter, der aufgrund selbst geschaffener Kriminalisierung richtet, ist schon gerichtet. Er kann gar nicht freisprechen, selbst wenn er es versucht, er kann nur verurteilen. Er hat dadurch die wirklichen Verbrecher der Gerechtigkeit entzogen und hat diejenigen, die nur schuldig, aber keine Verbrecher waren, des Lethe-Tranks der Oberwelt beraubt. Er hat das Vergessen unmöglich gemacht, ohne das kein irdisches Leben möglich ist. Die Freisprechung von Verbrechen, das ist es. Gleichgültig, ob diese Freisprechung die Verurteilung derjenigen bedeutet, die das neue Verbrechen erfunden haben.« Hätte also einer den Deutschen erklärt, dass nicht nur der individuelle Mord, sondern auch die Auslöschung eines Volkes ein Verbrechen ist und auch das Aushungern einer Millionenstadt nicht der Rechtsordnung entspricht, dann sähe die Sache für Carl Schmitt ganz anders aus.

Generalfeldmarschall a.D. Wilhelm Ritter von Leeb liebt den Wald. Ein Jahr nach seiner Versetzung in die Führerreserve – er hatte sich bei der Belagerung Leningrads in taktischen Fragen mit Hitler überworfen – hatte er darum im März 1943 den Chef der Reichskanzlei gebeten, ihm beim Erwerb eines Forstes behilflich zu sein. Es sei sein Wunsch, neben seinem Anwesen in Solln bei München auch ein Gut auf dem Lande zu haben, »um dort im Sommer einige Monate in Ruhe und fern von den täglich drohenden Fliegerangriffen verbringen zu können«. Er sei bereit, zur Bezahlung die Dotation von 250 000 Mark einzusetzen, die ihm Hitler zu seinem 65. Geburtstag unmittelbar vor Beginn der Belagerung Leningrads in seinen Gefechtsstand hatte überbringen lassen. Ihm schwebe ein einfaches Landhaus vor in einem größeren Wald.

Der Chef der Staatskanzlei hatte die Bitte Hitler vorgetragen und war von ihm beauftragt worden, sich entsprechend umzusehen. Unter den etwa 20 Waldobjekten, die Ritter von Leeb angeboten worden waren, hatte er sich für ein attraktives Objekt im Bereich des Forstamtes Seestetten bei Passau an der Donau entschieden, eine 211 Hektar große Waldparzelle im Schätzwert von mindestens 660 000 Mark. Hitler hatte sich erneut großzügig gezeigt und angewiesen, »den die Bar-Dotation übersteigenden Betrag Ritter von Leeb als weitere Dotation zu bewilligen«. Der Grunderwerb hatte sich verzögert, Ritter von Leeb unter Hinweis auf sein Alter um zügige Übereignung gebeten, und noch einmal hatte Hitler den alten Generalfeldmarschall beschenkt: Die erste Dotation in Höhe von 250 000 Mark solle nicht angerechnet werden. Damit waren Ritter von Leeb mehr als 900 000 Mark zugeflossen. Wenige Tage nach dem gescheiterten Attentat vom 20. Juli 1944 hatte sich von Leeb, der dem Nationalsozialismus persönlich ferngestanden haben soll, in einem Brief an Hitler entsprechend bedankt: »Ich benutze die Gelegenheit, Ihnen für die wunderbare Errettung vor dem ruchlosen Anschlag meine tiefstgefühlten Glückwünsche auszusprechen. Sieg dem deutschen Heere. Heil Hitler! Leeb«.

Der Waldbesitzer wird am 14. April 1949 im Prozess Oberkommando der Wehrmacht, dem sogenannten OKW-Prozess, vom amerikanischen Militärgericht zu drei Jahren Freiheitsstrafe verurteilt. Die Verurteilung beruht auf einer Dokumentenverwechslung, ohne sie wäre Ritter von Leeb freigesprochen worden. Seine Internierung wird auf die Haftzeit angerechnet, von Leeb aus dem Gefängnis entlassen. Hitlers Forst darf er behalten. Sein Nachfolger vor Leningrad, Generalfeldmarschall a.D. Georg von Küchler, wird zu einer 20-jährigen Freiheitsstrafe verurteilt.

Schon 1953 wird er entlassen.

Wo ist Achenbach? Der Essener Rechtsanwalt Ernst Achenbach verteidigt im Wilhelmstraßen-Prozess gegen hohe NS-Ministerialbeamte Ernst Wilhelm Bohle, den Leiter der Auslandsorganisation der NSDAP. Zumindest ist er Bohles Verteidiger bei Anklageerhebung im November 1947 gewesen, aber seit längerer Zeit ist er spurlos verschwunden. Denn der Anwalt wurde mit Haftbefehl gesucht. Vor dem Krieg war Achenbach, NSDAP-Mitglied seit 1937, Geschäftsführer der Stiftung Adolf-Hitler-Spende der Industrie, seine beruflich entscheidenden Jahre aber hat er an der Deutschen Botschaft in Paris als Gesandtschaftsrat und Leiter der politischen Abteilung verbracht. Er und Botschafter Otto Abetz – der in Frankreich seiner Verurteilung zu 20 Jahren Zwangsarbeit entgegensieht – waren mitverantwortlich für die Deportation von 73 000 Juden nach Auschwitz. Die Flucht aus Nürnberg ist für Achenbach peinlich, aber Konsequenzen hat er nicht zu befürchten. Treue Weggefährten haben ihm in 14 »Persilscheinen« attestiert, »kein Nazi und ein anständiger Mensch« gewesen zu sein und »der Nazipolitik im Rahmen der ihm gegebenen Möglichkeiten Widerstand geleistet zu haben«.

Von dem Nürnberger Mandat befreit, widmet sich Achenbach der Aufgabe, seine Essener Kanzlei zu einer Schnittstelle zwischen ehemaligen NS-Funktionären, zahlungskräftigen Vertretern der Ruhrindustrie und der nordrhein-westfälischen FDP auszubauen. Der Landesverband der FDP ist unter dem Vorsitz des Verlegers Friedrich Middelhauve der natürliche Partner Achenbachs. Denn Middelhauve, der selbst kein NSDAP-Mitglied gewesen ist, schart ehemalige Nationalsozialisten und Wehrmachtssoldaten zwischen 20 und 35 Jahren um sich, die er als getäuschte Gläubige betrachtet, als Opfer einer »Bande verantwortungsloser, brutaler Verführer und Verbrecher, die in der entscheidenden Stunde feige und erbärmlich ihre ganze Jämmerlichkeit offenbarten«.

Zu den gutgläubigen Getäuschten zählt Middelhauve unter anderen Heinz Wilke, Jahrgang 1910, der in der Hitlerjugend rasant Karriere gemacht hatte und zum »Beauftragten des Jugendführers des Deutschen Reiches in Italien und zum Leiter der HJ-Dienststelle bei der Reichsvertretung in Italien« aufgestiegen war. Der Vertrauensmann Middelhauves wird umgehend mit dem Amt des Geschäftsführers der FDP-Landtagsfraktion betraut. Als Vertreter der Frontkämpfer genießt der 33 Jahre alte ehemalige Major Erich Mende Middelhauves Protektion. Mende pflegt das ihm für seine militärischen Leistungen verliehene Ritterkreuz mit kleinem Hakenkreuz zu besonderen Anlässen auch öffentlich zu tragen. Er wird FDP-Landesgeschäftsführer.

Middelhauve plant als Fernziel die Bildung einer »neuen, wahrhaften Volksgemeinschaft«, Nahziel ist die Beendigung der Entnazifizierung und Straffreiheit für alle nach dem 1. Januar 1915 Geborenen: »Sie ahnten nicht, zu welchem Zweck das alles diente. Sie misstrauten nicht den schönen Worten, weil es zum Recht der Jugend gehört, Vertrauen zu haben, weil sie sich angesprochen fühlten in ihrem Willen, Kamerad zu sein und Mut zu zeigen.«

Das Stichwort für die Kampagne hat – unfreiwillig – ein ehemaliger Häftling des KZ Buchenwald geliefert: »Das Recht auf politischen Irrtum«. So war der Aufsatz überschrieben, den Eugen Kogon 1947 in seinen Frankfurter Heften veröffentlicht hatte. Auf ihn berufen sich 1949 nicht nur die nordrhein-westfälischen Liberalen, sondern auch die anderen Parteien. Ehemalige NSDAP-Mitglieder, Frontkämpfer und Heimatvertriebene sind eine große Zielgruppe.

Die zentrale Figur in Düsseldorf ist neben Middelhauve der Essener Rechtsanwalt Ernst Achenbach. Er avanciert in diesem Jahr zum begehrten Verteidiger belasteter Ruhrindustrieller, steht als Vertrauensanwalt der NS-Funktionselite zur Verfügung und haut etliche ehemalige Kollegen des Auswärtigen Amtes heraus. Nur Ernst Wilhelm Bohle, der Leiter der Auslandsorganisation der NSDAP, muss auf Achenbach verzichten. An dessen Stelle ist die junge Verteidigerin Dr. Elisabeth Gombel-Liebetraut getreten. Sie bricht am 14. April in Tränen aus, als sie das Urteil über ihren Mandanten hört: fünf Jahre Freiheitsstrafe. Das ist recht hart im Vergleich mit der Strafe, die der prominenteste Angeklagte, Ernst von Weizsäcker, bekommt. Der ehemalige Staatssekretär im Auswärtigen Amt hatte 1942 die Genehmigung der Deportation von 6000 Juden von Frankreich nach Auschwitz erteilt. Er erhält ebenfalls fünf Jahre Freiheitsstrafe.

Bis zuletzt hat von Weizsäcker bestritten, vom Holocaust gewusst zu haben, seine Verteidiger – in ihrem Stab arbeitet auch ein Sohn des Diplomaten, der Jurastudent Richard – haben immerhin ein mildes Urteil erreicht: Das ist vielen nicht milde genug. Nicht nur der Chefredakteur der »Zeit«, Richard Tüngel, verzeiht dem Ankläger Robert Kempner die Verurteilung nicht. Ihm müsse als »Schädling« das Handwerk gelegt werden: »Für Robert Kempner gibt es keine Ehrfurcht vor der Erhabenheit des Rechtes, für Robert Kempner gibt es nur eines: Robert Kempner.« Auf die Frage Carl Schmitts, wer »uns zu Verbrechern« macht, antwortet Tüngel, und er weiß die meisten Deutschen hinter sich: Robert Kempner.

Im Oktober 1950 wird von Weizsäcker aus der Haft entlassen. Im Dezember 1949 kommt Ernst Wilhelm Bohle frei, der sich als einziger Angeklagter vor Gericht schuldig bekannt und seine Taten bereut hatte: »Wer an leitender Stelle stand, muss sich auch zur Verantwortung bekennen.«

Thomas Mann kommt zurück. Nur auf Besuch und nur für einige Tage, aber immerhin, nach 16 Jahren im Exil wird der Zauberer in diesem Sommer erstmals wieder deutschen Boden betreten. Noch im vergangenen Jahr hat er sich der Reise verweigert (»Man zögert, die Grenze eines Landes wieder zu überschreiten, das einem durch lange Jahre ein Alpdruck war«), zum 200. Geburtstag Johann Wolfgang von Goethes hat er die Einladungen nach Frankfurt am Main und nach Weimar nach langem Zögern akzeptiert.

Es zieht ihn nicht nach Deutschland und nicht zu den Deutschen, seine Reiseroute verrät es: Chicago, Großbritannien, Schweden, Dänemark, Schweiz und ganz am Ende, im August, die West- und die Ostzone. Mehr als sechs Wochen will Mann in Zürich bleiben. In Küsnacht hatte er die ersten Jahre des Exils verbracht, dort hatte ihn auch Ende des Jahres 1936 die Nachricht erreicht, wonach das NS-Regime ihm und seiner Familie die deutsche Staatsbürgerschaft entzogen habe. Das war die Reaktion auf Manns am 3. Februar in der »Neuen Zürcher Zeitung« veröffentlichten Brief, in dem er unwiderruflich mit dem nationalsozialistischen Deutschland gebrochen hatte: »Der deutsche Judenhass aber, oder derjenige der deutschen Machthaber, gilt, geistig gesehen, gar nicht den Juden oder nicht ihnen allein; er gilt Europa und jedem höheren Deutschtum selbst; er gilt, wie sich immer deutlicher erweist, den christlich-antiken Fundamenten der abendländischen Gesittung; er ist der (im Austritt aus dem Völkerbund symbolisierte) Versuch einer Abschüttelung zivilisatorischer Bedingungen, der eine furchtbare, eine unheilschwangere Entfremdung zwischen dem Lande Goethes und der übrigen Welt zu bewirken droht.« Die Antwort der NS-Machthaber hatte nicht lange auf sich warten lassen. Sie stützte sich auch auf eine Stellungnahme des deutschen Gesandten in Bern, Ernst von Weizsäcker, vom 6. Mai 1936. Danach habe Thomas Mann »den bisherigen Langmut der deutschen Behörden gegenüber seiner Person mit höhnischen Bemerkungen bedacht« und damit den Tatbestand der »feindseligen Propaganda gegen das Reich im Ausland« erfüllt. Weizsäcker hatte versichert, er habe keine Bedenken, das Ausbürgerungsverfahren gegen Thomas Mann nunmehr in die Wege zu leiten. Das NS-Regime hatte die Olympischen Sommerspiele in Berlin abgewartet, dann war es der Empfehlung des Berner Gesandten gefolgt.

Ernst von Weizsäcker sitzt wie andere Nürnberger Kriegsverbrecher im US-Gefängnis Landsberg. Thomas Mann wird auch in Nürnberg kurz Station machen. Unmittelbar vor Beginn seiner Europareise hat er kein gutes Gefühl. »Es muss abrollen, und man muss seinen Mann stehen«, was man eben so schreibt, wenn nichts mehr zu ändern ist, aber der Mut zu sinken droht. »Wenn nur die deutsche Frage nicht wäre.« Da sitzt er schon im Zug nach Chicago.

Marie und Friedrich Helms reisen nun doch nach Uelzen. Einen Tag nach ihrem 30. Hochzeitstag geht es auf und davon. Eben noch Holz gehackt im Regen vor dem Gartenhaus, kaum 24 Stunden später Anflug auf Lübeck, Fahrt mit dem Nachtzug nach Hamburg, von dort weiter mit dem Personenzug: Uelzen. Eben noch kaum Hoffnung auf den Passierschein, auf das Ticket, auf die Zuzugsbescheinigung, dann mit einem Schlag alles zusammen: Passierschein, Zuzugsbescheinigung, Ticket und die Plätze zehn und elf im Flugzeug mit 60 Kilo Gepäck. Eben noch mittags Bratfisch und Bratkartoffeln in Wilhelmshorst, jetzt morgens um vier eine Begrüßungstorte bei den Töchtern. Gründonnerstag. Marie und

Friedrich Helms gehen zum ersten Mal gemeinsam durch die Straßen Uelzens. Friedrich Helms sieht zwar Trümmer hier und da, aber »ein reger Wiederaufbau macht sich überall wohltuend bemerkbar«. Es »herrscht der Zustand alten Bürgerlebens«, notiert Helms zufrieden und pickt in der Wohnung der Töchter auf einem alten Klavier Töne vergangener Zeit. Er schmaucht gemütlich eine Zigarre und sieht den Rauchfäden in den Sonnenstrahlen hinterher: »Fast möchte ich empfinden, hier bin ich am Ziele, hier bin ich zu Haus.«

Schon vor der Wiederholung der Novemberwahl in Wolfsburg steht der Verlierer fest. Die extreme Deutsche Rechts-Partei, die 14 der 25 Mandate im Gemeinderat erobert hatte, wird bei der Neuwahl im Mai leer ausgehen. Denn sie kann nicht mehr antreten. Die britische Militärregierung löst am 13. April die Partei im Kreis Gifhorn wegen »nationalsozialistischer Propaganda« auf. Hoffnung auf ihr Erbe macht sich mit guten Aussichten die nationalkonservative Deutsche Partei, für die Hans-Christoph Seebohm im Parlamentarischen Rat sitzt.

Walter Tyrolf ist ein milder Richter. Als Staatsanwalt war er während der NS-Zeit in Hamburg dafür bekannt, selbst bei Bagatelldelikten auf der Todesstrafe zu bestehen, als Richter am Landgericht ist ihm nach Freisprüchen zumute. Er ist als Ermittlungsrichter an der Entscheidung beteiligt, mit der das Landgericht am 19. April das Verfahren gegen 19 Ärzte und Assistenzärzte einstellt, die an der Ermordung geistig und körperlich behinderter Kinder mitgewirkt haben. Die zuständige Kammer kann in der Kinder-Euthanasie nichts Verwerfliches erkennen. Sie lehnt die Eröffnung eines Hauptverfahrens gegen die Ärzte mit der Begründung ab, die »Verkürzung lebensunwerten Lebens« sei keine Maßnahme, »welche den allgemeinen Sittengesetzen widerstreitet«.

Die Entscheidung wird sich für Tyrolf persönlich einige Jahre später insofern günstig auswirken, als er nach dem Tod seiner ersten Frau eine der freigesprochenen Assistenzärztinnen, die Kinderärztin Ingeborg Wetzel, heiraten wird, die an der Ermordung von mindestens sechs Kindern beteiligt war.

Am 23. April spricht das Schwurgericht unter Vorsitz von Landgerichtsrat Tyrolf den Regisseur Veit Harlan aus Mangel an Beweisen frei. Es sei nicht zu beweisen, dass aufgrund des Films »Jud Süß« einem Juden Leid geschehen sei. In Richtung des jüdischen Belastungszeugen Norbert Wollheim bemerkt Tyrolf: »Die Angst der Juden vor dem Film ist lediglich auf die aufreizende Reklame zurückzuführen, nicht aber auf den Film selbst, dessen so milde Form die Juden als eine Erleichterung empfunden haben.«

Goebbels hatte allerdings nicht die Reklame, sondern den Film seines bestbezahlten Regisseurs als »genialen Wurf« gepriesen: »Ein antisemitischer Film, wie wir ihn uns nur wünschen können. Ich freue mich darüber.« So hatte den Film auch der Zeuge Wollheim interpretiert und darauf verwiesen, dass »Jud Süß« unter den Jüdinnen und Juden in Deutschland Angst und Schrecken verbreitet habe. Goebbels' Ziel war, so könnte man die Aussage Wollheims zusammenfassen, die Deutschen auf das Schicksal einzustimmen, wie es die Familie Wollheim erlitten hat. Er war in das Lager Auschwitz III Monowitz zur Zwangsarbeit im Buna-Werk IV der I.G. Farben verschleppt worden. Norbert Wollheim hat als Einziger seiner Familie das KZ überlebt. Andererseits hat die »Zeit« schon vor der Urteilsverkündung darauf bestanden, dass nichts anderes als ein Freispruch für Veit Harlan in Betracht zu ziehen sei. Er dürfe nicht strafrechtlich verurteilt, er solle durch die öffentliche Meinung an der Fortsetzung seiner Karriere gehindert werden: »Wir haben immer noch nicht gelernt, dass die öffentliche Meinung ebenso tödlich wirken kann wie das Henkerbeil.« Das hatten Goebbels und Wollheim durchaus begriffen, nur Richter Tyrolf und der »Zeit« ist es offensichtlich nicht bewusst.

Der freigesprochene Veit Harlan wird von johlenden Anhängern aus dem Gerichtssaal getragen. Unmittelbar nach der Urteilsverkündung legt der Oberstaatsanwalt Revision ein.

Professor Mauthner ist heimgekehrt. Nach 15-jährigem Exil in Kalifornien kommt er zurück, herzlich empfangen von seiner alten Universität, wo er sogleich an seinem alten Lehrstuhl seine Arbeit wiederaufnehmen kann. Freunde und Mitemigranten hatten ihn vor den deutschen Barbaren gewarnt. Aber Mauthner hatte für die Deutschen um Verständnis geworben: »Es gibt kein Volk von Helden und kein Volk von Verbrechern.« Er ist erfüllt von dem Verlangen nach Versöhnung, bereit, in der neuen Zeit der »ratlosen Jugend in Deutschland den Weg zu weisen«. Aber schnell muss er erkennen, dass nur die Zeit neu ist, nicht der Geist der Universität. Mauthners Kollegen denken reaktionär und antisemitisch, sein eigener Sohn, der in Deutschland geblieben war, ist davon infiziert. Der Aufklärer Mauthner bezahlt seinen Kampf gegen Hass und Aberglauben mit dem Leben, aber noch im Sterben verkündet er: »Manche verlorene Schlacht gibt mehr Anlass zum Triumph als der Sieg.« So auch in seinem Fall: Mauthners Einsatz im Geist der Humanitas obsiegt, sein Sohn wendet sich – noch ehe er erfahren hat, dass Mauthner sein Vater ist – vom Antisemitismus ab, im Trauerzug erfüllt sich, was Mauthner im Fieberwahn geschaut hatte: »Es ist ein trüber Morgen, aber er kann zum Tag werden.«

Das ist – in groben Zügen – die Handlung des Films »Der Ruf«, der am Gründonnerstag in Berlin Premiere feiert. Er findet viel Kritik in den Feuilletons und nur wenig Beachtung beim Publikum. Das hat vor allem mit dem Hauptdarsteller und Drehbuchautor zu tun, der sein eigenes Leben im Film zur Fiktion hat werden lassen. Der berühmte österreichische Schauspieler und Regisseur Fritz Kortner hat wie Mauthner sein Exil in Kalifornien verbracht. Ende 1947 ist er nach Deutschland zurückgekehrt, woraus er als Jude vertrieben worden war.

»Der Ruf« ist der erste Film, der ein Remigrantenschicksal aus der Perspektive eines Remigranten schildert, eine versöhnliche, tröstliche Perspektive, aber offenbar nicht versöhnlich und tröstend genug. Schon bald nach seiner Rückkehr hatte Kortner, in dessen Familie elf Verwandte vergast worden waren, von den Deutschen den Eindruck gehabt: »Die meisten verharren im Gefühl, kein Leid reiche an ihres heran. Wahrscheinlich brauchen sie das Bewusstsein des am schwersten erlittenen Unrechts zur Beruhigung des Unterbewusstseins.« Entsprechend sind die Reaktionen auf den Film. Kortners schauspielerische Leistung in der Rolle des Prof. Mauthner wird immerhin gelobt, im Übrigen aber seine »schreckliche Simplifizierung« gerügt wie auch der »Zwiespalt in der Brust des Heimkehrers Kortner: sich zu mühen, objektiv zu sein, und doch ungerecht zu bleiben«.

Vor allem habe Kortner versäumt, den im Film gezeigten Antisemiten etwas entgegenzustellen, »den Gegentyp des deutschen Studenten, der für die Sache der Freiheit einstand – viele Studenten, nicht nur die Geschwister Scholl, sind dafür in die Lager und aufs Schafott gegangen«. Die Stimmen, die sich hier zu Gehör bringen, sind leicht zu identifizieren. Der Autor im Ost-Berliner »Nacht-Express« benennt sie: »die Herrschaften von der ›inneren Emigration‹, die es den Vertriebenen und wieder Heimgekehrten bitter verargen, dass sie ›einfach türmten‹, anstatt sich brav vergasen zu lassen«.

Der beste Jude ist auch vier Jahre nach dem Ende des NS-Regimes noch immer der unsichtbare. Diese Voraussetzung hat Fritz Bauer in den 16 Jahren seines Exils zuerst in Dänemark, dann in Schweden, schließlich wieder in Dänemark klaglos erfüllt. Der frühere Stuttgarter Amtsrichter hatte Deutschland 1933 nach acht Monaten im Konzentrationslager verlassen – sein Parteifreund Carlo Schmid hatte ihn zum Bahnhof geleitet – und war seitdem für die Deutschen unsichtbar geblieben. Zwar hatte er gleich nach Kriegsende den Wunsch geäußert, heimkehren zu dürfen und mitzuwirken beim Wiederaufbau – vor allem der Justiz –, er hatte sogar schon mit der US-Militärregierung über seine Rückkehr nach Stuttgart verhandelt und ein Dutzend Fragebögen ausgefüllt, aber am Ende war er in vier Jahren immer gescheitert.

Bauer vermutet, die Amerikaner hätten befürchtet, ein jüdischer Remigrant in der deutschen Justiz werde von der deutschen Justiz als Provokation empfunden. Und offenbar war der Jude Fritz Bauer auch für seine Parteigenossen ein Problem. Er hatte mit Kurt Schumacher, dem heutigen Vorsitzenden der SPD, auf den Straßen Stuttgarts den Nationalsozialisten Widerstand geleistet, die beiden promovierten Juristen waren bei ihren schwäbischen Genossen als brillante Redner bekannt, Bauer war mit dem früheren linken Rechtsanwalt Richard Schmid befreundet, der zum Generalstaatsanwalt in Stuttgart aufgestiegen ist, er hatte mit Willy Brandt im schwedischen Exil eine Zeitschrift herausgegeben – aber vier Jahre hatte niemand Fritz Bauer nach Deutschland gerufen. Bauer wusste, dass Juden nicht willkommen sind, es sei denn, sie sind unsichtbar. Also versuchte der Jude Fritz Bauer, unsichtbar zu werden. Wurde er nach seiner Religion gefragt, dann gab er »glaubenslos« zur Antwort, und selbstverständlich habe er im Exil auch niemals Kontakte zur jüdischen Gemeinde oder zu anderen deutsch-jüdischen Emigranten gehabt.

Der unsichtbare Jude Fritz Bauer wird im April Direktor des Braunschweiger Landgerichts. Das ist tiefe Provinz, aber Bauer hat keine Wahl. Auch nicht bei seinen Kollegen, von denen er annimmt, »dass zwei Drittel bis drei Viertel dieser Richter auch im nazistischen Unrechtsstaat in der Justiz tätig waren und dass diese so gut wie ausnahmslos entweder Parteimitglieder oder Militärrichter waren«. Wüssten Bauers Kollegen, was schon kurze Zeit nach seinem Dienstantritt beginnt, dann würden sie den Juden Fritz Bauer sofort für jedermann sichtbar machen. Er wolle ein Jurist sein, sagt Bauer, »der dem Gesetz und Recht, der Menschlichkeit und dem Frieden nicht nur Lippenbekenntnisse leistet«.

Fritz Bauer plant also eine Revolution in den deutschen Justizpalästen, eine Palastrevolution. Am 12. April erhält Bauer seine Ernennungsurkunde.

Der Beitrag Fritz Bauers zur strafrechtlichen Aufarbeitung des NS-Unrechts als Generalstaatsanwalt in Braunschweig und Frankfurt am Main ist kaum zu ermessen. Er liefert den entscheidenden Hinweis für die Ergreifung Adolf Eichmanns, als Chef der zentralen Leitstelle zur Organisierung der »Endlösung« einer der Hauptverantwortlichen des Holocaust, er setzt den ersten Auschwitz-Prozess gegen 22 Angeklagte vor dem Landgericht Frankfurt am Main im Dezember 1963 durch, er thematisiert die Verbrechen der Wehrmacht und die Beteiligung des Auswärtigen Amtes an der Ermordung von sechs Millionen Juden. Heftiger als die 68er und Jahre vor ihnen bringt Fritz Bauer die Verhältnisse zum Tanzen, in der Justiz, aber auch und vor allem in der Gesellschaft. Er wird der bedeutendste Generalstaatsanwalt in der Geschichte der Bundesrepublik.

Die »Gruppe 47« trifft sich zum vierten Mal, diesmal im unterfränkischen Städtchen Marktbreit, inzwischen in Begleitung diverser Kritiker und Vertreter der großen Verlagshäuser. Das Ergebnis des dreitägigen Treffens im dunkelgetäfelten Rathauseckzimmer fasst Hans Werner Richter resigniert mit den Worten zusammen: »Es ist so viel von der Situation der deutschen Literatur die Rede gewesen. Hier kann meiner Ansicht nach weder von einer Literatur noch von einer Situation die Rede sein.« Nicht nur viel beredet, noch mehr gefeiert wird aber in den nächsten Wochen und Monaten der neue Roman von Richter, »Die Geschlagenen«, ein voller Erfolg, weil er die beiden Seelen in der Brust der Deutschen wohltönend zum Klingen bringt. Der Protagonist, Gefreiter Gühler, liegt mit seiner Einheit am Monte Casino, erwartet Landung und Sieg der Amerikaner und beginnt ein Gespräch mit dem Kameraden Grundmann. »›Dann möchtest du, dass die anderen siegen?‹, begann Grundmann wieder. ›Es ist besser für uns.‹ ›Und du kämpfst gegen sie?‹ ›Ja, das ist ja der Wahnsinn‹, sagte Gühler.«

Das war das Bewusstsein des deutschen Wehrmachtssoldaten – zumindest nach Stalingrad –, und die deutsche Presse bedankt sich sogleich bei Richter für die einfühlsame Seelenerkundung. Das »Hamburger Echo« ist begeistert: »Dieses Buch ist zugleich ein doppeltes Zeitdokument, im psychologischen und im politischen Sinne. Es verdiente es, zu den deutschen Bestschriftstellern des Jahres 1949 zu gehören.« Auch der Berliner »Telegraf« ist hingerissen und erspürt das »Besondere« in Richters Werk: »Das ist das Besondere an diesem Buch, dass sein Verfasser nicht nur die Ehre des anständigen deutschen Soldaten, der schuldlos schuldig wurde, mit warmem Herzen verteidigt, sondern auch die Ehre seines Volkes. Es gibt zu dem Erleben des Soldaten Gühler eine Parallele in der großen Politik. Dieses Buch wendet sich daher nicht nur an die Deutschen. Man sollte es lesen, denn es wird seinen Platz haben unter der Literatur des letzten Krieges.«

Der literarischen Ehrenrettung von Wehrmacht und Volk kann auch der Schriftsteller und Journalist Friedrich Sieburg seine Anerkennung nicht versagen. Er erklärt »Die Geschlagenen« zum besten Kriegsbuch eines Soldaten aus dem Zweiten Weltkrieg. Sieburg hätte aus der Zeit auch einiges anzubieten, immerhin hatte er als NS-Propagandist einige Jahre in Brüssel und Paris dem nationalsozialistischen Kulturbegriff zu internationaler Geltung verhelfen wollen. Bis zum vergangenen Jahr war er von der französischen Besatzungsmacht mit einem Publikationsverbot belegt, jetzt wirkt er wieder für die Halbmonatszeitschrift »Die Gegenwart«, eine Zeit, die Sieburg wie die meisten Deutschen mehr beschäftigt als die jüngste Vergangenheit.

Der Geschichtsstudent Gerhard Schulz in Leipzig kann nicht länger bestreiten, in einer Diktatur zu leben. Sie schicke sich an, »immer weiter in unserem Leben vorzudringen mit dem Ziel, es restlos zu erdrücken«. Immer stärker sei die Unterwerfung der Parteien und Organisationen unter die sowjetische Besatzungsmacht zu spüren. Wer künftig leben wolle, müsse sich fügen: »Es wird nur noch Emigranten, Bettler oder Gesinnungsgenossen geben – und natürlich die naiv-einfältigen Intellektuellen.« Die Nachrichten, wonach über ein Ende der Berliner Blockade verhandelt wird, vernimmt Schulz erfreut, aber mit Skepsis. Noch gebe es kein einziges Zeichen für eine Änderung der russischen Politik.

Es wimmele von Friedensattributen und -parolen, man wolle sogar »für den Frieden« kämpfen und die Waffen für die Friedensmacht ergreifen. Vor kurzer Zeit sah Gerhard Schulz im Traum eine Batterie schwerer Geschütze, die unter dem Jubel ihrer Bedienungsmannschaften Granaten abschossen, auf deren metallenem Leib die Worte »Boten des Friedens« geschrieben standen: »Niemand bedachte die Explosionen auf der anderen Seite und den Schaden, den sie anrichteten.«

Mai 1949

Der Parlamentarische Rat stimmt dem Grundgesetzentwurf mit 53 gegen zwölf Stimmen zu, das Grundgesetz tritt am 23. Mai, 24:00 Uhr, in Kraft. Mit 1999 gegen eine Stimme nimmt der Deutsche Volkskongress die Verfassung der Deutschen Demokratischen Republik an. Mehr als ein Drittel der Arbeitslosen in der Bundesrepublik sind Flüchtlinge und Vertriebene. Deren Anteil an der Bevölkerung liegt nur bei rund 16 Prozent.

Während seines ersten Besuchs in Frankfurt im Mai 1948, mehr als 15 Jahre nach seiner Vertreibung, hatte Max Horkheimer »Brechreiz« verspürt. Das Gefühl habe ihn auf einer Sitzung der Philosophischen Fakultät beschlichen: »Die Brüder sitzen noch genauso da und machen ihre heimtückischen kleinen Schelmenstreiche wie vor dem Dritten Reich (und unter ihm), als ob nichts geschehen wäre.« Noch immer stünden auch dieselben Stühle da, es sei, als ob die »Jahre der Hölle« nur eine etwas ungeschickte Unterbrechung gewesen wären, unter der die Überlebenden jetzt zu leiden hätten.

Nicht nur in Frankfurt, überall an den deutschen Universitäten spotte die politische Lage jeder Beschreibung. Die erzreaktionären Professoren beherrschten die Verhältnisse. Man habe sie, ihrer »alldeutschen und prohitlerischen« Gesinnung sicher, nicht gezwungen, in die Partei einzutreten oder zumindest ihnen das Hervortreten erspart. Der junge, liberale und anständige Privatdozent hingegen habe vor der Wahl gestanden, entweder jeder Schikane sich auszusetzen oder wenigstens pro forma in irgendeinen NS-Verein einzutreten. Da nun ein solcher Mann, nach seiner sogenannten Entnazifizierung, um wieder lesen zu dürfen, erst von der Universität erneut angefordert werden müsse, lehnten ihn dann die reaktionären Herren aus Rache gegen seine anständige Gesinnung mit der Begründung ab, er sei Parteigenosse gewesen. Unter dem Titel Nazi würden also auf den Universitäten vornehmlich deren Gegner verfolgt: »Das ist so verrückt, dass man eine ganze Zeit braucht, um sich hineinzufinden.«

Weil die Lage ist, wie sie Horkheimer in den Briefen an seine Frau Maidon beschreibt, bekommen nicht viele vertriebene Frankfurter Wissenschaftler Zeit und Gelegenheit, sich in die neuen alten Verhältnisse hineinzufinden. Denn nur wenige werden von der Universität ermuntert oder gar gebeten, aus dem Exil zurückzukehren. Vier Jahre nach dem Untergang des NS-Regimes fühlen sie sich nicht nur als seine Opfer, sondern als seine vergessenen Opfer.

Der bedeutende Mathematiker Ernst Hellinger, vor zehn Jahren nach einigen Wochen im Konzentrationslager zur Emigration in die USA gezwungen, beschwert sich im Namen der vertriebenen Frankfurter Wissenschaftler: »Die Johann Wolfgang Goethe-Universität hat sich noch nicht bemüßigt gefühlt, irgendwie mit uns in Verbindung zu treten, und ich fürchte, je länger es dauert, je weniger günstigen Einfluss wird es auf die Antwort haben.«

Im Falle Horkheimers, Theodor W. Adornos und ihres Instituts für Sozialforschung hatten sich allerdings nicht nur die Universität und ihre Wirtschafts- und Sozialwissenschaftliche Fakultät sehr schnell um deren Rückkehr bemüht, sondern auch das hessische Kultusministerium und vor allem der Frankfurter Oberbürgermeister. Schon im Oktober 1946 hatte Walter Kolb in einem Brief versichert, seiner Stadt könne »kein erfreulicheres Geschenk« gemacht werden als die Wiederkehr einer Institution, die in so hohem Maße das Ansehen der Stadt »überall in der Welt vermehren könnte«. Man hatte es eilig, so eilig sogar, dass die hessische Landesregierung Horkheimer am 13. Juli 1949 zum ordentlichen Professor auf einen neu geschaffenen Lehrstuhl für Philosophie und Soziologie an der Johann Wolfgang Goethe-Universität beruft – rückwirkend zum 1. Mai. Horkheimer weiß, worauf er sich einlässt. Als er im Mai 1949 zunächst nur für einige Wochen nach Frankfurt reist, schreibt er, die Universitätsangehörigen seien eine »Gruppe von Leuten, welche frisch-fröhlich die Ära der Konzentrationslager und was danach kam, mitgemacht haben und in Wahrheit unsere Todfeinde sind«.

Robert Kempner bekommt zwar keinen Ruf an die neue Freie Universität Berlin, aber eine Einladung. Ob er nicht Lust habe, im nächsten Semester über seine Arbeit als Ankläger in Nürnberg zu dozieren. Das wird alsbald bekannt, doch kurze Zeit später wird auch bekannt, dass der seit den Zwanzigerjahren in Basel lehrende, ebenfalls zu einer Gastdozentur eingeladene Nationalökonom Edgar Salin seine Zusage wegen Kempner zurückgezogen hat. Im Mai erscheint im Berliner »Tagesspiegel« ein Artikel, wonach Salin die Absage damit begründe, er wolle nicht gemeinsam mit jemandem lehren, der durch sein Vorgehen gegen einen »untadeligen Charakter« wie Weizsäcker dazu beigetragen habe, »die sittliche Haltung der gesamten deutschen Emigration für die nichtemigrierten Deutschen mehr als fragwürdig erscheinen zu lassen«.

Die Universität erfährt von der Absage Salins, einem renommierten deutsch-jüdischen Wissenschaftler, erst durch den Zeitungsbericht. Salin verdächtigt Kempner, den Brief abgefangen und an die Redaktion lanciert zu haben. Kempner weist das zurück. Salin dürfe sich angesichts seines Engagements für einen Kriegsverbrecher, »der nach eingehender Verhandlung durch das Tribunal u.a. der Deportierung von 6000 Juden nach Auschwitz für mitschuldig erklärt« worden sei, nicht wundern, wenn ihn der »Freundeskreis der Kriegsverbrecher« zur Verbreitung seiner »nationalistischen und antisemitischen Propaganda« missbrauche. Der Verdacht, der »Freundeskreis« – das sind vor allem die Verteidiger Ernst von Weizsäckers und seine Familie – habe den Brief an die Presse gegeben, ist nicht abwegig, zumal Salin sowohl Weizsäckers Bruder Viktor als auch dem ältesten Sohn Carl Friedrich von seinem Boykottplan erzählt hat. Beide bereiten in diesen Wochen ebenfalls Gastdozenturen an der Freien Universität vor, beide ziehen jetzt ihre Zusagen zurück.

Horkheimers Todfeinde sitzen in Frankfurt, die Kempners nicht nur in Nürnberg. Das brachiale Vorgehen der sarkastisch »Freundeskreis der Kriegsverbrecher« genannten Gruppe gegen Kempner ist durchaus persönlich gemeint, aber zumindest auch eine Maßnahme zur Prophylaxe. Seit bekannt ist, dass Kempner sich Anfang 1949 um die Stelle des Rechtsberaters bei der US-Zivilverwaltung beworben hat, die unter anderem das deutsche Beamtenwesen reformieren soll, ist die Befürchtung groß, er könne, wie Weizsäckers Anwalt Hellmut Becker besorgt erklärt, »viel verwertbares Material in die Hände« bekommen. Um das zu verhindern, muss Kempners Plan, in Deutschland zu bleiben, mit allen Mitteln hintertrieben werden.

Mit allen Mitteln bedeutet: Selbst Rufmord und Beleidigungen Kempners, der nicht nur als Sozialdemokrat, sondern auch als Jude von den Nationalsozialisten zur Emigration gezwungen worden war, sind dem »Freundeskreis« willkommen, ebenso die einschlägige Unterstützung durch Zeitungen. Zur Bewerbung Kempners bei der US-Zivilverwaltung bemerkt das »Handelsblatt«, er müsse selbst bei Gegnern des Nationalsozialismus mit Widerstand rechnen, »seitdem sie nämlich festgestellt haben, dass seine Manieren eine größere Wahlverwandtschaft mit denen der Nazis aufweisen als mit denen der deutschen Demokraten«. Das kann nur bedeuten, dass die Anklage von Kriegsverbrechern in Deutschland im Mai 1949 als unmanierlich gilt. Nichts anderes hat Robert Kempner getan.

Manierlich und respektabel hingegen ist es, nur den Verbrecher zu Wort kommen zu lassen und ihn selbst um ein ausgewogenes Urteil zu bitten. Im Mai beginnt der »Spiegel« mit dem Vorabdruck des Buches »Lucifer ante portas« des ersten Gestapo-Chefs Rudolf Diels, den das Blatt als »unerschrockenen Abenteurer zwischen den Regimen« vorstellt. In neun Teilen (»Die Nacht der langen Messer«) präsentiert sich Diels, ein ehemaliger Kollege Kempners im preußischen Innenministerium, als abgefallener Bewunderer (»Lucifer«) Hitlers, erzählt Schnurren aus dem Leben des Reichsjägermeisters Hermann Göring (»Mit der Rechten lehnte er sich auf den Eichenschaft eines blanken Speeres«), ohne mit einem Wort dessen Beteiligung an der Vernichtung der Juden zu erwähnen, alles in allem angeblich der Versuch des ehemaligen Gestapo-Chefs, »zu erklären, warum die Herrschaft der Totschläger Böses gebären musste«.

Ein Beispiel Diels' für die »Herrschaft der Totschläger« ist die Ermordung Albrecht (»Ali«) Höhlers: Am 14. Januar 1930 gab der Kommunist und vielfach vorbestrafte Kriminelle Albrecht Höhler einen Schuss auf den berüchtigten SA-Sturmführer Horst Wessel ab und verletzte ihn tödlich. Wessel, Autor des nach ihm benannten Horst-Wessel-Lieds, stieg nach seinem Tod zur NSDAP-Parteiikone auf, das Lied zum zweiten Teil der deutschen Nationalhymne. Höhler war im September 1930 wegen Totschlags zu sechs Jahren Freiheitsstrafe verurteilt worden.

Drei Jahre später war er auf Befehl eines SA-Gruppenführers drei Kriminalbeamten übergeben worden, die ihn angeblich in ein anderes Gefängnis transportieren sollten. Wenige Kilometer vor Frankfurt (Oder) war Höhler aus dem Wagen geholt und von mindestens acht SA-Leuten ermordet worden. Diels schreibt, er habe sich geweigert, »den Mörder Horst Wessels« an die SA herauszugeben: »Göring war verständnislos für meine Gedankengänge und eröffnete mir, dass man der SA nicht verwehren dürfte, ihre Vergeltung an dem Mörder ihres Sturmführers zu üben. Schließlich ließ er sich noch einmal davon überzeugen, dass ein ordentliches Gericht diese Vergeltung viel eindrucksvoller herbeiführen könne. Eines frühen Morgens entführten SA-Männer Ali Höhler unter dem Vorwand, ihn nach seinem schlesischen Zuchthaus zurückzubefördern, und mithilfe von SA-Männern, die im Gefängnis Dienst taten. Angehörige des Sturmes Horst Wessels erschossen ihn eine Stunde später im Morgengrauen auf einer Waldlichtung östlich von Berlin.« Sein Gedächtnis lässt den ehemaligen Gestapo-Chef an einigen Stellen im Stich. Höhler war nicht wegen Mordes an Wessel verurteilt worden, sondern nur wegen Totschlags. Höhler ist auch nicht entführt, sondern planmäßig zu seiner Liquidierung gefahren worden. Und die Mörder Höhlers waren auch nicht nur namenlose SA-Männer. Einer von ihnen war Rudolf Diels.

Diels' Darstellung ist ein Beispiel eigenwilliger Selbstjustiz: Der Mörder spricht sich selber frei. Und der »Spiegel« bewährt sich als Sturmgeschütz der Apologie.

Am ersten Freitag im Mai wird sich entscheiden, ob Richard Schuh der letzte in Westdeutschland hingerichtete Verbrecher bleiben wird. Der rheinland-pfälzische Justizminister Adolf Süsterhenn (CDU), der entschlossenste Verteidiger der Todesstrafe im Parlamentarischen Rat, hat auf der Reise nach Bonn einen schweren Verkehrsunfall erlitten, seine Rolle übernimmt deshalb der Hamburger Abgeordnete Paul de Chapeaurouge (CDU). Er hat vor der Sitzung allen Mitgliedern des Parlamentarischen Rates seine eilig geschriebene Denkschrift »Um die Todesstrafe« überreichen lassen, in der er sich vor allem auf den Fall der »Giftmischerin« Irmgard Swinka-Kuschinski beruft, einer 36 Jahre alten Serviererin, die vor dem Landgericht Köln wegen sechsfachen Mordes angeklagt ist. Schon dieser Fall zeige, sagt Chapeaurouge, dass die Todesstrafe zumindest »im Augenblick« unentbehrlich sei. Auch sei es nicht Aufgabe des Parlamentarischen Rates, im Grundgesetz »irgendwie präjudizierend« zur Todesstrafe Stellung zu nehmen.

In seiner furiosen Erwiderung beruft sich der SPD-Abgeordnete Wagner ebenfalls auf den Mordfall Swinka-Kuschinski: »Ja, meine Damen und Herren, diese Mordtaten sind begangen worden, obwohl Sie die Todesstrafe haben. Sie könnten so argumentieren, wenn wir die Todesstrafe nicht hätten und Sie wollten sie jetzt auf Grund solcher Prozesse einführen. Sie können aber jetzt nicht so argumentieren, wie sie es getan haben. Wir selbst haben immer schon unter dem Eindruck gestanden, dass trotz der Todesstrafe Straftaten grausigster Art begangen worden sind. Es ist eine große Kurzsichtigkeit, es ist ein oberflächliches Denken zu glauben, dass durch Grausamkeit der Strafen Verbrechen bekämpft oder gar ausgerottet werden könnten. Nein, wer wirklich in die Probleme hineingestiegen ist, weiß: Je grausamer die Strafen, desto grausamer die Verbrechen. Wer wirklich sich mit der Frage der Todesstrafe ernstlich befasst hat, der weiß, dass sie nicht imstande ist, irgendein Verbrechen zu verhindern, dass sogar der Satz gerechtfertigt ist, dass die Verbrecher, die dazu veranlagt sind, durch die Todesstrafe zu ihrer Tat eher angereizt als von ihr abgeschreckt werden (…) Wenn Sie sagen, auch andere Länder haben die Todesstrafe nicht in ihrer Verfassung stehen: Nun, was andere Länder haben und nicht haben, ist deren Sache. Aber wir Deutsche haben eine ganz andere Veranlassung als andere Länder, gerade in diesem Punkt einen ganz anderen Weg zu gehen. Bei uns ist der Tod umgegangen, bei uns hat man Todesstrafen verhängt und vollstreckt in einem so schrecklichen Ausmaß, dass kein anderes Volk wie wir so Veranlassung hat, eine klare Entscheidung gegen die Todesstrafe zu fällen …«

Der Antrag, die Abschaffung der Todesstrafe aus dem Grundgesetz zu streichen, wird nach diesem Plädoyer mit so deutlicher Mehrheit abgelehnt, dass Präsident Adenauer auf eine namentliche Abstimmung verzichtet. Für die Abschaffung der Todesstrafe stimmen hingegen geschlossen die Abgeordneten von SPD, Zentrum, Deutscher Partei und KPD, die Hälfte der Unions-Abgeordneten, von der FDP nur Thomas Dehler. Ein Vierteljahr nach der Hinrichtung Richard Schuhs hat Westdeutschland keine Todesstrafe mehr. Am 7. Mai wird die »Giftmischerin« Irmgard Swinka-Kuschinski zum Tod verurteilt, aber das Urteil wird abgewandelt in eine lebenslange Freiheitsstrafe. Auch das Leben der zweifachen

Kindsmörderin Irma K., die in Mainz auf ihre Hinrichtung durch die Guillotine wartet, wird durch die Abstimmung im Parlamentarischen Rat gerettet.

Wenige Tage später erscheint in der »Rhein-Neckar-Zeitung« in Heidelberg ein Artikel unter der Überschrift »Das Ende der Todesstrafe«. Geschrieben hat ihn der alte, berühmte Rechtsgelehrte Gustav Radbruch, in der Weimarer Republik einige Zeit Justizminister und einer der entschiedensten Gegner der Todesstrafe. Der Herausgeber der Zeitung, in der Radbruchs Aufsatz erscheint, ist der liberale Abgeordnete des Parlamentarischen Rates, Theodor Heuss, der für die Abschaffung der Todesstrafe nicht den Arm gehoben, aber Radbruch Platz für dessen Gegenposition eingeräumt hat: »Endlich wird zum deutschen Gesetz, was bisher so oft vergeblich versucht wurde.«

Auch Radbruch hält – wie Wagner – das Ende der Todesstrafe für eine Konsequenz der »schlimmen Erfahrungen« mit der Todesstrafe im Nationalsozialismus. Der Artikel des 71 Jahre alten Rechtsphilosophen endet mit einer Mahnung: »Seien wir auf der Hut, wenn vorübergehende Volksstimmen die Rückgängigmachung einer humanen Tat fordern sollten, die uns als ein guter Anfang eines neuen Zeitalters durch weitblickende Verfassungs-Gesetzgeber geschenkt worden ist.«

Kaum sind die Westdeutschen befreit, auch wenn die meisten von ihnen das noch nicht begriffen haben, sollen sie sich schon wieder zur Einordnung verpflichtet fühlen – zumindest die deutsche Frau in der Mode. Der Sommer naht, und in der »Neuen Zeitung« macht sich Cornelia Hellmer Gedanken über die »Sommer-Mode 1949« für die Frauen: »Je mehr die Schrecken des Krieges verdämmern und das normale Leben wieder an Geltung gewinnt, desto mehr erwächst uns auf modischem Gebiet die Verpflichtung, uns in den Rhythmus der übrigen Welt einzuordnen.« Es gehe darum, nicht eine speziell deutsche, sondern eine zumindest kontinentale Mode zu schaffen.

Die Mode, »eines der sensibelsten Gebiete«, müsse sich ebenfalls der allgemeinen Entwicklung anpassen, die über die Nationalstaaten hinweg zu einer kontinentalen Einheit dränge. Das spielerisch-feminine Grundelement der Mode dürfe die Frauen jedoch nicht über den »Ernst des Problems« hinwegtäuschen, das sich keineswegs in der Befriedigung des weiblichen Geschmacks erschöpfe, sondern auch wirtschaftlich äußerst wichtig sei: »Das Deutschland von heute ist auf Tod und Leben mit dem Export verbunden, aber auf dem Gebiet der Mode sind wir nur dann exportfähig, wenn wir kontinentales Niveau erreichen. Und wir können es erreichen.« Denn bevor »die Hitlerei« den deutschen Frauen den Geschmack verdorben »oder, besser gesagt, unterdrückt« habe, seien sie auf dem besten Wege gewesen, »als die elegantesten Europas zu gelten«. Die Fähigkeit sei also da, nur müsse sie gepflegt und »an der inzwischen ungehindert fortschreitenden Auslandsentwicklung« orientiert werden.

An der Auslandsentwicklung orientierte Vorschläge Cornelia Hellmers für den Vormittag: Sie empfiehlt praktische und schöne Kostüme aus gerippten Waschsamt oder Leinenrips. Die lose hängende Jacke des Frühjahrs habe eine interessante Rivalin bekommen, »und zwar die ›Schwalbenflügel-Jacke‹, wie Fath, Paris, sie taufte«. Vorschläge für den Nachmittag: Die Farbe der sommerlichen Nachmittagskleider weise die neuen Töne Süßlila, Mauve, Haselnussbraun und gedämpftes Maisgelb auf. Die Form der sommerlichen Kleider bringe eine Abkehr von der allzu großen Weite der Röcke, Kleider und Mäntel. Die gesamte Silhouette habe sich »von Paris her« im Wesentlichen dahingehend verändert, dass von einer den Körper wieder mehr »zusammenfassenden« Linie gesprochen werden könne. Was Cornelia Hellmer noch aufgefallen ist: Aus Paris kam auch ein Kleid aus korallenroter Seide mit kleinem Sternenmuster.

Die Mode für deutsche Frauen kommt, mit anderen Worten, in diesem Sommer aus Frankreich. Daran dürfte sich, wenn sich die Frauen Cornelia Hellmers Empfehlungen zu Herzen nehmen, auch so bald nichts ändern. In Frankreich sind die Frauen elegant – das lässt sich exportieren. In Deutschland sind die Frauen zur Eleganz verpflichtet – da steigt nur der Importbedarf.

Wenn nicht genügend Freunde und Bekannte mit »Persilscheinen« zur Hand sind, um frühere Mitglieder der NSDAP vor den Spruchkammern zu entlasten, dann tun es zur Not auch Eier. In München sind der erste und der zweite Vorsitzende einer Spruchkammer, deren öffentlicher Kläger, ein Betroffener und ein sogenannter Rechtsberater für Entnazifizierungsverfahren wegen Richterbestechung und Bestechlichkeit angeklagt, ein weiterer Kläger wegen Erpressung. Die beiden Vorsitzenden hatten immer wieder von Betroffenen Geschenke wie Wein und Schnaps, Anzugstoffe, Lebensmittel und größere Mengen Zigaretten angenommen, gelegentlich sogar verlangt.

Den Mittelsmännern der Betroffenen, die die Päckchen und Pakete bei ihnen ablieferten, hatten die Vorsitzenden versichert, es handele sich um reine Freundschaftsdienste, die den überarbeiteten Spruchkammerleuten die Arbeit am Recht erleichtern sollten. »Ich nehm die Eier – aber bestechen lass ich mich nicht«, hatte ein Vorsitzender einem Betroffenen gesagt, als er von ihm 250 Eier entgegennahm. Der Betroffene wurde auf zweifache Weise entlastet – zunächst von den Eiern, sodann vom Vorwurf, mehr als nur ein Mitläufer gewesen zu sein. Zumindest einer der beiden Vorsitzenden hatte mit der Zeit nicht nur die Liste willkommener Geschenke erheblich verlängert, er nahm jetzt auch Grundstücke und Zaunpfähle entgegen. Immerhin war er zugleich dazu übergegangen, den Betroffenen bevorzugte Behandlung vorab zuzusichern. Robuster war der öffentliche Kläger vorgegangen, der einem Hauptschuldigen zunächst ein Darlehen von mehreren

Tausend Mark und wenige Tage später unter Androhung eines Haftbefehls das gesamte Vermögen hatte abpressen wollen. Der Betroffene hatte sich geweigert, den öffentlichen Kläger angezeigt und auf diese Weise sein Vertrauen in den entstehenden Rechtsstaat unter Beweis gestellt.

Noch einmal ein Blick nach Wolfsburg. Bei der Wiederholung der Gemeindewahl haben die Wähler zwar notgedrungen die Partei ihres Vertrauens gewechselt, nicht aber die Richtung. Weil die Gewinnerin der November-Wahl, die extreme Deutsche Rechts-Partei (DRP) verboten ist, entscheiden sich fast 50 Prozent jetzt für die nationalkonservative Deutsche Partei (DP). Auf sie entfallen 12619 von insgesamt 26290 Stimmen. Zwölf der von der Deutschen Rechts-Partei in der ersten Wahl eroberten 17 Sitze im Gemeinderat (insgesamt 25) gehen an die DP. Den ehemaligen Wählern der rechtsextremen Partei dürfte die Wahl der DP dadurch erleichtert worden sein, dass etliche ehemalige Funktionäre der DRP dort Zuflucht gefunden haben.

Die Westdeutschen müssen dem Gaul natürlich nicht ins Maul schauen, aber etwas interessierter sollten sie das Geschenk schon betrachten, das ihnen in Bonn frei Haus geliefert wird. Denn das Geschenk, das sie auf den Tag genau vier Jahre nach Kriegsende bekommen, ist das größte und schönste, das den Deutschen in ihrer Geschichte jemals gemacht worden ist: einklagbare Grundrechte, Unveränderbarkeit wichtiger Verfassungsprinzipien, allen voran Art. 1: »Die Würde des Menschen ist unantastbar«. 265 Tage hat der Parlamentarische Rat für seine Arbeit benötigt – am 8. Mai um 23:55 Uhr nimmt die Mehrheit das Grundgesetz an. Die Abgeordneten der CDU, SPD, FDP und auch zwei CSU-Abgeordnete aus Franken stimmen dafür. Abgelehnt wird es von den Abgeordneten des Zentrums, die die kirchlichen Interessen nicht hinreichend berücksichtigt finden, von den Abgeordneten der Deutschen Partei, der KPD, die Widerstand gegen die Bildung des Weststaats leisten, und von sechs Abgeordneten der CSU, die mehr Föderalismus im Grundgesetz wünschen.

Von der Mehrheit der Westdeutschen wird es weder begrüßt noch abgelehnt, sondern kaum zur Kenntnis genommen. Vor einigen Wochen haben in einer Umfrage 40 Prozent der künftigen Bundesdeutschen beteuert, das Grundgesetz sei ihnen gleichgültig, 33 Prozent bekundeten mäßiges Interesse, nur 21 Prozent haben sich »sehr interessiert« gezeigt. Die fehlende Bereitschaft, sich für das Grundgesetz zu erwärmen, hat viele Gründe. Sie stehen – natürlich ohne Absicht der Verfasser – in seiner Präambel. Es sei nur »für eine Übergangszeit« geschaffen.

Wer kann sich schon für ein Provisorium begeistern, das früher oder später durch eine dauerhafte Verfassung abgelöst werden soll. Es sei auch für »jene Deutschen« geschrieben, denen »mitzuwirken versagt war«. Jedem West- und erst recht jedem Ostdeutschen ist bewusst, dass es auf unabsehbare Zeit ausschließlich für die Westdeutschen geschrieben sein wird und die Ostdeutschen kaum in der Lage sind, sich legal den Wortlaut des Grundgesetzes zu verschaffen.

Das Grundgesetz bewirkt natürlich nicht die deutsche Teilung, aber in ihm findet sie sichtbaren Ausdruck. Und schließlich behauptet die Präambel, das »deutsche Volk« habe sich das Grundgesetz gegeben. Das deutsche Volk wird überhaupt nicht gefragt, nur die Landtage werden in den kommenden Wochen um ihre Zustimmung gebeten. Aber entscheidend ist: Hätte in den vergangenen Monaten das »deutsche Volk« – angemessen repräsentiert – ein entscheidendes Wort bei der Entstehung des Grundgesetzes mitgesprochen, dann würde sich darin der deutsche Geist von 1948/49 finden, also gerade nicht das Bekenntnis zu den Menschenrechten und zu einem geeinten Europa.

Die Westdeutschen glauben nicht, dass der Parlamentarische Rat in ihrem Namen spricht, und sie bezweifeln, dass das Grundgesetz ihnen Besonderes zu sagen hat. Richtig ist, dass die 61 Väter und vier Mütter des Grundgesetzes nicht das »deutsche Volk«, sondern dessen – zum Teil noch immer verpönten – Außenseiter repräsentieren. Dazu gehören Remigranten wie die Sozialdemokraten Rudolf Katz, Ernst Reuter und Fritz Eberhard, Gegner des NS-Regimes wie Konrad Adenauer (CDU), Elisabeth Selbert (SPD), Jakob Kaiser (CDU), Ludwig Bergsträsser (SPD) und Ernst Wirmer (CDU), der Bruder des nach dem 20. Juli 1944 hingerichteten Widerstandskämpfers Josef Wirmer, dazu gehören Widerstandskämpfer wie Hermann Runge (SPD), Opfer wie der jüdische Christdemokrat Walter Strauß, dessen Eltern im KZ Theresienstadt ermordet wurden, von den Kommunisten Max Reimann und Hugo Paul gar nicht zu reden. Die Sprache, die die Mitglieder des Parlamentarischen Rates sprechen, ist Deutsch, aber die Gedanken, die sie formulieren, ihr Menschenbild, das die Bürger- und Menschenrechte gestaltet, sind es nicht. Darum verstehen die meisten Westdeutschen im Frühjahr 1949 – und noch Jahre später – auch die Sprache nicht, in der das Grundgesetz zu ihnen spricht. Es ist die Sprache Thomas Manns und Robert Kempners, Ruth Andreas-Friedrichs und Wolfgang Natoneks, Melvin Leskys und Max Horkheimers, Robert Lewisons und Max Hermann Maiers.

Es ist übrigens auch die Sprache Klaus Manns. Einer der interessantesten Autoren der deutschen Exilliteratur tritt lebens- und todmüde am 21. Mai in Cannes von der Bühne ab. Klaus Mann – Morphinist, Homosexueller, depressiver Dandy, eingeschworener Feind der Nationalsozialisten, Emigrant ohne festen Wohnsitz, unentrinnbar zu Hause nur im Schatten seines Vaters, des Literaturnobelpreisträgers – nimmt in der Pension der Gräfin Medem, »Pavillon Madrid«, eine Überdosis Schlaftabletten. Am Abend davor mit »Louis« in der »Zanzi-Bar«, geschlummert im schweren Duft der Bougainvillea, am nächsten Morgen von der Gräfin aufgefunden, leblos auf dem Boden liegend. Seine Eltern erfahren vom Tod des ältesten Sohnes auf ihrer Europa-Reise in Stockholm einen Tag später. Thomas Mann beklagt »schwersten Chock«. Man beschließt, die Reise fortzusetzen, aber »Absage aller gesellschaftlichen Veranstaltungen«. Es war nicht Klaus Manns erster Selbstmordversuch. Als er sich zuletzt die Pulsadern aufgeschnitten hatte – nicht weit entfernt vom elterlichen Haus in Pacific Palisades –, hatte sein Freund Upton Sinclair geschrieben: »My dear Klaus: Don't do it.«

Aber das war vor einem Jahr. »Er starb gewiss auf eigene Hand und nicht, um als Opfer der Zeit zu posieren. Aber er war es in hohem Grade.« Die Bemerkung des Vaters trifft es genau, vermutlich genauer, als er ahnt.

Wenige Tage vor seinem Tod hat Klaus Mann vom Verleger Helmut Kindler die Mitteilung erhalten, entgegen der Vereinbarung werde es keine Neuauflage seines »Mephisto – Roman einer Karriere« geben, denn »Herr Gründgens spielt hier bereits eine sehr bedeutende Rolle«. Gustaf Gründgens war nicht nur der frühere Schwager Klaus Manns, er war auch die Vorlage für die Figur des Schauspielers Hendrik Höfgen, den Klaus Mann im »Mephisto« als Opportunisten und skrupellosen Günstling des NS-Regimes, als »Affen der Macht« gezeichnet hatte.

Das war Gründgens, aber er war und ist sehr viel mehr. Er war der Liebling des Berliner Publikums während der Nazi-Zeit, und er ist es auch danach. Im Mai 1946 hatte Klaus Mann Gründgens auf der Bühne im Deutschen Theater Berlin als »Der Snob« in Sternheims Komödie erlebt. Das Publikum hatte gerast, der Applaus kein Ende genommen. Gründgens war wieder da. Er war ohnehin nur sehr kurz weg gewesen, einige Monate in einem sowjetischen Internierungslager, dann war er als entnazifiziert entlassen worden – unter anderem dank des Beistands Veit Harlans – und auf die Bühne zurückgekehrt. Jetzt ist Gustaf Gründgens Generalintendant in Düsseldorf, und Klaus Mann wird in Cannes auf dem Cimetière du Grand Jas beigesetzt. Als einziges Mitglied der

Familie erscheint sein Bruder Michael und spielt am Grab auf der Bratsche ein Largo von Benedetto Marcello.

Auf den Tag genau vor sechs Jahren, am 23. Mai 1943, hat Thomas Mann mit der Niederschrift des »Doktor Faustus« begonnen, just an dem Tag, an dem er auch seinen Erzähler Dr. Serenus Zeitblom den Bericht über »das Leben des deutschen Tonsetzers Adrian Leverkühn« beginnen lässt. Es ist – unter vielem anderen – die Geschichte eines Künstlers, der sich im Pakt mit dem Teufel verpflichtet, für sein Genie mit lebenslanger Einsamkeit und Kälte zu bezahlen. Es ist auch die Geschichte Deutschlands in der ersten Hälfte des 20. Jahrhunderts, seines Taumels von dämonischer Innerlichkeit in die Barbarei: »Ist wirklich nicht, was wirkt, und Wahrheit nicht Erlebnis und Gefühl? Was dich erhöht, was dein Gefühl von Kraft und Macht und Herrschaft vermehrt, zum Teufel, das ist die Wahrheit, und wär es unterm tugendlichen Winkel gesehen zehnmal eine Lüge.« Nicht zuletzt ist der Roman auch eine Selbstanklage und »Lebensbeichte« Thomas Manns, die er mit diesem »Buch des Endes« ablegt, denn kaum einer hat der deutschen Innerlichkeit vor Jahrzehnten inniger gehuldigt als er selbst. Aber niemand distanziert sich davon jetzt so scharf wie Thomas Mann. Die Welt des Doktor Faustus ist die Welt der Trauer und Verzweiflung. Daraus erlöst kein himmlisches Heil, aber es hilft ein humanes Wort: »Ein menschliches Verständnis, glaubt's mir, des reicht für alles.«

Es ist natürlich Zufall, aber es wirkt wie eine List der (Literatur-) Geschichte: Am 23. Mai wird im Turnsaal der Pädagogischen Akademie in Bonn das Grundgesetz für die Bundesrepublik Deutschland verkündet, das mit Ablauf des Tages in Kraft treten wird. Alle Abgeordneten unterschreiben nach Aufruf ihres Namens die Originalausfertigung, zunächst die Abgeordneten, nach ihnen die

Ministerpräsidenten. Nur die Abgeordneten der KPD weigern sich, »die Spaltung Deutschlands« zu unterschreiben. Dann wird im Stehen gesungen, nicht das Deutschland-Lied selbstverständlich, das ohnehin nicht öffentlich gesungen werden darf und manchem noch immer als Vorspiel des Horst-Wessel-Lieds in den Ohren klingen mag, sondern ein unverdächtiges thüringisches Volkslied von 1820, verfasst vom bedrückten Turnlehrer Hans Ferdinand Maßmann, nachdem er wegen »Radikalismus« aus Bayern ausgewiesen worden war: »Ich hab' mich ergeben, mit Herz und mit Hand, du Land voll Lieb' und Leben, mein deutsches Vaterland.«

Adenauer beendet die letzte Sitzung des Parlamentarischen Rates mit einer kurzen Rede und der Wiedergabe der Präambel, die noch nicht wahr ist, aber immerhin voller Hoffnung: »Im Bewusstsein seiner Verantwortung vor Gott und den Menschen, von dem Willen beseelt, seine nationale und staatliche Einheit zu wahren und als gleichberechtigtes Glied in einem vereinten Europa dem Frieden der Welt zu dienen, hat das deutsche Volk … dieses Grundgesetz beschlossen.« Der Teufelspakt soll gebrochen sein, doch gehört dazu mehr als die Präambel einer provisorischen Verfassung.

Ein Blick in die Zukunft aus aktuellem Anlass: »Der Angeschuldigte Josef Mengele ist dringend verdächtig, als SS-Lagerarzt an sogenannten Lagerselektionen und Selektionen im Häftlingskrankenblock aktiv und entscheidend teilgenommen zu haben, wobei er solche Häftlinge, die im Lager durch Hunger, Entbehrungen, Ausbeutung der Arbeitskraft, Krankheiten, Seuchen, Misshandlungen oder aus anderen Gründen arbeitsunfähig geworden waren und deren alsbaldige Wiederherstellung nicht abzusehen war, aber auch solche, die ansteckende oder lediglich ekelerregende Krankheiten – etwa einen Hautausschlag – hatten, teils zur Tötung durch Injektionen oder Erschießungen, teils für den qualvollen Erstickungstod durch Blausäuredämpfe in den Gaskammern aussuchte, um dadurch im Lager Platz für arbeitsfähige Häftlinge zu schaffen. Er soll solche Häftlinge, die er oder andere SS-Ärzte in der vorbezeichneten Art und Weise selektiert hatten, in einer Vielzahl von Fällen teils unter dem Vorwand und Anschein einer Heilbehandlung eigenhändig durch Injektionen von Phenol, Benzin, Evipan, Chloroform, Luft oder anderen in den Blutkreislauf, vorzugsweise in die Herzkammer, getötet haben oder die Tötung durch SS-Sanitätsdienstgrade befohlen und überwacht haben, teils soll er auch in Fällen von Lager- und Krankenblock-Selektionen die Aufsicht geführt haben, wenn SS-Dienstgrade bei den Gaskammern das granulierte Blausäurepräparat Zyklon B durch die Einfüllstutzen in die Räume, in denen dichtgedrängt die zum Tode bestimmten Menschen standen, einwarfen, oder er soll das Präparat selbst eingeworfen haben.« So wird es im Haftbefehl der 22. Strafkammer des Landgerichts Frankfurt am Main vom 29. Januar 1981 stehen, einer überarbeiteten Fassung des Haftbefehls der Staatsanwaltschaft Freiburg im Breisgau vom 25. Februar 1959.

Wenige Stunden nach Inkrafttreten des Grundgesetzes am 25. Mai 1949 begibt sich Josef Mengele, alias Helmut Gregor, im Hafen Genuas an Bord der »North King«. Der »Todesengel von Auschwitz« reist unbehelligt ab nach Argentinien. Sein Name steht in keinem Haftbefehl.

Juni 1949

Der erste Bundestagswahlkampf beginnt. Die westlichen Siegermächte vereinbaren, dass mit dem Inkrafttreten des Besatzungsstatuts im September zivile Hochkommissare die Militärregierungen ablösen werden. Die US-Militärgerichte in Nürnberg stellen ihre Tätigkeit ein.

Es reist sich manchmal unbeschwerter, wenn der Reisende weiß, was ihn am Ziel erwartet. Thomas Mann glaubt es zu wissen, als er am 9. Juni im Speisewagen von Zürich nach Basel fährt. Er ist in gehobener Stimmung. Zürich ist freundlich zu ihm. Seinen 74. Geburtstag an Pfingstmontag hat er im »guten Beisammensein« mit einigen Freunden im Café Huguenin mit Eisbombe, Kaffee, Likör und holländischen Zigarren gefeiert. Sein auf allen Stationen der Europa-Reise bejubelter Vortrag »Goethe und die Demokratie« zur Eröffnung der Goethe gewidmeten Junifestwochen im Zürcher Schauspielhaus war wieder ein »enormer Erfolg«.

In der »Neuen Zürcher Zeitung« ist eine überschwängliche Kritik des Feuilleton-Chefs Eduard Korrodi erschienen, der es als »köstlich« empfand, »Thomas Mann als Sprachrohr des 81-jährigen Goethe« vor sich gehabt zu haben: »Das europäische Deutschland ist zugleich das demokratische, in dem sich leben lässt. Das ist der Augenblick, wo Thomas Mann mit Recht den Dichterfürsten mit einem Tropfen demokratischen Öles gesalbt finden konnte.« Denselben Vortrag wird Thomas Mann heute Abend im Berner Casino halten. Erwartungsgemäß wird er am Bahnhof von Studenten abgeholt, erwartungsgemäß erweist sich das Hotel Bellevue, in dem er logiert, als »schön, teuer«, und erwartungsgemäß wird Thomas Mann »gefeiert wie gewöhnlich«. Doch anders als gewohnt, wird Mann an diesem Abend in seiner Rede von lauten Buhrufen einiger betrunkener Schweizer Studenten unterbrochen. Sie schreien: »Pfui, Thomas, du bist anglisiert.«

Thomas Mann spricht weiter, als wäre nichts geschehen. Aber David Cornwell, ein 17 Jahre alte englischer Germanistik-Student, ist aufgebracht. Cornwell liebt die deutsche Sprache, deshalb musste er heute Abend unbedingt Thomas Manns berühmten Vortrag hören. Doch blieb die Liebe bisher unerwidert. Eine in Bern lebende jüdische Deutsche, bei der Cornwell Konversationsunterricht nimmt, hatte ihn deshalb auf eine Deutschlandreise geschickt, von der er gerade zurückgekehrt ist. Mit einem britischen Visum war er zu den Konzentrationslagern Dachau und Bergen-Belsen gereist, »die noch immer nach Tod rochen«, er hatte das zerstörte Ruhrgebiet besucht und schließlich Berlin, wo er sich mit Mumps infiziert und in einem elenden Lazarett in einem U-Bahn-Schacht gelegen hatte, wo »alle auf der Flucht waren vor irgendwas«.

Der Kulturschock, den er in Deutschland erlebte, hat Cornwell erschüttert, aber seine Liebe zur deutschen Sprache und Literatur nicht berührt. Deshalb schämt er sich für seine pöbelnden Kommilitonen, und er beschließt, zusammen mit einem deutschen Studenten Thomas Mann in der Garderobe aufzusuchen und sich für sie zu entschuldigen. »Wir klopfen an die Tür. Mann selber öffnet und starrt uns an. Er ist sehr groß, trägt ein weißes Hemd und schwarze Hosenträger. ›Was wollen Sie?‹, herrscht er uns mit all der Strenge eines Lübecker Patriziers an. ›Ich wollte Ihnen die Hand schütteln‹, stottere ich. ›Hier ist sie‹, antwortet er. Thomas Mann und ich schütteln uns die Hände. Er schließt leise die Tür vor unseren Nasen und verschwindet.« Thomas Mann erwähnt weder die Buhrufe aus dem Auditorium in seinem Tagebuch noch die Begegnung mit dem jungen Mann. Die Störer straft er vermutlich mit Nichtbeachtung, vom Händedruck kann er nicht wissen, welche Bedeutung er für David Cornwell hat. In diesem Augenblick habe die Umarmung der deutschen Muse für ihn körperliche Form angenommen, wird David Cornwell Jahrzehnte später erzählen, als er unter dem Namen John le Carré längst selbst ein weltberühmter Autor ist.

Die SPD wirbt für den Sozialismus und kämpft für ein starkes Deutschland, die CDU wirbt für die soziale Marktwirtschaft und kämpft auch für ein starkes Deutschland, die Deutsche Partei und zumindest ein großer Teil der FDP werben damit, dass sie für ein starkes Deutschland kämpfen, die CSU und die Bayernpartei werben für ein starkes Bayern, im Übrigen kämpfen auch sie für ein starkes Deutschland. Es gibt – bei allen Unterschieden – einen gemeinsamen Gegner aller Parteien im ersten Wahlkampf in Deutschland nach 16 Jahren. Er versucht angeblich rücksichtslos, die deutsche Wirtschaft zu Boden zu drücken, sie auf Dauer als Konkurrenz in der Weltwirtschaft auszuschalten und so die Erstarkung Deutschlands ein für alle Mal zu verhindern.

Der Gegner sind die westlichen Siegermächte, die Mittel, deren sie sich bedienen, die Demontagen deutscher Industrieanlagen insbesondere im Ruhrgebiet. Seit Monaten wächst in Westdeutschland der Widerstand – Unternehmer protestieren gegen den Abbau ihrer Anlagen und deren Wiedererrichtung in Großbritannien oder in den USA, Arbeiter verweigern die Beteiligung an den Demontagearbeiten und werden von Militärgerichten zu Freiheitsstrafen verurteilt, im Juni schickt die britische Militärregierung zwei Hundertschaften belgischer Soldaten nach Bergkamen, um gegen den Widerstand der Bevölkerung die Demontage einer Kohlehydrieranlage durchzusetzen.

Der SPD-Vorsitzende Kurt Schumacher pöbelt den britischen Außenminister und ehemaligen Gewerkschaftsführer Ernest Bevin an, England habe den Krieg gegen Deutschland offensichtlich nur geführt, um sich »unbequemer Konkurrenzfirmen« zu entledigen. Der CDU-Vorsitzende Konrad Adenauer fordert Bevin auf, endlich Schluss zu machen mit Rache, Hass und Demontage. Deutsche Zeitungen rechnen den Siegermächten vor, die demontierten Anlagen brächten in der Regel niemandem Gewinn, aber die Arbeitslosigkeit – allein in der Bizone wurden zum Anfang des Jahres über eine Million Arbeitslose registriert – steige dank der Demontagen immer weiter. Es sei offenkundig sinnlos, schizophren und ein Zeichen wirtschaftspolitischer Inkompetenz, einerseits den Wiederaufbau der westdeutschen Wirtschaft zu befördern und ihn andererseits unmöglich zu machen.

Selbstverständlich erhebt auch die Kirche im Chor des Protests ihre Stimme. Kardinal Frings fleht in einem Hirtenbrief der Erzdiözese Köln so herzzerreißend, als gehe es um die Begnadigung eines verurteilten Kriegsverbrechers: »Wir bestürmen den Vater im Himmel, dass er die, in deren Händen die Entscheidung liegt, in ihren Entschlüssen so erleuchtet und lenkt, dass keine Arbeiter arbeits- und brotlos werden und so das Unglück, das über uns kam, noch vergrößert wird.«

Noch immer liegt halb Europa in Trümmern, leben die Menschen in rauchschwarzen Ruinen, trauern um ihre Toten und beklagen das Unglück, das die Deutschen über sie brachten, aber die Deutschen verlangen von den Opfern Unterstützung beim Wiederaufstieg zu einem starken Deutschland. Immerhin, in der »Neuen Zeitung« diagnostiziert ein Autor hier einen klaren Fall von »Bewusstseinsschwund«. Die Deutschen forderten »heute von den anderen, dass sie handelten, als sei das Vergangene nicht gewesen«. Tatsächlich seien die Demontagen politisch und wirtschaftlich nicht unbedingt vernünftig. »Wir sind aber heute in einer Situation, in der wir von allen anderen Verständnis für Deutschland fordern, ohne selbst bereit zu sein, den anderen Verständnis entgegenzubringen.«

Die Bundesbürger sind vier Jahre nach der Beseitigung der Diktatur auf die Sieger nicht besonders gut zu sprechen. Das ist nicht nur für deren Militärregierungen eine wichtige Nachricht, auch für die Öffentlichkeit in den USA, Großbritannien und Frankreich. Die Bürger dieser Länder wollen endlich wissen, ob nur die Nationalsozialisten und die Wehrmacht geschlagen wurden oder inzwischen der deutschen Bevölkerung auch der Geist des Nazismus ausgetrieben werden konnte. Die Regierungen der Siegermächte schulden also ihren Bürgern Rechenschaft über den Ertrag ihrer Besatzungspolitik.

Zu den amerikanischen Korrespondenten, die im Auftrag der Militärregierung ausschwärmen, um den Deutschen den politischen Puls zu fühlen und mit ihren Berichten 100 Millionen Amerikaner über den Stand der Dinge im Herzen Europas aufzuklären, gehört der 31 Jahre alte Russell Jones, einer der begabtesten US-Journalisten seiner Generation mit mehrjähriger Deutschland-Erfahrung. Er soll die Frage beantworten: Wer und was wird demnächst das Vakuum füllen, das die Nationalsozialisten hinterlassen haben?

Jones beantwortet sie so: »Am stärksten spricht jede Partei durch den militanten Nationalismus an, und alle müssen ihn bieten, wenn sie politisch konkurrenzfähig bleiben wollen.« Alle Siegermächte – also auch die Sowjetunion – hätten in ihrem Kampf um Deutschland den Parteien gestattet, dieses Lockmittel unbegrenzt anzuwenden. Wenn die Besatzungsmächte sich irgendwann zurückziehen, werde »sich der Deckel auftun« und das »wahre Feuerwerk« beginnen: »Der Schrei nach ›Lebensraum‹ wird wieder laut werden, man wird die alten Schlagwörter abstauben, und das Volk wird seinen neuen ›Führer‹ mit ›Heil‹ begrüßen.«

Das ist keine erfreuliche Prognose, zu der nur einer kommen kann, der – wie Jones – die Entnazifizierungsbemühungen der Siegermächte für gescheitert hält: »Die reine Wahrheit ist, dass das Entnazifizierungsprogramm, aus welch guten Absichten es auch hervorgegangen sein mag, zu einem fast völligen Misserfolg geführt hat. Die deutsche Geisteshaltung, die es möglich gemacht hat, dass die Hitlersche ›Weltanschauung‹ überhaupt Eingang fand und aufgenommen wurde, existiert noch, und nach der Meinung der meisten von uns, die wir dabei waren, stehen wir genau da, wo wir im Jahre 1945 begonnen haben.«

Wie konnte das geschehen? Jones zitiert einen Beamten, der ungenannt bleiben wolle, weil seine Auffassung »nicht sehr beliebt« sei: »Nur drei Prozent der Deutschen haben Eigenschaften, die zu volkstümlicher politischer Führung befähigen, und glauben an die Demokratie. Vielleicht sind weitere 17 Prozent ebenfalls qualifiziert, aber sie glauben nicht an die Demokratie. Die Übrigen sind für jede politische Führung zu haben. Es ist klar, dass wir uns der drei Prozent hätten annehmen und sie bis zum Äußersten hätten stützen sollen. Was die anderen betrifft, so hätten wir ihnen ein für alle Mal unmöglich machen sollen, ein Amt oder eine Stellung einzunehmen, von wo aus sie einen wirtschaftlichen oder politischen Druck würden ausüben können. Unser Grundfehler war, dass wir von jedem ein bisschen taten, aber nichts von alldem ganz.«

Jones macht klar, was das genau bedeutet: In ihrem Hass auf Hitler hätten die Amerikaner alle Schuldigen bestrafen wollen und deshalb den Entnazifizierungsplan mit unausführbaren Einzelvorschriften belastet. Danach hätte jeder dritte oder vierte Deutsche erwarten müssen, vor Gericht gezogen zu werden: »In Bayern waren von sechs Millionen Erwachsenen 1,5 Millionen, in Hessen von drei Millionen fast 900 000 ›betroffen‹. Das war selbst von den Deutschen ein wenig zu viel verlangt.« Zunächst sei versucht worden, jeden unter die Lupe zu nehmen, dann sei die Politik geändert worden mit der Folge, dass »die großen Bonzen davonkamen«. Das Ende des amerikanischen Entnazifizierungsprogramms im Verlauf des Jahres 1948 – jetzt wurde die künftige Bundesrepublik als Teil des »Bollwerks gegen den Bolschewismus« benötigt – sei das »Signal für eine neue Welle des deutschen Gesinnungsumschwungs« gewesen: »Sie richtete sich gegen Landsleute, die an der Ausführung des Programms mitgearbeitet hatten.«

Entsprechend lautet das Fazit in Jones' Bericht, dem er den Titel »Freiheit – meistbietend versteigert« gibt, »kein Deutscher mit politischem Ehrgeiz« könne es sich leisten, sich als »Kollaborateur« hinstellen zu lassen: »Ist einmal die Zusammenarbeit mit der Besatzung nicht mehr notwendig, dann wird ein wahrhaft dynamischer Führer von der Art, wie die Deutschen sie immer geliebt haben, auf den Plan treten, um Deutschland zu seiner verlorenen Größe zurückzuführen und seinen verlorenen Ruhm zu erneuern. Wer dieser Mann sein wird, kann niemand sagen. Aber er wird nicht weit kommen, wenn er an Demokratie glaubt.« Jones erteilt der amerikanischen Entnazifizierungspolitik miserable Zensuren, die Deutschen aber sind sitzen geblieben – auf dem Stand vom 8. Mai 1945.

Die deutsche Demokratie baut sich ein Haus. Zwar hat der Parlamentarische Rat erst zwei Tage nach Verabschiedung des Grundgesetzes – dank einer List seines Präsidenten Konrad Adenauer – Bonn und nicht den Favoriten Frankfurt am Main zur provisorischen Bundeshauptstadt bestimmt, aber in kühner Vorausschau hat die nordrhein-westfälische Landesregierung bereits im November 1948 den Ausbau der Pädagogischen Akademie zum Sitz von Bundestag und Bundesrat beschlossen.

Die Arbeiten kommen gut voran, der künstlerische Bauoberleiter Hans Schwippert konnte schon am 5. Mai Richtfest feiern. Er wird am 25. Juni 50 Jahre alt, kein Alter, wie man so sagt, aber für Schwippert vielleicht doch nicht ganz selbstverständlich. Denn Schwippert hat sehr früh mit den Amerikanern »kollaboriert«, und es war nicht ganz klar, dass er das überleben würde.

Ihn hätte das gleiche Schicksal treffen können wie seinen damaligen Chef, den Aachener Oberbürgermeister Franz Oppenhoff, der im März 1945 von Mitgliedern der Gruppe Werwolf ermordet wurde, ein Guerilla-Trupp, der von SS-Chef Heinrich Himmler aufgestellt worden war. Seine Aufgabe bestand vor allem darin, »Volksgenossen« zu liquidieren, die sich des »Verrats« schuldig gemacht hatten. Unmittelbar nach der Befreiung Aachens im Oktober 1944 hatten die Amerikaner Oppenhoff, einen konservativen Katholiken, als Oberbürgermeister eingesetzt, wenig später hatte Himmler den Mordbefehl erteilt: »Der Aachener Oberbürgermeister ist zum Tode verurteilt. Das Urteil ist durch W zu vollstrecken.« W stand für Werwolf. Der Bürgermeister und kommissarische Leiter des Bauamts der Stadt Aachen, Hans Schwippert, galt ebenfalls als »Verräter«, war aber Himmler als Mordopfer vermutlich nicht prominent genug.

Auch wenn es ihn also nicht persönlich betrifft, wird Schwippert das Verfahren gegen die überlebenden Mörder Oppenhoffs bestimmt mit Interesse verfolgen, das später in diesem Jahr mit zwei Freisprüchen und zwei Verurteilungen zu vier Jahren Freiheitsstrafe endet, die allerdings wegen »Befehlsnotstands« auf zwei Jahre halbiert werden. Es ist keine Überraschung zu erfahren, dass der Vorsitzende Richter der Kammer in Aachen – wie auch ein Beisitzer – Mitglied der NSDAP und Richter an einem NS-Sondergericht gewesen ist. Es ist also festzuhalten, dass im Jahr 1949 »Kollaborateure« in Deutschland nicht mehr ermordet, aber auch die Mörder von »Kollaborateuren« – von der Justiz – möglichst schonend behandelt werden.

Es ist denkbar, dass alle vier Siegermächte – »hüben & drüben« – überhaupt nicht die Absicht haben, Deutschland wieder flottzumachen. Friedrich Helms kommt der Verdacht, als er im Regen Zuflucht findet an einem »stillen Plätzchen« in einer Uelzener Friedhofskapelle. In Berlin herrscht weiterhin Chaos, und die junge Bundesrepublik hat noch »keinen Beweis ihrer Dauerhaftigkeit« geliefert.

Auch persönlich steht es mit Friedrich Helms nicht zum Besten. Zwar hat er seinen 66. Geburtstag mit Marie, den Töchtern und einigen alten Bekannten in einer Kneipe gefeiert. Es gab Bohnensuppe mit Bockwurst. »Großartig«. Aber dann stürzt er bei einem Schwindelanfall auf den Bürgersteig und verletzt sich die linke

Hüfte. Noch Tage später schillert das Bein in allen Farben. Schwindelgefühle infolge Herzbeschwerden. Helms steht mit Schwindel morgens auf und legt sich mit Schwindel am Abend ins Bett.

Und dann die Geldprobleme. Der Transporteur, der die Möbel von Wilhelmshorst nach Uelzen brachte, schickt eine Mahnung, aber Helms ist blank. Und doch: Wenn Helms den »grausigen Unterschied« von Wilhelmshorst und Uelzen bedenkt, wenn seine Gedanken zu den »Ostmenschen & ihrer Dürftigkeit« wandern, geht ihm das Herz auf. In den Uelzener Gärten blüht es »mächtig«, Rosen, Rittersporn, Lupinen und tausend andere Blüher stehen neben »reichen« Erdbeerfeldern und dicht behangenen Obststräuchern. Auf dem Markt liegen die Heidelbeeren aus, das Pfund für 40 Pfennig, in den Auslagen »leuchten« Tomaten, allerdings für 2,50 Mark das Pfund. Freude ergreift ihn beim Betrachten der Uelzener »Mittags- und Abendtische«, vor allem im Vergleich mit Wilhelmshorst: »Wie kläglich aßen wir doch in Wilhelmshorst! Brot, Fisch & Käse gibt es überall im Überfluss & in jeder Form. Kühle Buttermilch (24 Pfennig ein Liter) ist stets vorrätig. Unser Haus ist elegant verputzt & wirkt vornehmer denn je. Mir allerdings kommt der raue Weißputz noch wie Schichtkäse oder wie Rasierschaum vor, aber beides dient ja auch zu Nutz & Frommen.« Nun noch im Selbsteinsatz die Fensterrahmen: »Das Schmuckkästchen wäre dann fertig.« Alles ist neu im Leben von Friedrich Helms. Auch die Herzprobleme.

Martin Bormann lebt. Zumindest glauben fast alle, dass er lebt, auch Albert Speer. Bormann, Reichsleiter der NSDAP, Hitlers Sekretär, Reichsminister, Chef der Parteikanzlei, politischer Befehlshaber des Volkssturms, mit anderen Worten einer der mächtigsten Männer nach Adolf Hitler, war wie Speer im Hauptkriegsverbrecher-Prozess angeklagt und verurteilt worden: Speer zu 20 Jahren, Bormann zum Tod durch Hängen. Aber anders als Speer war Bormann in Nürnberg nicht persönlich anwesend. Er war verschwunden, verschollen – dass er sich am 2. Mai 1945 mit einer Giftkapsel das Leben genommen hatte, wussten weder seine Ankläger und Richter noch Speer, der auch vier Jahre später nur heitere, von keinen Todesgedanken umwölkte Erinnerungen an Martin Bormann pflegt.

Neulich ist ihm deutlich geworden, dass er sich mit seiner Familie häufiger auf dem Obersalzberg aufgehalten habe als im eigenen alten Holzhaus, das früher eine kleine Bergpension gewesen sei, bevor Bormann sie wie alle Anwesen auf dem Berg »in seinen Besitz gebracht« und der Familie Speer zugewiesen habe: »Wie ausgelassen waren meine Kinder, wenn ich Zeit hatte, sie mit dem schnellen BMW-Sportwagen über Bormanns kurvenreich in den Fels gesprengte Straße mit hoher Geschwindigkeit auf das 800 Meter höher gelegene Adlernest Hitlers zu fahren. Sie stürmten geradezu die Sitze, wenn ich die Tür geöffnet hielt, und lachten und schrien vor Vergnügen, je mehr die Reifen in den Serpentinen quietschten.« Bormann hatte – dieser Einwand soll aber Speer nicht die schöne Juni-Reminiszenz verderben – die Grundstücke so an sich gebracht, dass er den Eigentümern angeboten hatte, sie nicht in Konzentrationslager verschleppen zu lassen, wenn sie freiwillig verkauften.

Rudi Schuricke, singender Drogist und Troubadour der Liebe, landet mit dem Schlager »Capri-Fischer« den Hit des Sommers, meistgespieltes Lied der Nachkriegsjahre, Welterfolg, Goldene Schallplatte. Komponiert hat die Melodie Gerhard Winkler, der sich bereits in früheren Jahren mit dem »Chianti-Lied« und »Frühling in Sorrent« als Experte auf dem Gebiet unstillbarer Italiensehnsucht bewiesen, aber auch dem Exerzierplatz seine Aufwartung gemacht und seinem Wehrmachtskommandeur den Marsch »Unser Kommandeur« gewidmet hatte. Den Text (»Wenn bei Capri die rote Sonne im Meer versinkt«) hat Ralph Maria Siegel beigesteuert.

Der Siegeszug des Liedes hat sich allerdings um einige Jahre verzögert. Es war 1943 verboten worden, nachdem sich in Italien ein anderer Siegeszug – der Vormarsch der alliierten Streitkräfte – als unaufhaltsam herausgestellt hatte, Capri besetzt worden und den Nationalsozialisten die Lust auf Untergänge vergangen war. Es muss Siegel besonders geschmerzt haben, dass ausgerechnet ein Werk von seiner Hand dem NS-Regime missfiel. Seine Texte waren nicht nur mustergültig unbedarft, er unterstützte die Nationalsozialisten auch beim Aufspüren »entarteter Kunst«, zum Beispiel in seinem »Musikalischen ABC« unter dem Stichwort Niggerjazz: »Dieser ist zurecht verpönt / Darum schleunigst abgewöhnt.« Das ist zwar nicht gelungen, aber »Capri-Fischer« ist der Schlager nicht nur dieser Saison, das Trio Schuricke / Winkler / Siegel gibt bis auf Weiteres in Deutschland den Ton an: »Hör von fern, wie es singt: / Bella, bella, bella Marie, / Bleib mir treu, ich komm zurück morgen früh.«

Eigentlich hätte in diesen Tagen der alte Schlager »Ausgerechnet Bananen!« eine Renaissance verdient. Der österreichische Librettist und Schlagertexter Fritz Löhner hatte 1923 für den US-Song einen deutschen Text geschrieben, ebenso sinnfrei wie die Werke Siegels, aber immerhin gut gelaunt und witzig: »Ausgerechnet Bananen, / Bananen verlangt sie von mir! / Nicht Erbsen, nicht Bohnen, / Auch keine Melonen, / Das ist ein ›Schikan‹ von ihr! / Ich hab Salat, Pflaumen und Spargel, / Auch Olmützer Quargel, / Doch ausgerechnet Bananen, / Bananen verlangt sie von mir!« Das Lied wurde ein unerwarteter Erfolg, die Tanzkapellen spielten es auf Grammofonplatten und in Konzertsälen, die Menschen tanzten darauf und pfiffen es auf der Straße, Löhner selbst bereute es schon bald ironisch: »Konnt' ich wissen, konnt' ich ahnen, / Dass die Welt ins Irre hopst, / Ausgerechnet durch Bananen, / Dieses harmlos-dumme Obst?« Als die Deutschen kein Obst mehr brauchten, um ins Irre zu hopsen, war der jüdische Librettist in

Auschwitz ermordet worden. Den Deutschen waren wenig später die Bananen ausgegangen. Im Juni 1949 kommen sie zum ersten Mal nach zehn Jahren – aus Kolumbien – wieder ins Land.

Ohne die Humorlosigkeit der Amerikaner wäre dem bayerischen Humoristen Weiß Ferdl sein größter Erfolg versagt geblieben. Populär war der Gstanzlsänger bei den Münchnern schon seit langer Zeit, aber in ihr Herz geschlossen für immer und ewig, jedenfalls über seinen Tod hinaus, der ihn am 19. Juni 1949 ereilt, haben sie ihn erst, seitdem er vor drei Jahren mit dem Lied »Ein Wagen von der Linie 8« seine Gefühle für die Münchner Trambahn in die Worte gemeißelt hat: »So fährt der Wagen schnell dahin, / Die Menschen in dem Wagen drin, / Die schaun gar grantig – niemand lacht, / Da drin – im Wagen der Linie 8.«

Zu dieser subtilen Beobachtung sah sich Weiß Ferdl gezwungen, weil die Amerikaner seinen Mercedes beschlagnahmt und ihn auf die Nutzung des öffentlichen Nahverkehrs verwiesen hatten – Folge ihrer einseitigen Betrachtung des gebürtigen Altöttingers. Sie hatten nur das NSDAP-Mitglied Ferdinand Weisheitinger, wie Weiß Ferdl mit bürgerlichem Namen hieß, gesehen und nur solche Gstanzln gehört, die er auf geselligen NS-Abenden oder im berühmten Platzl vorgetragen hatte: »Der Kohn, der lässt sich taufen, nur weg'n die bösen Leut. / Er nimmt den Namen Schmid an, was ihn besonders freut. / Doch kann er sich nicht merken den Namen ›Julius Schmid‹, / Und fragt man ihn: Wie heißen S', dann sagt er ›Schmulius Jüd‹.«

Übersehen und überhört aber haben sie den vorwitzigen, mutigen und unendlich schöpferischen Erfinder und Verbreiter von Flüsterwitzen, mit denen er den Herren des NS-Staates das Leben sauer gemacht und das Publikum zu Lachkrämpfen gekitzelt hat. Das hatte zumindest Weiß Ferdl beklagt und auch sein Verteidiger im Entnazifizierungsverfahren behauptet. Aber wenige Monate vor seinem Tod hatte die Kulturabteilung der US-Militärregierung klargestellt, dass sie die vermeintliche ideologische Vielseitigkeit des Gstanzlsängers durchaus registriert habe und eben deshalb keinen Grund sehe, die Beschlagnahme des Mercedes zu bedauern. Er sei ein »Protektionskind von Nazifunktionären« gewesen, dem »aufgrund seiner Beziehungen zu hochgestellten Parteileuten« erlaubt war, »an den Zuständen in der NSDAP eine gewisse Kritik« zu üben. Die humorlose Betrachtungsweise der Amerikaner hatte dem knödelnden Tramfahrer immerhin zu einem glänzenden Geschäft verholfen.

Nicht nur Thomas Mann, Bert Brecht und SED-Funktionäre machen sich aus aktuellem Anlass Gedanken über Goethe. Eine norddeutsche Universitätszeitung bittet die Leserschaft um die Beurteilung des Gereimten von vier Studenten. Auf die heftigste Ablehnung stößt ein Gedicht aus der Feder des »stud. jur. j.w.g.«. 75 von 100 Kritikern halten es für ausgesprochen schlecht, 20 Prozent für bestenfalls mittelmäßig. Es sei »zu grell«, »zu stürmisch«, »zu verkrampft«, hier schreibe ein »trauriger Nachwuchs« mit »fürchterlichen Wortkombinationen«. Ein einziger Kritiker überwindet sich zu mäßiger Anerkennung und billigt »mildernde Umstände« zu. Das Gedicht beginnt mit den Worten: »Du gehst! Ich murre. / Geh! Lass mich murren.« Es ist die »Zwote Ode an meinen Freund« von Johann Wolfgang von Goethe.

Juli 1949

Die Internationale Arbeitsorganisation (ILO) erlaubt die Teilnahme deutscher Beobachter an ihren Konferenzen, wenn Deutschland betreffende Themen verhandelt werden. Deutsche Handelsschiffe dürfen wieder auf allen Weltmeeren verkehren. Die SPD ruft die Arbeiter auf, sich nicht an den Demontagearbeiten zu beteiligen. Das Westberliner Stadtparlament beschließt einstimmig ein Gesetz, das für die Verschleppung von Personen aus den Westsektoren Zuchthausstrafen androht.

In einigen Wochen werden Zeitungen von einem »Camp ohne Hoffnung« in Uelzen berichten, von »vogelfreien Obdachlosen«, von denen niemand weiß, was mit ihnen geschieht, von Männern, Frauen und Kindern, die in Laubhütten hausen und mit ihren Händen und mit alten Konservendosen Löcher in den Waldboden graben. Die Zeitungen werden sie »Erdhöhlenbewohner« nennen und den Flecken, auf dem sie hausen, das »Waldlager«.

Wer fragt, was sie dorthin verschlagen hat, findet seit Juli die Antwort in Ziffer 6 der sogenannten Uelzener Entschließung. Sie regelt das Schicksal der »illegalen Grenzgänger«, die aus der sowjetischen Besatzungszone in den Westen geflohen, aber dort nicht willkommen sind. Wer ist willkommen? Ein Mensch, der zu den 2840 Flüchtlingen gehört, die die Flüchtlingsverwaltungen der Länder jeden Monat aufzunehmen bereit sind. Ist die Obergrenze erreicht, ist jeder weitere unwillkommen und wird in sein »Herkunftsgebiet zurückgewiesen«. Aber die Unwillkommenen – es sind jeden Monat Zehntausende – gehen nicht zurück, selbst nicht um den Preis, in Erdlöchern leben zu müssen.

Die Vertriebenen aus den ehemaligen deutschen Ostgebieten waren vor ihnen da. Nach Kriegsende waren sie gekommen, waren – in Durchgangslagern wie Gießen, Friedland und Uelzen-Bohldamm – registriert und an ihre künftigen Wohnorte weitergeleitet worden, allein in Uelzen 1,3 Millionen. Jetzt aber kommen Monat für Monat Zehntausende Flüchtlinge aus der sowjetischen Besatzungszone vor allem nach Niedersachsen. Mit 540 Kilometern hat es zum Osten die längste Grenze aller Bundesländer.

Das Lager Uelzen-Bohldamm – 8000 Plätze – ist das größte der

Westzonen, doch viel zu klein für die Scharen von Flüchtlingen aus der Ostzone. Anfang des Monats hat der niedersächsische Landtag auf Initiative des Flüchtlingsministers das Lager vorläufig geschlossen. In den vergangenen Wochen hätten jeden Tag bis zu 350 Flüchtlinge Aufnahme in Bohldamm gefordert, er – der Minister – könne dafür nicht länger die Verantwortung übernehmen, zumal die übrigen Länder der Westzonen »keinerlei Schritte unternommen« hätten, diese »gewaltige Last von den Schultern Niedersachsens zu nehmen«.

Der niedersächsische Volksmund kennt keine Unterschiede zwischen Vertriebenen und Flüchtlingen: »Die drei großen Übel der Zeit – Wildschweine, Kartoffelkäfer und Flüchtlinge.« Damit sind auch die Vertriebenen gemeint. Der Flüchtlingsminister Heinrich Albertz (SPD), ein protestantischer Pfarrer aus Breslau, nimmt es hingegen mit der Unterscheidung sehr genau. Er hat ein Herz für die Vertriebenen der ehemals deutschen Ostgebiete, ein Freund der Flüchtlinge aus der Ostzone ist er nicht. Er hält sie, aufs Ganze gesehen, für asozial und arbeitsscheu. Das steigert nicht die Hilfsbereitschaft, schon gar nicht, wenn die verbliebenen Vertriebenen und die Flüchtlinge um die Lagerplätze konkurrieren. Die Schließung Bohldamms zeigt immerhin schon wenig später Wirkung.

In der Uelzener Erklärung vereinbaren die Flüchtlingsverwaltungen der Länder, die Flüchtlinge zu verteilen, und bestimmen, wer Anspruch hat, zu bleiben. Aufzunehmen sind danach Opfer politischer Verfolgung und Flüchtlinge, »denen aus Gründen der Menschlichkeit ein Asylanspruch anerkannt wird«. Die Obergrenze wird bei 2840 Aufzunehmenden pro Monat bestimmt, davon müssen drei Viertel auf Opfer politischer Verfolgung, »der verbleibende Rest« auf Betroffene des Menschlichkeits-Asyls entfallen. Alle anderen »können nicht aufgenommen und müssen daher in ihr Herkunftsgebiet zurückgewiesen werden«, alle anderen sind: mehr als 60 Prozent.

Was aber, wenn die abgewiesenen Flüchtlinge nicht zurückgehen, nicht einsehen, dass sie im Osten nur deshalb nicht politisch verfolgt werden, weil im Westen die Aufnahmekapazitäten der Lager nicht reichen? Die britische Militärregierung verbietet ihre Abschiebung – eine humane Konsequenz des Kalten Krieges –, weshalb aus dem Rückkehrgebot eine unverbindliche Aufforderung wird. Die abgelehnten Flüchtlinge bekommen im Lager eine Tagesration Verpflegung und einen Freifahrtschein zur Grenze. Die meisten verlassen den Zug schon wieder an der nächsten Station, viele steigen gar nicht erst ein.

Es dauert ein paar Wochen, dann erscheinen die ersten Berichte über das »Waldlager«. Der »Spiegel« zeigt auf einer ganzen Seite Bilder mit »Erdhöhlenbewohnern«, in der »Zeit« klagt Jan Molitor (alias Josef Müller-Maron): »Und wenn man's bildhaft so ausdrückt, dass ein Strom von Flüchtlingen sich täglich über die Zonengrenze ins Land Niedersachsen ergießt, dann bleibt man im Bilde, wenn man sagt: Das Auffanglager in Uelzen ist das Wehr. Die sperrigen Stäbe dieses Wehrs sind aus Verordnungen zusammengefügt, und viele bleiben darin hängen.«

Auch Friedrich Helms bemerkt Hängengebliebene, abends nach einem Kneipenbesuch auf dem Nachhauseweg: »Weitergehend stieß ich in einem Wäldchen auf ein Erdhöhlenlager von Flüchtlingen, die in dem angrenzenden amtlichen Flüchtlingslager – dem bekannten & verdammten – keinen Einlass fanden & nun hier primitiv inmitten des stinkenden Nachtnebels unter Decken & im herbeigeschleppten Stroh eine Bleibe – wer weiß, für wie lange – finden.« Friedrich Helms weiß: Das Einzige, was ihn und Marie von den Bewohnern der Erdhöhle unterscheidet, ist die Zuzugsgenehmigung nach Uelzen.

Das Wetter wird den Erdhöhlenbewohnern schließlich zu Hilfe kommen. Weil ein Sturm angekündigt ist, lässt Flüchtlingsminister Albertz im Oktober eilig das »Waldlager« auflösen und dessen Bewohner in eine Baracke des Bohldamm-Lagers einweisen. Jahre später wird Albertz als Regierender Bürgermeister Berlins unfreiwillig weltbekannt. Er tritt 1967 nach einem am 2. Juni mit äußerster Härte geführten Polizeieinsatz gegen Demonstranten vor der Berliner Oper zurück, die anlässlich des Besuchs des Schahs von Persien gegen die Menschenrechtsverletzungen seiner Geheimpolizei protestieren. Der Polizeibeamte Karl-Heinz Kurras erschießt dabei den Demonstranten Benno Ohnesorg.

Gesetz Nr. 104 zur Befreiung von Nationalsozialismus und Militarismus vom 5. März 1946, Art. 5, Ziff. 8: »Hauptschuldiger ist, wer sich in einem Konzentrationslager oder Arbeitslager oder in einer Haft-, Heil- oder Pflegeanstalt an Tötungen, Folterungen oder sonstigen Grausamkeiten in irgendeiner Form beteiligt hat«. Am 5. Juli entscheidet die V. Spruchkammer Bremen im Fall Margarete Ries – seit August 1939 im Konzentrationslager Ravensbrück, sodann im Konzentrationslager Auschwitz, seit Mai 1948 in Untersuchungshaft: »Die Betroffene ist vom Gesetz nicht betroffen.«

Aus den Gründen: Der SS-Rottenführer Salaban habe sie im KZ Auschwitz geohrfeigt und geschlagen, wenn sie als Kapo die weiblichen Häftlinge nicht hinreichend geohrfeigt und geschlagen habe. Schon am Morgen beim Appell »habe das Theater begonnen«, wenn sie ihm Krankmeldungen übergab. Da habe er sie geschlagen und von sich aus veranlasst, dass die vorgeschriebene Arbeit »in demselben Umfang geleistet wurde, selbst wenn etwa zehn Kranke im Lager zurückgeblieben waren«. Der SS-Rottenführer habe sie auch geohrfeigt und geschlagen, wenn sie nicht dafür sorgte, dass die Häftlinge, die sich wegen Schwäche oder auch mit dem »Ziele der Drückerei« von der Arbeitsstelle entfernt hatten, sofort wieder an die Arbeitsstelle zurückkehrten und die Arbeit aufnahmen.

Ries habe bei diesen Gelegenheiten den Mithäftlingen Vorstellungen darüber gemacht, dass sie selbst wegen des Verhaltens dieser Häftlinge vom SS-Rottenführer »gezüchtigt bzw. angeschrien« worden sei. Sie gebe zu, auch jemanden einmal geschlagen zu haben, jedoch nur mit der Hand ins Gesicht und nach vorausgegangener eigener Züchtigung durch den SS-Rottenführer. Trotz der erhaltenen Anweisungen habe sie sich beim Schlagen »auf das Notwendigste« beschränkt. Aussagen von Belastungszeugen, wonach sie eine Mitgefangene so misshandelt habe, dass diese an den Folgen der Misshandlung gestorben sei, bestreite sie auf das Entschiedenste.

Die Spruchkammer stellt fest, dass die Aussagen der Belastungszeugen, die infolge Auswanderung bzw. wegen Erkrankung nicht zur mündlichen Verhandlung erschienen waren, gemäß der Strafprozessordnung keine Verwertung finden. Formell stellten zwar die erwiesenen Handlungen der Betroffenen eine »Erfüllung der Tatbestände des Art. 5 Ziff. 8 des Befr. Gesetzes« dar. Die Kammer sei nach den unwiderlegt gebliebenen Angaben der Betroffenen aber nicht der Überzeugung, dass sie selbst den Tatvorsatz gehabt habe. Vielmehr habe aus den Angaben geschlossen werden müssen, dass die Betroffene ihrerseits unter Androhung von Gewalt und durch tatsächlich durchgeführte Misshandlungen zu der Täterschaft veranlasst worden sei.

Die Beweggründe seien demnach nicht politischer Natur gewesen, etwa in dem Sinne, um sich in einem KZ-Lager an Tötungen, Folterungen oder sonstigen Grausamkeiten zu beteiligen. Die Betroffene sei vielmehr zu diesen Handlungen unter Ausschluss ihrer freien Willensbestimmung gezwungen worden. Eine Anwendung des »Befr. Gesetzes« auf die Betroffene sei deshalb zu verneinen. Die Kosten des Verfahrens erlegt die Kammer der Staatskasse auf. Der Haftbefehl vom 31. Mai 1948 wird aufgehoben.

Deutschland hat wieder einen Wunderheiler. Bruno Gröning, ursprünglich Bruno Grönkowski, ruft die Deutschen zur »Großen Umkehr« auf, aber anders als die westlichen Siegermächte, die die Deutschen seit vier Jahren ebenfalls zur Umkehr zu überreden versuchen, hat Gröning auf Anhieb vollen Erfolg. Wohin sie umkehren sollen, erklärt Gröning nicht en détail, aber sie sind offenbar bereit, ihm dahin bedingungslos zu folgen.

Tag für Tag versammeln sich in Herford Tausende Mühselige und Beladene – vor allem Frauen und ältere Menschen – vor der Villa des Maschinenbau-Ingenieurs Helmuth Hülsmann, der Zentrale des 43 Jahre alten Wunderheilers und seines Stabes. Sie ist auch der Ort, von dem aus der Name Grönings in den vergangenen Wochen in Westdeutschland berühmt und in der Welt bekannt geworden ist. Denn Gröning hat Hülsmanns acht Jahre alten Sohn geheilt. Dieter litt an progressiver Muskeldystrophie, also unheilbarem Muskelschwund, Hülsmann ließ Gröning nach Herford kommen, von einem Tag auf den anderen war Dieter gesund.

Zwar beteuerte der Leiter des Herforder Gesundheitsamts, Medizinalrat Dr. Siebert, das Krankheitsbild habe sich gar nicht verändert. Wenn er Dieter beim Gehen betrachte, dann schwanke er nach Grönings Behandlung genauso bedenklich wie davor. Aber Gröning hatte den Jungen für geheilt erklärt, der Vater hatte nicht auf Siebert, sondern auf Gröning gehört und dankbar dem Heiler Villa und Auto zur Verfügung gestellt.

Gröning ist seit Dieters Heilung berühmt, die internationale Presse schreibt über ihn, und die Deutschen verehren ihn. Bis zum 1. Juli haben 58 000 Bittsteller in Briefen um Hilfe gefleht, vor der Villa rufen sie in Sprechchören nach ihm. Aber Gröning zeigt sich nicht. Zwar kann der frühere Gelegenheitsarbeiter auch aus der Ferne heilen – das ist einer seiner entscheidenden Vorzüge –, ohne ärztliche Diagnose, selbst ohne Namen und Anschriften der Patienten: »Ich brauche nur Papierschnitzel unter die Leute zu werfen, und jeder, der eins findet, ist geheilt, wenn er den Glauben hat.«

Aber das Papierschnitzel muss er behalten. Dem nordrhein-westfälischen Sozialminister fehlt der Glaube, er hat Gröning Auftrittsverbot erteilt. Durchgesetzt hat das der Detmolder Regierungspräsident. Er hatte öffentlich Zweifel an Grönings göttlich gelenktem »Heilstrom« geäußert. Wenig später hatte er Post von Gröning bekommen mit einer aus 18 Punkten bestehenden Ferndiagnose, darunter: Schmerzen im linken Unterkiefer, Schwindelanfälle im Hinterkopf, häufige Blähungen, bewegungsbehinderte rechte Schulter, Schmerzen in den Kniegelenken.

Der Regierungspräsident hatte bis zu dem Morgen keines der Symptome an sich wahrgenommen, vorsichtshalber aber den Herforder Medizinalrat hinzugezogen und vor ihm einige Übungen absolviert, inklusive Kniebeugen und Schulterkreisen: »Wo ist denn meine bewegungsbehinderte rechte Schulter?« Weil ihm auch der Mediziner die Frage nicht beantworten konnte, war der Regierungspräsident zum Sozialminister gegangen und hatte das Auftrittsverbot für Gröning erwirkt. Das allein wäre für Gröning kein Problem. Aber auch der für Juli geplante Auftritt in Hamburg fällt aus, weil dem Ersten Bürgermeister der rechte Glaube fehlt: »Wegen Gefährdung der öffentlichen Sicherheit nicht erlaubt!« Als auch der schleswig-holsteinische Ministerpräsident seinen Auftritt in einem Hotel in Schleswig verbietet, verlegt Bruno Gröning die Verteilung der Papierschnitzel nach Bayern.

Manchmal greift Max Frisch zum Feldstecher und schaut, ob jemand über die Heide stapft. Seit drei Wochen ist er im »lieben Haus« des Verlegers Peter Suhrkamp in Kampen auf Sylt, hört den Wind, der draußen »flötet«, den Regen, der gegen die Scheiben prasselt, die vom Anfall des Windes zittern, und sieht die Wolken jagen über das Uferlose. »Man sitzt und schaut, ganz sich selbst ausgesetzt.« Das Wattenmeer mit glitzernden oder schäumenden Wellen, dann wieder ist es eine Wüste im Schlick. Ebbe und Flut sind Frischs einzige Unterhaltung. »Möwen stelzen in spiegelnden Tümpeln, ganze Rudel, anzusehen wie ein Feld von weißen Narzissen.« Fällt sein Blick auf das rötliche Gras, büschelweise im Winde wogend, sieht er das »Fliehend-Bleibende« von Flammen, als brenne der ganze Hang. Das Gefühl, sich am Rande der Welt zu befinden. »Noch habe ich mich keine Minute gelangweilt.« Hin und wieder kippt Frisch einen Steinhäger oder zwei, unentbehrlich bei so viel leerem Himmel. Dann liest er, in Frankfurt werde Thomas Mann erwartet – »wie ich den Zeitungen entnehme: mit viel Hass ...«

Es wäre eine Untertreibung, Thomas und Katia Manns ersten Deutschland-Besuch, der sie zuerst nach Frankfurt, zum Schluss nach Weimar führen wird, nach 16 Jahren im Exil eine Reise zu nennen. Mann selbst hat das Gefühl, in den Krieg zu ziehen. Vor seiner Abfahrt in Zürich haben ihn neben den inzwischen vertrauten Beleidigungen als Volks- und Vaterlandsverräter Morddrohungen erreicht, sodass er vom ersten bis zu letzten Augenblick seiner Visite unter Polizeischutz steht.

Aber Thomas Manns Auftritt in Frankfurt wird ein Triumph: Sein Empfang durch Frankfurts Oberbürgermeister Walter Kolb und einer Gruppe Kriminalbeamter am Hauptbahnhof, seine Fahrt zum Gästehaus der Stadt in Schönberg im Taunus in Begleitung einer Polizeieskorte, der Empfang des Goethe-Preises, seine umjubelte Rede in der schwer bewachten Paulskirche, auch das Schlussbankett im Gästehaus, das allerdings – nachdem sich das Ehepaar Mann zurückgezogen hat – mit einem Besäufnis der zurückgebliebenen Honoratioren und dem Grölen von Nazi-Liedern endet.

Obwohl Mann mit Freude an die Feier in der Paulskirche zurückdenkt, an die Menschen, die anschließend ein Spalier gebildet und »Auf Wiedersehen!« und »Dableiben!« gerufen haben, fällt sein Urteil über die Westdeutschen nicht erfreulich aus. In seinem Reisebericht, mit dem er bereits auf der Rückreise beginnt, klagt er: »Von den Schandtaten des Nazi-Regimes wollen sie nichts hören und wissen, sie erklären sie für propagandistische Lügen und Übertreibungen, legen ostentative Gleichgültigkeit an den Tag gegen Prozesse, die diese Gräuel zum Gegenstande haben, und zeigen sich ebenso gleichgültig gegen die Zerrüttungen, die Hitlers Krieg in anderen Ländern angerichtet.« Manns Resümee ist vernichtend: »Der deutsche Anspruch auf bevorzugendes Mitleid, besondere Rücksichtnahme und Fürsorge ist von unerschütterlicher Arroganz, und eine vertrackte Welt-Konstellation macht ihn sehr weitgehend erfolgreich.«

Mit anderen Worten: Nicht die Unrechtseinsicht der Westdeutschen, sondern der Kalte Krieg befördert deren Rückkehr in die zivilisierte Welt. Die Eindrücke seiner Deutschlandreise bestätigen nicht nur Manns Skepsis, ob die Rückkehr tatsächlich stattfinden wird, er ist sich danach sogar sicher, dass es aussichtslos sei, auf sie zu hoffen: »Die Entwicklung geht rapide in Richtung der Renazifikation, unter angloamerikanischem Schutz und Schirm, und meinen Besuch, scheint es, habe ich in the very last minute gemacht. Es war ja auch schon eine Menge Kriminalpolizei dazu nötig.«

Zwei Jahre zuvor hat Erich Kästner in einem Interview gespottet: »Thomas Mann ist durch seine Kinder Claus (sic) und Erika fraglos über die Zustände in Deutschland falsch unterrichtet. Vermutlich ist er der Auffassung, dass er sofort erschlagen würde, falls er sich nur in Deutschland auf der Strasse (sic) blicken liesse (sic).« Weil Thomas Mann im Gegenteil sehr gut unterrichtet ist, lässt er sich in Deutschland nicht, jedenfalls nicht ohne Polizeischutz, auf der Straße blicken.

Max Frisch, der noch kein anerkannter Autor ist, aber schon ein Experte auf dem Gebiet der Introspektion, also der psychischen Defekte, versucht in diesen Tagen, am Rand der Welt den Hass der Westdeutschen auf Thomas Mann zu deuten: »Für viele seiner Landsleute, selbst wenn sie sein Werk kaum kennen, ist er etwas wie eine Innenfigur geworden; sie lechzen nach Weltachtung, er hat sie, aber sie können sich nicht mit ihm verbrüdern, ohne dass sie etliches zugeben müssten, was er zu ihrem Unbehagen gesagt hat.« So begnügten sie sich mit dem Versuch, ihm die Weltachtung abzukratzen: »Als könnten sie dabei etwas gewinnen.«

Der Versuch besteht unter anderem darin, ihn als Heuchler und als Kommunisten darzustellen. Der Publizist Eugen Kogon, der Gefangener im KZ Buchenwald war, eine »Gesellschaft zur Bekämpfung der Unmenschlichkeit« und der schwedische Journalist Paul Olberg werfen Mann die Fortsetzung seiner Reise nach Weimar vor, in dessen unmittelbarer Nachbarschaft sich das KZ Buchenwald befindet. Heute wie damals in der NS-Zeit seien dort politische Gefangene eingesperrt, gewechselt habe nur das System.

Schon mehrmals hat Mann beteuert, er kenne keine Zonen, er besuche Deutschland als Ganzes, nicht als Besatzungsgebiet, und das erwidert er auch jetzt. In seiner Antwort auf Olbers offenen Brief räsoniert er aber auch über sein Verhältnis zum Kommunismus, den er natürlich verwirft, aber, wie er sehr bald erfahren wird, nicht entschieden genug. Er behalte sich vor, schreibt Mann, »einen Unterschied zu machen zwischen dem Verhältnis des Kommunismus zum Menschheitsgedanken – und der absoluten Niedertracht des Faschismus«, er weigere sich, »an der Hysterie der Kommunistenverfolgung und der Kriegshetze teilzunehmen«, und er rede zugunsten des Friedens in einer Welt, »deren Zukunft ohne kommunistische Züge ja längst nicht mehr vorstellbar ist«. Mit dieser Bemerkung bringt Thomas Mann seine Gegner in Deutschland nicht zum Schweigen, in den USA aber schiebt er sich damit ins Visier des FBI. Die Hysterie der Kommunistenverfolgung wird auch ihn erfassen.

Thomas Mann erwartet die »Renazifikation« der künftigen Bundesrepublik innerhalb der nächsten beiden Jahre, in allen Parteien erstarken nationalistische Strömungen, die FDP droht von alten Nationalsozialisten unterwandert zu werden – im Juli macht sich der linkskatholische Publizist Walter Dirks, mit Eugen Kogon

Herausgeber der »Frankfurter Hefte«, Gedanken über die politische Lage Westdeutschlands vier Jahre nach Ende des Krieges. Er fragt: »Was ist es mit der ›Neuen Rechten‹?«, und er findet darauf folgende Antwort: Es sei klar, dass schon in den nächsten Jahren die Wähler der Neuen Rechten »aus dem Schmollwinkel« heraustreten, sich ihres Gewichts bewusst, und sich politisch formieren werden.

»Man rechnet überall mit ihnen. Sie spielen bereits mit; denn sie beschäftigen die Fantasie aller Parteiführer und beeinflussen gelegentlich die Färbung ihrer Reden.« Das wichtigste politische »Gefühlselement« der Neuen Rechten werde der Nationalismus sein. Diese »Religion der vergangenen Epoche« sei »wieder unheimlich aktuell« geworden, offenbar könne die nationalistische Gefahr in Deutschland »nur sehr schwer überwunden« werden: »Noch stehen neben der überzeugten antinationalistischen Minderheit die meisten überzeugungslosen, aber verständigen Egoisten als ›Realpolitiker‹ im Lager der Zusammenarbeit mit dem Ausland – sei es als ›Europäer‹, sei es als national gebundene, aber realistische Verständigungspolitiker.« Es sei anzunehmen, dass diese »Koalition der Kräfte« einen offenen Ausbruch des Nationalismus verhindern werde: »Ganz sicher ist eine solche Annahme freilich nicht.« Ein Teil der nationalistischen Impulse werde »zweifellos« in die Politik aller Parteien einströmen: »Das ist ja bereits mit Händen zu greifen.« Ein »ehrenwerter« bürgerlicher Nationalismus werde so etwas wie die alte Rechte oder jedenfalls einen koalitionsfähigen Teil der Neuen Rechten bilden: »Die eigentliche Gefahr aber wird die revolutionäre nationalistische Rechte sein, ein Block mehr oder weniger legaler, die demokratischen Spielregeln respektierender und mehr oder weniger klug geführter Parteien, die sich durch den sozialen Radikalismus und teils durch die Haltung zum Osten voneinander unterscheiden.« Darunter werde es eine verschwörerische Unterströmung geben: »Diese Kräfte leben noch, und kaum jemand wird sie daran hindern, eines Tages wieder wirksam zu werden.« Man könne nicht wünschen, dass sich die sozialen und politischen Voraussetzungen der Neuen Rechten verstärkten und dass sie sich in den Köpfen und Herzen bilde. Soweit sich das aber nicht verhindern lasse, soweit sie im Grunde als »seelische und politische Wirklichkeit« schon oder noch da sei, müsse man wünschen, dass sie sichtbar werde: »Damit sie die bestehenden Parteien nicht belaste und verfälsche.« Diese Gedanken macht sich der Publizist Walter Dirks über die Gegenwart des Jahres 1949. Das schließt natürlich nicht aus, dass sie Jahrzehnte später von ihrer Aktualität nichts eingebüßt haben werden.

August 1949

Nach der ersten Bundestagswahl ziehen elf Parteien in das Bonner Parlament ein. Gewinner der Wahl sind CDU/CSU (31 Prozent), gefolgt von SPD (29,2 Prozent) und FDP/DVP (11,9 Prozent). Die US-Militärregierung kritisiert den Wahlkampf, in dem keine Partei die Aufbauleistung der westlichen Siegermächte gewürdigt habe. Der französische Hohe Kommissar in Deutschland, André François-Poncet, ermahnt bei seinem Amtsantritt die Deutschen, die ihnen gewährten Freiheiten nicht fortwährend zu Protesten gegen die westlichen Alliierten zu nutzen.

Wäre es nach W. E. Süskind gegangen, dann wäre Thomas Mann, der Anfang August in Weimar den extra gestifteten Goethe-Nationalpreis und die Ehrenbürgerurkunde empfängt, schon sehr viel früher nach Deutschland gekommen. Vor 16 Jahren – das Ehepaar Mann hatte sich gerade vor den Nationalsozialisten in Küsnacht (Schweiz) in Sicherheit gebracht – hatte der damals 32 Jahre alte Herausgeber der Zeitschrift »Die Literatur« Mann ermuntert, doch alsbald nach Deutschland zurückzukehren.

Süskind war kein Nationalsozialist, vielmehr war er politisch derart unauffällig, dass die Nationalsozialisten nicht bemerkten, dass er keiner war. Er hatte in seinem, in herzlichem Ton gehaltenen Brief an Thomas Mann geschrieben, in Deutschland stehe »alles zum lustigsten, interessantesten und aufregendsten« und er hoffe doch sehr, dass »wenigstens die Neugierde« ihn heimtreiben werde. Das sollte wohl bedeuten: Wenn Thomas Mann schon nicht der Schutzhaftbefehl, der ihn bereits in Deutschland erwartete, zur Heimkehr bewegen könne, dann möge er sich von der Neugier verlocken lassen, Bekanntschaft mit den lustigen, interessanten und aufregenden Gestapo-Leuten zu machen.

Thomas Mann war in Küsnacht geblieben, seine Kinder Erika und Klaus hatten ihre Freundschaft mit Süskind beendet, und Süskind hatte – mit Wohnsitz in Ambach am Starnberger See – am Hofe des NS-Generalgouverneurs des besetzten Polen, Hans Frank, Karriere gemacht, der zu Recht als »Schlächter von Krakau« (»Wir müssen die Juden vernichten, wo immer wir sie treffen«) galt. Süskind war Mitherausgeber und Literaturredakteur der »Krakauer Monatshefte« geworden, die deutsches Sprach- und Kulturgut im besetzten Gebiet hegen und pflegen sollten. Dafür war Süskind der geeignete Mann. Wohlklang der Sprache und

Güte des Stils lagen ihm am Herzen, weshalb er es bedauern mochte, dass einige Millionen ermordete Juden die Schönheit des Deutschen nicht mehr persönlich bezeugen konnten.

Wie die NS-Zeit, hatte Süskind auch deren Ende bruchlos und schmerzfrei überstanden. Am 30. November 1945 hatte er in der »Süddeutschen Zeitung« seinen ersten Bericht veröffentlicht, »Nürnberger Gedanken und Bilder« aus dem Hauptkriegsverbrecherprozess. Was sich der frühere Mitherausgeber der »Krakauer Monatshefte« gedacht hat, als er auf der Anklagebank das Gesicht des »Schlächters von Krakau« erkannte, ist nicht bekannt. Mit Erika Mann hat er sich darüber jedenfalls nicht ausgetauscht. Sie war als amerikanische Kriegsberichterstatterin in Nürnberg. Als er ihr über den Weg lief, tat sie so, als sähe sie ihn nicht.

Süskind ist nie als Nationalsozialist in Erscheinung getreten. Warum dann also am Morgen des 10. August dieser Radau vor dem Redaktionsgebäude der »Süddeutschen Zeitung« in der Sendlinger Straße, warum die beleidigenden Rufe mehrerer hundert jüdischer Displaced Persons: »Nieder mit dem ›Stürmer‹ von 1949!«. Und vor allem: Was hat er, W. E. Süskind, damit zu tun?

Er hat eine Woche zuvor einen Leitartikel unter der Überschrift »Juden als Prüfstein« zum deutsch-jüdischen Verhältnis veröffentlicht. Süskind hatte einerseits den bei einer Minderheit fortbestehenden Antisemitismus kritisiert, andererseits das »wohltemperierte Schweigen« derer, die für die Lage der in Deutschland lebenden Juden verantwortlich seien. Die Judenfrage, schrieb Süskind, sei ein »politisches Kernproblem«, es sei wichtig, dass »wir – moralisch – eine besondere Rücksicht und Zartheit den Juden gegenüber walten lassen«. Süskinds Resümee: »Wir werden ärmer sein, wenn wir sie austreiben.«

Die Reaktion der Leser war heftig. Unter den vielen Zuschriften hatte Süskind vier ausgewählt und veröffentlicht – drei waren neutral bis positiv, eine aber kam in Ton und Haltung den »Krakauer Monatsheften« gefährlich nahe. Der Leser mit dem einschlägig gefälschten Namen »Adolf Bleibtreu« hatte eine antisemitische Hasstirade formuliert: »Geht doch nach Amerika, aber da können sie Euch auch nicht gebrauchen. Sie haben genug von diesen Blutsaugern. Ich bin beim Ami beschäftigt, und da haben verschiedene schon gesagt, dass sie uns alles verzeihen, nur das eine nicht, und das ist: dass wir nicht alle vergast haben, denn jetzt beglücken sie (die Juden, Anm. d. Autors) Amerika (...) Sie können sich darauf verlassen, dass ich alles tun werde, um recht viele Amis aufzuklären. Ich versichere Ihnen, dass ich kein Nazi war, aber ich bin ein 100%iger Deutscher. Ich gehöre zu den sogenannten ›Stillen im Lande‹, und die Flüsterpropaganda ist mehr wert als 100 Zeitungen.«

Die Veröffentlichung dieses Leserbriefs führt nicht nur zum Tumult vor der Redaktion der »Süddeutschen Zeitung«, sondern am nächsten Tag zur Schlagzeile der Seite 1: »Jüdische Demonstration gegen die SZ – Blutige Zusammenstöße hinter dem Friedensengel«. Kaum hatte sich der Protestzug mit mehreren Hundert jüdischen Teilnehmern in Bewegung gesetzt, hatte ihn ein Trupp der Münchner Schutzpolizei gestoppt. Es war zu Schlägereien zwischen den Polizisten und den Demonstranten gekommen, sie waren eskaliert, schnell hatten sie sich zu einer Straßenschlacht entwickelt.

Die Polizisten hatten mit Schlagstöcken auf die Demonstranten eingeprügelt, diese sich mit Zaunlatten und Steinen zur Wehr gesetzt. Fahrzeuge waren von ihnen mit Hakenkreuzen beschmiert, andere beschädigt worden, ein Polizeiwagen war in Flammen aufgegangen. Die Situation war längst außer Kontrolle geraten, als berittene Polizei zur Verstärkung erschien. Die Schlacht wogte schon drei Stunden – die Zahl der Demonstranten hatte sich inzwischen auf 1000 bis 2000 erhöht –, da war US-Militär eingeschritten, hatte den deutschen Beamten befohlen, sich zurückzuziehen, und den aufgebrachten DPs, in ihre Unterkünfte zurückzukehren. Drei jüdische Demonstranten wurden mit Bauchschüssen ins Krankenhaus eingeliefert, auch die Polizei meldete 21 Verletzte.

Die »Süddeutsche Zeitung« macht mit der Straßenschlacht am nächsten Morgen nicht nur auf, sie kommentiert sie auch. »Mit voller Absicht« habe die Redaktion der unbelehrbaren Minderheit der Antisemiten Raum gegeben, um »die Reaktion der Öffentlichkeit nicht zu verfälschen«. Sie sei »fassungslos«, deshalb nun in die »Stürmer«-Ecke gestellt zu werden. Im Übrigen trage nicht sie – und offenbar auch nicht einmal der Autor des antisemitischen Leserbriefs – die Verantwortung für einen nun eventuell wiedererstarkenden Antisemitismus: »Sollte der Antisemitismus – eine, wie wir nach wie vor glauben, im Grunde durchaus unbayerische Erscheinung – neuen Auftrieb erhalten, so wird man sich bei den Veranstaltern des gestrigen Tumults dafür bedanken dürfen.«

Bisher haben die Münchner den Antisemitismus in ihrer Stadt anders begründet. Polizeipräsident Franz Xaver Pitzer benennt als Ursache generell: »Die Juden.« Etwas differenzierter verweist Münchens ehemaliger Oberbürgermeister Karl Scharnagl auf Anfrage der »New York Times« auf die »nichtdeutschen Juden«, die sich vor allem in der Möhlstraße, nicht weit entfernt von der Redaktion der »Süddeutschen Zeitung«, als Schwarzmarkthändler betätigten.

Die Möhlstraße in München-Bogenhausen ist seit einem Monat weltberühmt. Das liegt weniger an dem dort angesiedelten Schwarzmarkt, obwohl er sich bei der deutschen Kundschaft aus nah und fern seit Jahren großer Beliebtheit erfreut. Berühmt geworden ist er durch die »Aktion Möhlstraße« am 1. Juli, einer Großrazzia der Münchner Polizei mit rund 500 Beamten, die sie selbst als Erfolg, die Weltpresse hingegen als Alarmzeichen des in Westdeutschland erstarkenden Antisemitismus bewertet hatte. Sie werde, prophezeite die »Neue Zeitung«, »in die Geschichte des Polizeiknüppels eingehen«.

Der Schwarzmarkt in der Möhlstraße ist einer der umsatzstärksten Westdeutschlands, aber erst seine Lage macht ihn außergewöhnlich. In den Villen, vor und zwischen denen er sich angesiedelt hat, wohnten bis 1933 vor allem Juden, danach waren sie Beute hoher NS-Funktionäre. Seit Kriegsende residieren hier internationale Hilfsorganisationen, im letzten Quartier des SS-Chefs Heinrich Himmler hat sich zum Beispiel das Zentralkomitee der befreiten Juden in Bayern niedergelassen. Die US-Besatzungszone ist für jüdische DPs besonders attraktiv, weil sie glauben, von dort aus bessere Aussichten auf Auswanderung nach Palästina zu haben. München ist als Durchlaufstation für sie interessant, weil sich dort die Hilfsorganisationen befinden.

So ist in der Stadt in kurzer Zeit die – nach Berlin und Frankfurt – größte jüdische Nachkriegsgemeinde in Deutschland entstanden, mit dem Gebiet um die Möhlstraße als natürlichem Zentrum der Gemeinde. Nicht nur auf den Bürgersteigen ist die Straße ein Bazar, auch in den Vorgärten und Kellern der Villen wird Handel getrieben. Es gibt Textilläden und Buchhandlungen, Lebensmittelgeschäfte und Juweliere, Kürschner und vier Restaurants, alles in allem mehr als 100 Geschäfte. Die Währungsreform hat dem Umsatz nicht geschadet, nur Nachfrage und Angebot haben sich verändert. An erster Stelle steht jetzt nicht mehr der tägliche Bedarf, gehandelt wird zunehmend mit Qualitätsprodukten. Manche Waren beziehen die Händler legal unverzollt, andere sind illegal beschafft – billiger als in den Geschäften Münchens sind sie allemal. Der Schwarzmarkt ist dem lokalen Einzelhandel also lästige Konkurrenz, für die Polizei ein Pfuhl der Kriminalität. Wer sind die Kriminellen?

An den 11 445 im Dezember 1948 in der US-Zone registrierten Schwarzmarktvergehen waren nur 401 DPs beteiligt. Aber als die Polizei am 1. Juli um Punkt 10 Uhr ihren Einsatz begonnen und alle Straßen rund um die Möhlstraße abgeriegelt hatte, machte sie vor allem Jagd auf jüdische DPs, die in den Protokollen als »Nichtstuer und arbeitsscheue Elemente«, »lichtscheues Gesindel«, »asoziale Elemente« und »Parasiten« beschrieben wurden.

Die Polizei hat später behauptet, bei der von den DPs ausgelösten Straßenschlacht seien zwei von ihnen und sechs Polizisten verletzt worden. Nicht nur die DPs, auch etliche Augenzeugen versicherten hingegen, die zum Teil berittene Polizei habe die Schlacht entfesselt, die Zahl der verletzten Opfer unter den DPs liege erheblich höher. Ein schwedischer Journalist berichtete, die Beamten hätten »zufällig aufgegriffene Zuschauer blutig geschlagen«, ihm selbst seien drei Zähne ausgeschlagen worden. Einige Tage später war in der Münchner »Abendzeitung« ein Leserbrief erschienen, dessen Autor während der »Aktion Möhlstraße« neben Polizeipräsident Pitzer gestanden hatte. Er sprach Pitzer in dem Leserbrief persönlich an: »Als Ihnen drei Juden ein blutüberströmtes Opfer brachten, schenkten Sie diesem Zusammengeschlagenen wenig Beachtung, streichelten aber unterdessen meinen Hund.« Vermutlich hat sich der Polizeipräsident geniert, 1949 von Juden schon wieder Opfer anzunehmen.

Was soll aus dem Deutsch- und dem Volkstum nun werden und was aus der Wurzelhaftigkeit der Deutschen? Mit der Frage hat sich Hans Grimm schon nach dem Ersten Weltkrieg beschäftigt, und er sucht auch jetzt nach einer Antwort. Dazu fühlen sich derzeit viele berufen, aber Grimm ist schon deshalb auserwählt, weil er vor mehr als 20 Jahren eine der »Bibeln des Deutschtums, wo es am knastrigsten ist« (Kurt Tucholsky), verfasst und den Deutschen damit aus Blut und Seele gesprochen hat. Sein Roman »Volk ohne Raum« war nicht nur eines der meistverkauften Bücher der Weimarer Republik, sondern ein Bestseller auch im NS-Staat. Nicht nur Nostalgiker, die von der Rückkehr der Deutschen an den verlorenen Platz unter der afrikanischen Sonne träumten, fanden hier ihre geistige Heimstatt, die Nationalsozialisten, die nicht nach der Herrschaft im Süden, sondern im Osten strebten, hatten den Titel des Romans zu ihrer Parole gemacht: »Volk ohne Raum!«.

Die Ausdehnung des deutschen Lebensraums steht derzeit selbst für Grimm nicht zur Debatte, sehr wohl aber das Verhältnis der Deutschen zum Nationalsozialismus. Der Erzbischof von Canterbury hat vor bald fünf Jahren den Deutschen bescheinigt, sie hätten sich von Hitler »an den Abgrund« führen lassen, und sie zur Umkehr aufgerufen. Der 74 Jahre alte Grimm, Träger des Goethe-Preises der Stadt Frankfurt am Main von 1932, schreibt seit Jahren an einer gepfefferten Erwiderung, »Die Erzbischofschrift«, ein literarischer Langlauf, der in diesem Sommer auf die Zielgerade gelangt. Am Ende werden es 232 Seiten sein. Den Juden schenkt er drei Sätze, bedauert den von der »Hitler-Propaganda« an ihnen begangenen »Seelentotschlag«, den Völkermord vergisst er zu erwähnen.

»Herr Erzbischof« wird aufgefordert, gefälligst sein Bild vom Nationalsozialismus zu korrigieren: »Dem zunächst in unzweifelhafter Ethik wurzelhaften jungen unverdorbenen Nationalsozialismus gelang mancherlei, das der Weltenwende hätte dienen müssen.« Dass er »praktisch und in der Folge ethisch« zugrunde gegangen sei, hätten die Siegermächte des Ersten Weltkriegs – es sind im Wesentlichen die des Zweiten Weltkriegs – durch die »Bestimmungen des Versailler Vertrags« zu verantworten. »Herr Erzbischof« möge auch zur Kenntnis nehmen, dass Deutschland nur zu den Waffen gegriffen habe, um »Europa« vor der aus dem Osten drohenden »Vermassung«, also dem Bolschewismus zu schützen. Und was die Eskalation des Krieges betreffe, so sei sie bedauerlich, aber von der englischen Kriegshetze verschuldet worden.

Nach allem müsse »Herr Erzbischof« wohl anerkennen, dass die Rache der westlichen Siegermächte an den Deutschen deutlich übertrieben sei, das gelte auch für die beschlossene Gründung des Weststaats: »Der Parlamentarismus dieses konstruierten Staates samt seiner angeblichen Demokratie und samt seiner angeblich freien Äußerung der Volksmeinung auch in internen Dingen sind eine Konstruktion.« Nicht zu vergessen: »In diesem Staate gibt es (1949) keine Presse, die die Stimme deutscher ›Volkheit‹ ganz zum Ausdruck brächte oder bringen dürfte.«

Noch ist die »Antwort eines Deutschen«, wie Grimm, der Nationalsozialist ohne Parteibuch, seine völkische Tiefenschürfe im Untertitel nennt, nicht beendet. Er wird sie in den nächsten Wochen in seinem persönlichen Lebensraum, dem Westflügel des früheren Frauenklosters Lippoldsberg (Hessen), zum Abschluss bringen. Seine Freunde werden staunen, wenn er sie ihnen im Herbst präsentiert. Da nimmt er die »Lippoldsberger Dichtertage« endlich wieder auf, die seit 1934 so regen Zuspruch gefunden hatten. Zugelassen war, wer ein »Kriegserlebnis« vorweisen und sein »wahres Leiden« am »Volkszustand« nachweisen konnte. An diese schöne Tradition knüpft Grimm erstmals seit 1939 wieder an. Teilnehmer werden kultivierte Antisemiten und ungebrochene Nationalsozialisten sein, eine von ihnen ist Grimms Tochter, die mit Nachnamen Grimm, aber mit Vornamen Holle heißt. Der Vater wird 2000 bis 3000 Gäste begrüßen. Wie viele Gestalten kommen noch gleich bei den Treffen der Gruppe 47 zusammen?

Was übrigens die Stimme der deutschen »Volkheit« betrifft, findet sie in der Presse durchaus Gehör. Eine »bedeutende deutsche Tageszeitung« – die »Frankfurter Hefte« verraten in der August-Ausgabe nicht ihren Namen – bringt zur Unterrichtung der Leser in ihrer Beilage einige moderne Illustrationen. Ein Abonnent beschwert sich. Der Feuilleton-Redakteur antwortet: »Sehr geehrter Herr … erst heute kam ich zu Ihrem Brief, den ich gleich an unsere zuständige Filiale weitergegeben habe. Es tut uns leid, dass die bei uns veröffentlichten Zeichnungen Sie kränken. Nun sind wir allerdings der Ansicht, dass es nicht Aufgabe der Kunst ist, ›Freude und Lachen zu bringen‹, wie Sie es von ihr verlangen. Dass Sie Zeichnungen nur schätzen, ›wie das menschliche Auge und Objektiv‹ sie sieht, ist doch hoffentlich Ihr Ernst nicht. Wozu sollten Bilder dann noch gezeichnet werden, wenn man sie mit dem Auge oder auf Fotografien ja doch viel besser auffassen kann? Wollen

Sie sich bitte erinnern, dass die Forderungen, die Sie an Zeichnungen stellen, genau die gleichen sind, nach denen nationalsozialistische Kunstausstellungen sich richteten. Es wäre doch zu bedauern, wenn Sie sich auch jetzt noch von so verdächtigen Maßstäben leiten ließen. Mit vorzüglicher Hochachtung …«

Der Redakteur wird daraufhin fristlos entlassen – wegen geschäftsschädigenden Verhaltens.

Ein Bielefelder Gericht billigt einem ehemaligen Schweizer Staatsangehörigen, der als SS-Obersturmbannführer den Krieg mitgemacht hatte, mildernde Umstände zu, weil er »Deutschland in seinem schweren Schicksalskampf beigestanden« habe und deshalb voraussichtlich niemals wieder in seine Heimat werde zurückkehren können. Das schweizerische Bundesstrafgericht hatte ihn in Abwesenheit zu 16 Jahren Zuchthaus verurteilt, weil seine Tätigkeit in Deutschland eine Gefahr für die Unabhängigkeit der Eidgenossenschaft dargestellt habe.

Friedrich Helms genießt in Uelzen den gehobenen Lebensstandard. »Schöne belegte Brötchen, Syrup & Marmeladen, ja Butter zieren schon den Frühtisch«, auch an Obst, Gemüse und Pudding mit Schlagsahne ist kein Mangel, »manch' Schnitzel & Setzei gibt es & abends steht leicht eine Pulle Bieres, auch wohl schon ein Schnäpschen bereit«. Das Geld ist knapp, aber für eine Flasche Steinhäger von Zeit zu Zeit sollte es wohl reichen. An manchen Tagen wandern Friedrich Helms und seine Frau Marie nach Niendorf, »mit Butterbroten, Bier und Schnaps«, bei Regen sitzen sie daheim, »ganz gemütlich«, inmitten Bergen von Zeitungen. Eines Tages macht es »Bums, ein scharfer Knall!«. Ein Blindgänger ist am Bahnhof explodiert: »2 Verletzte (nein, leider 3 Tote)«.

Gestern waren die Wahlen zum ersten Bundestag, selbstverständlich hat Friedrich Helms seine Stimme abgegeben, früh am

Morgen schon, in einer Baracke am Sommerbad. Vor ein paar Tagen hat er eine Festveranstaltung der Deutschen Partei besucht. Der Parlamentarische Rat hat zwar Schwarz-Rot-Gold als Farben der bundesdeutschen Flagge bestimmt, aber als ihn auf der Kundgebung der DP Fahnen in Schwarz-Weiß-Rot begrüßten, »die lieben alten Farben eines entschwundenen Deutschlands«, da ging ihm das Herz auf, zumal »schnittige Märsche« erklangen und ein Reitertrupp »allerbestes Pferdematerial & gutes Reiten« zeigte.

Zwei Tage vor der Wahl ist Friedrich Helms mit Marie noch einmal zu einer Versammlung der Deutschen Partei gegangen. Zufrieden resümiert Helms am Wahlabend des 14. August: »Die Wahl brachte, nicht zuletzt durch ein Anwachsen der D.P., eine Konstellation, in der C.D.D. – D.P. – F.D.P. gegen die S.D.P. eine parlamentarische Mehrheit ergeben kann.« Die Namen der Parteien sind Friedrich Helms offenbar noch nicht geläufig, aber den Ausgang der Wahl hat er genau erfasst. Allerdings wird er kaum wissen, wie viele der 17 Abgeordneten der DP – dem künftigen Koalitionspartner von CDU/CSU und FDP – noch vor ein paar Jahren Nationalsozialisten waren, möglicherweise interessiert es Friedrich Helms auch nicht. Es sind jedenfalls mindestens sechs. Wer weiß das so genau. Wer weiß auch schon, dass der SPD-Fraktion die beiden einzigen jüdischen Abgeordneten angehören?

Im Strafverfahren gegen einen Gestapo-Beamten beteuert eine Zeugin, als Gestapo-Stenotypistin niemals Misshandlungen bemerkt zu haben. Daraufhin nimmt ein Geschworener sein Gebiss aus dem Mund, legt es auf den Richtertisch und demonstriert damit, dass ihm die Gestapo die Zähne ausgeschlagen hat. Auf Antrag des Verteidigers erklärt das Gericht den Geschworenen für befangen und ersetzt ihn durch einen Hilfsgeschworenen. Die »Frankfurter Hefte« bemerken dazu, dass der Geschworene gerade nicht behauptet habe, der Angeklagte habe ihn misshandelt, sondern ein unbekannter anderer Gestapo-Mann: »Also ist befangen, wer immer von der Gestapo geschädigt worden ist. Also sind wir alle befangen. Wir haben etwas gegen die Gestapo, wir können nicht über sie richten. Wir haben etwas gegen den Nationalsozialismus, wir können nicht über die Nationalsozialisten richten. Über sie richten können nur unbefangene Menschen, denen der Nationalsozialismus nie etwas getan hat. Wo kann man sie nur finden? In den neutralen Ländern? Aber die sind in Angst und Unsicherheit gestürzt worden und könnten vielleicht auch nicht recht unbefangen sein. Wird man nicht am besten Nutznießer nehmen? Aber die wird nun wieder der Staatsanwalt als befangen ablehnen.«

Wenn es einer hören wollte, dann würde Olga von einem Mord erzählen, den Generalfeldmarschall Fritz Erich von Lewinski genannt von Manstein nicht begangen hat. Als die Deutschen kamen, flohen die Russen aus Feodosia, der Stadt auf der Krim, in der sie geboren und aufgewachsen war. Als die Russen verschwunden waren, würde Olga erzählen, gab es in Feodosia keine deutschen Bewohner mehr, alle tot oder deportiert, ihre geliebten Großeltern, ihre Tante, ihre Stiefmutter, ihre Stiefschwester (der Vater war in Odessa).

Als die Russen flohen, haben sie durch die Tür des Schlafzimmers im Haus ihrer Großeltern geschossen, in das sie sie vor Tagen gesperrt hatten. Die Schüsse schlugen über dem Bett rechts und links von ihrem Kopf ein, sie überlebte, weil die Angst sie lähmte – sie konnte den Kopf nicht bewegen. Nachdem die Russen fort und die deutschen Soldaten eingerückt waren, hatte sie Angst, nun würden die Deutschen sie töten, weil sie die Russen überlebt hatte. Die Deutschen taten ihr nichts, sie töteten Juden.

Sie hätten, erzählte der jüdische Zahnarzt, die in der Stadt lebenden Juden zusammengetrieben, sie gezwungen, eine Grube auszuheben, und alle, Männer, Frauen, Kinder, in der Grube erschossen. Er habe, unter Leichen liegend, überlebt. Olga sei Deutsche, aber sie müsse ihm helfen. Ihr Großvater war Pelzhändler gewesen – die Zentrale in Hamburg wurde vom Bruder geführt – und hatte mit Tataren Geschäfte gemacht. Ein Tatar kam mit seinem Fuhrwerk heran, versteckte den Zahnarzt unter Heu und brachte ihn aus der Stadt. Ob er in Sicherheit war, würde Olga sagen, wisse sie nicht, denn wer sei schon sicher, wenn die Deutschen die Russen, die Russen die Tataren und Deutschen und die Deutschen die Juden erschießen?

Ihre Familie, alle Bekannten, Freunde und Nachbarn waren tot oder verschleppt. Also hat sie die Stadt verlassen. Sie lief nicht zu den Deutschen, sondern dorthin, wo man ihr Essen geben würde, ins deutsche Hauptquartier, das sie mit zerschundenen Füßen erreichte, denn die Russen hatten alles an sich genommen, auch ihre Schuhe. Man gab ihr Essen und Arbeit. Sie dolmetschte für deutsche Offiziere. Einmal stand einer vor ihr und sah sie schweigend an. Dann fragte er: »Mädchen, wer bist du?« Sie war 18 Jahre alt, kein Mädchen mehr, fand sie. Sie sagte: »Ich bin Deutsche.« Er nickte und fragte: »Keine Jüdin?« Sie verneinte. »Du musst aus Russland verschwinden, in deine Heimat, nach Deutschland.« Ihre Heimat sei hier, in Russland, auf der Krim, in Feodosia, sagte Olga. »Deine Heimat ist Deutschland. Du fährst zurück.« Mit diesen Worten sei der Offizier gegangen, würde Olga erzählen, wenn sie einer fragte. Erst später habe sie erfahren, dass der Offizier Generalfeldmarschall von Manstein gewesen sei. Sie hatte schon von ihm gehört. Deutsche Freunde ihres Großvaters hatten ihn »Blutsäufer« genannt.

Ihr Ziel war Hamburg. In Darmstadt aber wurde sie aus dem Zug geholt, zusammen mit den russischen Mädchen, die als Zwangsarbeiterinnen nach Deutschland verschleppt worden waren und zu deren Sprecherin sie ernannt worden war. Sie habe gezittert vor Angst. Sie hatte nicht Angst vor der Zwangsarbeit, zu der sie offenbar verurteilt war, ohne dass jemand mit ihr darüber gesprochen hatte. Sie fürchtete sich davor, entdeckt zu werden.

Ein russisches Mädchen, noch jünger als sie, hatte sie vor der

Abfahrt um Hilfe gebeten. Ihre Familie sei ausgelöscht, sie selbst sei krank und – Jüdin. So hatte Olga eine Halbschwester bekommen. Sonja hatte das rotzige Gesicht eines Straßenjungen und den Blick einer alten Frau. Wäre sie entdeckt worden, dann wäre es mit ihnen beiden vorbei gewesen. Sie stelle sich vor, von Manstein hätte die Täuschung erkannt. Im selben Augenblick hätte er nicht nur Sonja getötet, sondern, sie sei sicher, auch sie: Der Retter hätte die Gerettete ermordet, weil sie eine andere zu retten versuchte. Aber niemand habe etwas bemerkt. Einige Wochen später sei Sonja gestorben, an einer Krankheit, vor Erschöpfung oder Kummer, sie wisse es nicht. Das würde Olga erzählen, wenn einer es hören wollte.

In den letzten Augusttagen 1949 beginnt der Prozess gegen Generalfeldmarschall a.D. Fritz Erich von Lewinski genannt von Manstein im Hamburger Curio-Haus vor einem britischen Militärgericht. Als Zeugin kommt Olga nicht in Betracht. Vielleicht, weil sie noch lebt.

Manstein wird im Dezember zu 18 Jahren Freiheitsstrafe verurteilt, schon zwei Monate später wird die Strafe auf zwölf Jahre herabgesetzt. Nicht erst das Urteil, schon der Prozess hatte wütende Proteste in der deutschen, aber auch in der britischen Öffentlichkeit hervorgerufen. Kritisiert wird vor allem die angebliche Verspätung des Verfahrens. Der Vorwurf ist insofern begründet, als die Deutschen von den westlichen Siegermächten nicht mehr als Täter von gestern, sondern als Bündnispartner von morgen betrachtet werden.

Entsprechend tritt Manstein nicht mehr als Kriegsverbrecher in Erscheinung, sondern wird auch in der britischen Presse als »bester Stratege des Zweiten Weltkriegs« gerühmt, dessen Plan »Sichelschnitt« 1940 die Eroberung Frankreichs bis zur Kanal-

küste ermöglicht, dessen Führungskunst zur Eroberung der Krim geführt und dessen Ausdauer nach Stalingrad die deutsche Südfront im Osten zusammengehalten habe. Zu den Strafverteidigern Mansteins gehören zwei britische Anwälte – Jude der eine, Antimilitarist der andere –, die aus einem von zwei konservativen Mitgliedern des Oberhauses eingerichteten Fonds bezahlt werden.
Innerhalb von drei Wochen spenden britische Privatleute 1625 Pfund. Winston Churchill steuert 25 Pfund bei. Manstein erhält aufgrund eines Augenleidens 1952 Haftverschonung, im Mai 1953 ist seine Haftzeit offiziell zu Ende. Bis 1960 berät der ehemalige Generalfeldmarschall der Wehrmacht die Bundesregierung beim Aufbau der Bundeswehr.

Olga wird ihre Geschichte in den nächsten Jahrzehnten oft erzählen. Sie bleibt in Deutschland, heiratet einen sanftmütigen Juristen, bekommt zwei Söhne – erst meinen Bruder, ein Jahr später mich – und verbringt ihr Leben in einem Einfamilienhaus in Bonn. Erst im Sterben wird sie wieder Russisch sprechen. Die Krim wird sie nicht mehr sehen.

September 1949

Der FDP-Vorsitzende Theodor Heuss wird in Bonn von der Bundesversammlung im zweiten Wahlgang mit 416 von 800 abgegebenen Stimmen zum ersten Bundespräsidenten gewählt, der CDU-Vorsitzende in der britischen Besatzungszone, Konrad Adenauer, vom Bundestag mit 202 von 389 abgegebenen Stimmen zum ersten Bundeskanzler. Er führt eine Koalition von CDU/CSU, FDP und Deutscher Partei. Das Besatzungsstatut für die Bundesrepublik Deutschland tritt in Kraft. Nach 462 Tagen wird die Berliner Luftbrücke eingestellt.

Ist Thomas Mann ein Prophet? Er sieht voraus, dass »100 neue Nazi-Zeitungen entstehen« werden, nachdem nunmehr wieder jeder in Deutschland eine Zeitung gründen dürfe. Und siehe da, kaum ist der Lizenzierungszwang aufgehoben, erlebt der »Völkische Beobachter« seine Auferstehung, fast in vertrauter Aufmachung und mit dem Versprechen auf Seite 1: »Es geht wieder los!« Allerdings hat der Herausgeber gewechselt. Er heißt nicht mehr Adolf Hitler, sondern Werner Finck, der auf der Titelseite seiner Satirezeitschrift »Wespennest« die gleiche Befürchtung äußert wie Thomas Mann: »Endlich kommen wir wieder zu Wort!« Finck ist für seine Scherze ins Gesicht der Nationalsozialisten (»Spreche ich zu schnell? Kommen Sie mit? Oder … muss ich mitkommen?«) von ihnen mit Konzentrationslagerhaft und Arbeitsverbot bestraft, von Bert Brecht hingegen nach dem Krieg mit einem Gedicht auf den »große(n) Gütevolle(n), würdenlose(n) Späßevogel« gefeiert worden. Der Kabarettist glaubt zu wissen, was die Deutschen wollen: Hitler geht immer. Da hat er recht, nur sind Witze darüber nicht so sehr gefragt. Das »Wespennest« geht demnächst ein, denn Finck laufen die Leser davon. Wo laufen sie hin?

Helmut Kindler würde sie willkommen heißen. Mit der Reportagenserie über den Wunderheiler und Papierschnitzelverteiler Bruno Gröning hat der Münchner Verleger die Auflage seiner Illustrierten »Revue« auf 400 000 gejazzt, eine Serie über die Gute-Nacht-Seiten des verblichenen Führers soll ihr im Ringen mit der Konkurrentin »Quick« den Endsieg bringen: »Der große Liebhaber Adolf Hitler«. Den Text hat der Schriftsteller Hans Georg Bosl verursacht, der aber gar nicht Hans Georg Bosl heißt, sondern

Hans Rindfleisch, der auch kein Schriftsteller ist, sondern Baukaufmann. Seine neue Existenz als Schriftsteller begründet er mit einem bescheidenen Vergleich: »Es hat einmal einen Goethe gegeben, der fing früh an. Und es gibt einen Bosl, der fängt jetzt an.«

Die intimen Kenntnisse über den braunen Casanova hat er aus erster Hand. Die 260 Seiten seines Manuskripts sind die aufgepumpte Version der 120-seitigen Vorlage, die Hermann Esser über den »Sexual-Athleten« zu Papier gebracht hat. Esser war einst nicht nur eines der ersten Mitglieder der NSDAP (Mitgliedsnummer 881), erster Reichspropagandaleiter der Partei, Autor der sehr erfolgreichen antisemitischen Hetzschrift »Die jüdische Weltpest« und Staatssekretär im NS-Propaganda-Ministerium (Abteilung Fremdenverkehr). Einige Jahre ist er auch einer der wenigen Duz-Freunde Hitlers gewesen. Allerdings hatte der verheiratete Esser es persönlich mit seiner Sexualathletik ein wenig übertrieben – mit einer seiner Geliebten hatte er drei Kinder – und Hitler ihm das Du entzogen.

Esser kann also auf sehr vertiefte und in Scheidungsakten verbriefte Erfahrungen in sexualibus verweisen, möglich ist, dass sein Bericht über Hitlers einschlägige Expertise ausschließlich auf ihnen beruht. Der Verleger ist jedenfalls begeistert. Kindler erklärt Essers vermeintlichen Blick durch das Schlüsselloch in Hitlers Schlafzimmer zu einem »wichtigen Beitrag zur Psychologie des Diktators« und damit notwendig zur Aufklärung der Deutschen über den entscheidenden Punkt: »Die Welt weiß heute besser Bescheid über die Beziehungen Dschingis Khans und Napoleons oder Friedrichs des Großen zu den Frauen als über die weiblichen Bindungen Hitlers.«

Der Führer ohne Slip und endlich ohne KZ – ein Knaller! Das Trio Esser-Bosl/Rindfleisch-Kindler will also eine Bildungslücke schließen, sehr verdienstvoll, aber nicht aus Sicht der Konkurrenz. Die Münchner Tageszeitungen wittern Neofaschismus, verlangen ein Einschreiten der US-Militärregierung, in der französischen Zone wird Kindlers »Revue« im September verboten. Nicht nur die Konkurrenz erwägt rechtliche Schritte, auch die Anwälte einiger Frauen, die befürchten, in Buch und Serie als Gespielinnen Hitlers vorgeführt zu werden, schicken vorsorglich drohende Briefe an den zur Aufklärung entschlossenen Verleger. Eine der Frauen ist Leni Riefenstahl, die mit ihrem Film »Triumph des Willens« über den Nürnberger Parteitag 1934 dem Nationalsozialismus ein unvergleichliches propagandistisches Denkmal gesetzt hat und sich jetzt vorsorglich gegen die Behauptung wehrt, nicht nur dem Nationalsozialismus, sondern Adolf Hitler persönlich zu nahe gekommen zu sein.

Als Helmut Kindler im Mai die Vereinbarung mit Klaus Mann, dessen Roman »Mephisto« neu aufzulegen, mit der Begründung gebrochen hatte, Gustaf Gründgens spiele bereits wieder eine »bedeutende Rolle«, hatte Mann fünf Tage vor seinem Tod erwidert: »Ich weiß nicht, was mich mehr frappiert, die Niedrigkeit Ihrer Gesinnung oder die Naivität, mit der Sie diese zugeben.« Das ist nun das Schöne an Leni Riefenstahl. Sie gibt überhaupt nichts zu, schon gar nicht die Niedrigkeit ihrer Gesinnung – wie Helmut Kindler schon bald, im November, erleben wird.

Nur en passant aus aktuellem Anlass ein Rückblick auf die Gründung des bayerischen Philologenverbands im Februar dieses Jahres. Er würde hier nicht erwähnt, hieße sein erster Präsident mit Nachnamen nicht wie der Schriftstellernovize: Bosl. Es ist nur eine Spekulation, dass Hans Rindfleisch den Namen im Bericht über die Verbandsgründung in der Zeitung gefunden und sich ausgeliehen hat. Das wäre verständlich, denn Dr. habil. Karl Bosl ist ein anerkannter Historiker, der sein Renommee nicht zuletzt mit der Behauptung untermauert, nicht nur ein Gegner des Nationalsozialismus, sondern sogar ein Widerstandskämpfer gewesen zu sein. Dafür spricht, dass er zwar zunächst als »Mitläufer«, nach einem Einspruch und Vorlage mehrerer eidesstattlicher Erklärungen aber als »entlastet« eingestuft wurde. Dagegen spricht, dass die eidesstattlichen Erklärungen gelogen waren, Bosl war unter anderem Mitglied der NSDAP, des NS-Lehrerbundes und der SA. Unmittelbar vor seiner Metamorphose zum Widerstandskämpfer hatte Bosl im Januar 1945 auf einer Tagung in Hitlers Geburtshaus in Braunau noch einen Vortrag gehalten.

Wie geht nun die Sache mit dem führenden Sexualathleten für Hermann Esser, Hitlers früheren Duz-Freund, aus? Persönlich unbefriedigend: Esser wird Anfang des Monats verhaftet, am Morgen, nachdem ihn Bosl/Rindfleisch zu seinem Unterschlupf bei einer Bekannten gebracht hat. Nach ihm hatte die Justiz schon ein paar Wochen gesucht. Zwar hatten ihn bereits die Amerikaner gleich nach dem Krieg in ein Internierungslager gesteckt, aber nach dreißig Monaten hatte der frühere Staatssekretär im NS-Propagandaministerium sie dann doch noch davon überzeugt, dass er sowohl Gegner Hitlers als auch der Nürnberger Rassegesetze gewesen sei, Alfred Rosenberg der Autor der »Jüdischen Weltpest« und er, Hermann Esser, nur ein Mitläufer.

Doch dann ist er vor einer Münchner Spruchkammer angeklagt, am 8. August als Hauptschuldiger eingestuft und zu fünf Jahren Gefängnis, unter Anrechnung der Internierungshaft, verurteilt worden – allerdings in absentia, denn Hermann Esser war untergetaucht. Aber am Morgen des 8. September 1949 klingeln zwei Kriminalbeamte an der Tür seiner Bekannten, zeigen ihre Blechmarken vor und verhaften den ehemaligen NS-Staatssekretär, als er in Pantoffeln aus dem Erdgeschossfenster zu entweichen versucht. Jetzt sitzt er in Eichstätt im Gefängnis, wo bereits Philipp Rupprecht alias Fips, der Schöpfer des Stürmerjuden, seine Strafe verbüßt.

Esser begegnet dort auch einem alten Kollegen aus dem Propagandaministerium. Hans Fritzsche war dort Leiter der Rundfunkabteilung, vor allem war er die Stimme des Nationalsozialismus. In seiner wöchentlichen Sendung »Hier spricht Hans

Fritzsche« hatte er jahrelang die Lügen des Systems in verbindlichem Ton und höflichen Worten in die deutschen Haushalte befördert. Im Nürnberger Hauptkriegsverbrecherprozess hatte er mit geheuchelten Reuebekundungen die Anteilnahme der Richter geweckt und sich einen Freispruch erlogen. Das hatte er auch im Spruchkammerverfahren in Nürnberg Anfang 1947 versucht (»Ich bin von Verbrechern vom Schlage eines Hitler oder Goebbels getäuscht worden«), war diesmal allerdings gescheitert und zu neun Jahren Arbeitslager und lebenslangem Publikationsverbot verurteilt worden. Es geht ihm nicht gut, er leidet an Gedächtnisschwund. In ein paar Wochen wird die »Neue Zeitung« Hans Fritzsche die Diagnose stellen.

Richard Strauß, berühmt nicht nur durch seine »Salome« und »Also sprach Zarathustra«, war ein Gottbegnadeter, Hitler hatte ihn sogar auf die Sonderliste mit den drei wichtigsten Musikern setzen lassen, doch soll darüber sein Engagement auf dem Gebiet der Tantiemenerwirtschaftung jetzt, da er am 8. September in seiner Villa in Garmisch-Partenkirchen im Alter von 85 Jahren gestorben ist, nicht vergessen werden. Klaus Mann dürfte der Erste gewesen sein, der den Zusammenhang von Heimatverbundenheit und Geschäftsinteresse im Werk von Richard Strauß bemerkte.

Als er ihn im Mai 1945 in Garmisch-Partenkirchen als amerikanischer Journalist besuchte – ohne seine Identität zu lüften –, fragte er den Komponisten, ob er nicht in der NS-Zeit daran gedacht habe, Deutschland den Rücken zu kehren. »Auswandern? Ja, wenn das Essen schlecht wird!«, antwortete Strauß. »Im Dritten Reich gab es sehr gut zu essen, besonders wenn man Tantiemen aus mindestens 80 Opernhäusern scheffelte.« Als Klaus Mann ihn daran erinnerte, dass ein großer Teil der Opernhäuser in Deutschland in Trümmern liege, verstand Strauß ihn nicht. »Vollauf beschäftigt mit seinen eigenen Affären, hatte er wohl noch keine Zeit gehabt, eine Bagatelle wie die Zerstörung deutscher Städte (und deutscher Opernhäuser) zur Kenntnis zu nehmen«, hatte Klaus Mann verstört seinem Vater geschrieben.

Im Übrigen, beteuerte Strauß, seien manche Nazi-Größen doch »famose« Menschen gewesen. Hans Frank beispielsweise, der »Schlächter von Krakau«, der NS-Generalgouverneur des besetzten Polen: »Sehr fein! Sehr kultiviert! Er schätzt meine Opern!« Auch die Verdienste Baldur von Schirachs, der nicht nur Reichsjugendführer, sondern auch Reichsstatthalter in Wien gewesen war, hatte Strauß gewürdigt. Schirach hatte der Familie Strauß in Wien eine Vorzugsstellung verschafft, sogar Strauß' Schwiegertochter: »Ich darf wohl behaupten, dass meine Schwiegertochter die einzige freie Jüdin in Großdeutschland war.« Da aber habe die dabeisitzende Schwiegertochter energisch protestiert: »Frei? Nicht doch, Papa! Oder doch nicht so ganz! Meine Freiheit ließ zu wünschen übrig. Du vergisst, was ich ausgestanden hatte. Durfte ich etwa jagen gehen? Nein! Sogar das Reiten war mir zeitweise verboten.« Als Klaus Mann das »empörende Gespräch« beendete und sich verabschiedete, wollte ihm Strauß eine signierte Fotografie mitgeben. Mann ließ ihn mit den Worten stehen: »Danke. Ich sammle nicht.«

Gute Nachrichten für Margarete Ries, die ehemalige Kapo in Auschwitz, die russische und jüdische Mithäftlinge misshandelt und getötet haben soll. Die Berufungskammer III Bremen bestätigt im September rechtskräftig den Spruch der V. Spruchkammer Bremen, wonach Ries nicht belastet sei. Es könne kein Zweifel bestehen, dass die Urheber des Unrechts, das Ries begangen habe, an anderer Stelle zu suchen seien: »Es ist eines der Verbrechen der NSDAP, minderwertige Charaktere wegen ihrer Brutalität als Aufsichtsorgane eingesetzt zu haben, nachdem man ihnen den eigenen Willen durch unmenschliche Strafen gebrochen und genommen hatte.« Der Unterschied zwischen der Klassifizierung Ries' als

»Asoziale« im NS-Staat und als »minderwertiger Charakter« im Rechtsstaat besteht danach offensichtlich nur in der Rechtsfolge.

»Meine Herren, wenn das an die Öffentlichkeit kommt, sind wir alle erledigt.« Mit dieser Überschrift über einem Artikel der »Frankfurter Rundschau« am 15. September beginnt der »Offenbacher Skandal« um die Berufung des jüdischen Frauenarztes Herbert Lewin aus Köln zum Chefarzt an der städtischen Frauenklinik Offenbach. Im April hatte sich Lewin auf die Stelle beworben, war auf den fünften Platz unter 37 Bewerbern gesetzt worden und wird vom Offenbacher Magistrat – fünf Stimmen für Lewin, vier für den Mitbewerber Konrad Anton Tietze – gewählt.

Allerdings wird er gleich wieder abgewählt. Genauer gesagt, erklärt der Magistrat die erste Abstimmung mit vier Stimmen gegen eine bei vier Enthaltungen für unwirksam und setzt eine zweite Wahl an, in der nun Lewins Gegenkandidat mit vier Stimmen zu zwei Stimmen bei drei Enthaltungen gewinnt. Der Gang des Verfahrens ist ungewöhnlich, zum »Fall Lewin« wird er aber erst durch die Begründungen, mit denen Mitglieder des Magistrats die Aufhebung des ersten Abstimmungsergebnisses gefordert haben sollen.

Der Zweite Bürgermeister der Stadt und Dezernent für das Gesundheitswesen, Karl Kasperkowitz (CDU), soll gesagt haben: »Sie können den Offenbacher Frauen nicht zumuten, dass sie einem Mann wie Dr. Lewin ausgeliefert werden (…) es handelt sich hier um einen Mann, der aus dem KZ kommt und dessen Familie (…) entweder vergast oder ermordet worden ist, der also mit den Ressentiments seiner Rasse und mit dem Rachegefühl des KZlers seine Arbeit antreten wird.« Der Offenbacher Oberbürgermeister Johannes Rebholz (SPD) wird mit dem Satz zitiert: »Sie entscheiden sozusagen über das Schicksal der Offenbacher Frauen (…) Sie können die Frauen Offenbachs und die Frauenklinik nicht einem Dr. Lewin anvertrauen.«

Keiner der beiden Lokalpolitiker kann sich an diese Sätze erinnern, nur der Gewerkschafter Heinrich Galm, Stadtrat für die links-sozialdemokratische Arbeiterpartei – eine Offenbacher Spezialität –, hat sie sich gemerkt und der Zeitung gesteckt. Es macht die Sache nicht besser, dass ein Gutachten des Offenbacher Arztes Ferdinand Kallab bekannt wird, das mit den Worten beginnt, Dr. Lewin sei ein »echter Volljude mit allen Vorzügen und Nachteilen«. Der Warnruf des Stadtrats Hermann Maas (CDU), »wenn das an die Öffentlichkeit kommt, sind wir alle erledigt«, wirkt also plausibel. Allerdings können sich Maas und seine Kollegen auch an diese Worte nicht erinnern, nur Heinrich Galm und ein Fraktionskollege versichern, sie gehört zu haben.

Das Echo ist gewaltig. Die internationale Presse berichtet, der Fall läuft in den Nachrichtenagenturen als Vorrangmeldung, der SPD-Vorsitzende Kurt Schumacher schaltet sich ein und weist seine Offenbacher Genossen scharf zurecht: »So eine sozialdemokratische Rassenlehre des Opportunismus dürfen wir niemals dulden.« Der US-Militärgouverneur für Hessen verurteilt das Verfahren als »autokratische Aufhebung einer demokratischen geheimen Wahl«. Sein Vertreter vernimmt die Mitglieder des Magistrats in stundenlangen Verhören, die Spruchkammer Frankfurt/Main leitet ein Ermittlungsverfahren gegen den Magistrat wegen des Verdachts eines Verstoßes gegen Bestimmungen des Befreiungsgesetzes ein (Art. 13): »Politisch verantwortlich im Sinne dieses Gesetzes (…) ist auch, wer nach dem 8. Mai 1945 durch Verbreitung nationalsozialistischer, militaristischer oder rassischer Ideen oder durch sonstiges Wirken für den Nationalsozialismus oder den Militarismus, insbesondere durch unruhestiftende falsche Gerüchte, den Aufbau eines friedlichen Staates erschwert oder den Frieden der Welt gefährdet.«

Es gibt auch Verteidiger des Magistrats. Sie geben zu bedenken, es gehe nicht um Dr. Lewins Jüdischsein – die inkriminierten Äußerungen der Mitglieder des Magistrats seien nicht verbürgt, bedauerlicherweise gebe es kein Protokoll –, sondern um seine möglicherweise fehlende Eignung für die Position des Klinikchefs. An spezieller Erfahrung habe es ihm im Vergleich zu seinen Mitbewerbern eindeutig gemangelt.

Zur Begründung dieser Position, wonach Dr. Lewin in der ersten Wahl nicht wegen seiner Qualifikation, sondern ausschließlich wegen seines Jüdischseins gewählt worden ist, wird ein Stadtrat zitiert, der NSDAP-Mitglied gewesen ist und ihm seine Stimme gegeben hatte. Er habe geglaubt, kein anderer außer ihm wähle Dr. Lewin, und er habe es ausschließlich zur »Wiedergutmachung« getan. Überhaupt sei Dr. Lewin nur auf die Bewerberliste gesetzt worden, weil er – »ohne ein unseriöser Bewerber zu sein« –, ein jüdischer Verfolgter des Naziregimes war.

Was die fachliche Qualifikation Dr. Lewins betrifft, übersehen die Verteidiger des Magistrats, dass er schon vor seiner Verschleppung in die Konzentrationslager Chefarzt in Köln gewesen ist und nach seiner Rückkehr von Kölns Oberbürgermeister als »Chefarzt« ins KZ Theresienstadt geschickt worden war, um Überlebende nach Köln zurückzutransportieren. Das ist natürlich nicht beeindruckend im Vergleich mit seinem Konkurrenten Dr. Konrad Tietze, der noch 1944/45 ordentlicher Professor für Gynäkologie und Geburtshilfe an der Medizinischen Akademie in Danzig geworden war. Erwies es sich in der zweiten Wahl als menschlicher Vorzug oder als marginaler Nachteil Tietzes, dass er einst Mitglied der NSDAP, der SA, des NS-Ärztebundes und des NS-Dozentenbundes gewesen ist?

Die Verteidiger scheitern. Offenbachs Oberbürgermeister wird pensioniert, der Zweite Bürgermeister vom Dienst entbunden und Dr. Lewin schließlich doch noch, nach erneuter Wahl, Chefarzt der Offenbacher Frauenklinik.

Peter Halm ist ein Pseudonym. Nach den Gründen des Autors, anonym zu bleiben, wird nicht fragen, wer seinen Beitrag in den »Frankfurter Heften« gelesen hat: »Aufhören toll zu sein«. Er gibt sich als Jude zu erkennen, der vor den Nationalsozialisten ins Exil geflüchtet, nach Kriegsende zurückgekehrt und vier Jahre später unsicher ist, ob er Deutschland nicht endgültig den Rücken kehren soll. Das deutsche Volk sei durch den »Feuerofen des Dritten Reiches und des von ihm entfesselten Weltenbrandes« offenbar unbeeindruckt hindurchgegangen.

Mehr als der wiedererstarkende Antisemitismus enttäusche und erschrecke ihn die »Gleichgültigkeit, mit der man der Judenfrage im heutigen Deutschland begegnet«. Die Ablehnung Dr. Lewins, weil man glaubte, einen ehemaligen KZ-Gefangenen »den Offenbacher Frauen nicht zumuten zu können«, sei für ihn »erschütternder als die Kette der Schändungen jüdischer Friedhöfe«. Denn von ihnen könne angenommen werden, dass unbelehrbare Nazi oder Schuljungen sie verübten: »In Offenbach aber handelte ein Stadtrat, in dem die Vertreter angeblich demokratischer Parteien den Ausschlag gaben.« Offenkundig seien die Deutschen nicht bereit, sich klarzumachen, was sich von 1933 bis 1945 zugetragen habe: »Und dies hat notwendigerweise dazu geführt, dass kein führender deutscher Staatsmann und keine deutsche Stadt auch nur eine Geste tat, die ein Bedauern über das den deutschen und europäischen Juden zugefügte Unrecht ausdrücken würde.«

Er habe »naiverweise« seit 1945 darauf gewartet, dass ein »deutscher Ministerpräsident, ein deutscher Bürgermeister und nun der Bundeskanzler aufstehen und den Hinausgetriebenen zurufen würden: »Ein verbrecherisches System hat euch hinausgetrieben; ihr gehört hierher; kehrt zurück!« Diesen Appell, der doch »der elementarste und erste Akt der Wiedergutmachung« hätte sein sollen, habe er von keinem Deutschen gehört: »Das ist kein Zufall.« Natürlich nicht.

Der erste Bundestag hat sich konstituiert, die erste Bundesregierung – die Koalition von CDU/CSU, FDP und Deutsche Partei (DP) – ist gewählt, und in seiner ersten Regierungserklärung hat

Bundeskanzler Konrad Adenauer keine Gelegenheit gefunden, den von Peter Halm gewünschten Appell unterzubringen.

Es gab so viel anderes zu besprechen: Aus der Fülle der Aufgaben, die die Bundesregierung erwarten, sind einige besonders hervorzuheben, zum Beispiel die gerechtere Verteilung der Vertriebenen, die energische Förderung des Wohnungsbaus – inklusive Lockerung der Raumbewirtschaftung und der Mietfestsetzung –, auf dem Gebiet der Wirtschaftspolitik das Verfolgen der erfolgreich eingeschlagenen Richtung (»Ich darf in diesem Zusammenhang den leitenden Herren der bizonalen Wirtschaftsverwaltung wie allen Beamten und Angestellten, insbesondere aber auch den Direktoren der einzelnen Ämter den Dank der Bundesregierung für die geleistete Arbeit aussprechen«), die Aufhebung der Brennstoffbewirtschaftung, die Förderung des Wettbewerbs und die immer stärkere Einordnung der deutschen Wirtschaft in die Weltwirtschaft, die Verbesserung der fachlichen Ausbildung, die Pflege und Freiheit des Außenhandels, nicht zu vergessen die Demontagepolitik, die das gesamte deutsche Volk bewegt, das in den weitesten Kreisen nicht versteht, dass man mit der einen Hand ihm wirtschaftliche Hilfe reicht und mit der anderen Hand wirtschaftliche Werte zerstört, die Festigung des Mittelstands in allen seinen Erscheinungsformen, die Verbesserung und Veredelung der landwirtschaftlichen Produktion, die Rückführung der Forstwirtschaft zu normalen Verhältnissen, die Förderung von Kapitalbildung – und zwar sowohl die Förderung von Sparkapital als auch von Betriebskapital –, die Senkung der Einkommenssteuersätze, das Wiedergewinnen des Vertrauens auch des ausländischen Kapitals, das Verabschieden des Lastenausgleichs, die Regelung der Pensionen der vertriebenen Beamten und der ehemaligen Militärpersonen, eine aktive Konjunkturpolitik zur Bekämpfung der Deflations- und der Inflationsgefahren, besondere Fürsorge auf wirtschaftlichem Gebiet für Berlin, die Anpassung der Sozialpolitik an die Zeitverhältnisse, insbesondere Hilfe für Schwerkriegsbeschädigte, erwerbsunfähige Kriegsbeschädigte und Kriegshinterbliebene, Neuordnung der Rechtsbeziehungen zwischen Arbeitgebern und Arbeitnehmern, das Problem des Frauenüberschusses als Folge des Krieges und der Verschleppung von Männern, Hilfe für Jugendliche, die Neuregelung des Beamtenrechts …

An dieser Stelle seiner ersten Regierungserklärung hatte sich Adenauer einem Kardinalproblem offenbar ausschließlich des Beamtenrechts zugewandt: der Denazifizierung: »Die wirklich Schuldigen an den Verbrechen, die in der nationalsozialistischen Zeit und im Kriege begangen worden sind, sollen mit aller Strenge bestraft werden. Aber im Übrigen dürfen wir nicht mehr zwei Klassen von Menschen in Deutschland unterscheiden: die politisch Einwandfreien und die Nichteinwandfreien. Diese Unterscheidung muss baldigst verschwinden.«

Und wo er schon einmal über das Verschwinden sprach, brachte er auch eine spezielle Variante des Verschwindens zur Sprache, die von den Wählern mit Ungeduld erwartet wird und von allen Parteien des Parlaments versprochen worden ist: die Amnestie: »Der Krieg und auch die Wirren der Nachkriegszeit haben eine so harte Prüfung für viele gebracht und solche Versuchungen, dass man für manche Verfehlungen und Vergehen Verständnis aufbringen muss. Es wird daher die Frage einer Amnestie von der Bundesregierung geprüft werden, und es wird weiter die Frage geprüft werden, auch bei den Hohen Kommissaren dahin vorstellig zu werden, dass entsprechend für von alliierten Militärgerichten verhängte Strafen Amnestie gewährt wird.« Im Übrigen seien Befürchtungen, die vor allem in der ausländischen Presse über »rechtsradikale Umtriebe« in Deutschland laut geworden seien, »ganz bestimmt« weit übertrieben: »Ich bedaure außerordentlich, dass durch Berichte deutscher und ausländischer Zeitungen Persönlichkeiten, indem man ihre ungezogenen Reden verbreitet hat, eine Bedeutung beigelegt worden ist, die sie in Deutschland niemals gehabt haben.«

In diesem Zusammenhang müsse er nun »ein Wort zu hier und da anscheinend hervorgetretenen antisemitischen Bestrebungen«

sagen. »Wir verurteilen diese Bestrebungen auf das Schärfste. Wir halten es für unwürdig und für an sich unglaublich, dass nach all dem, was sich in nationalsozialistischer Zeit begeben hat, in Deutschland noch Leute sein sollten, die Juden deswegen verfolgen oder verachten, weil sie Juden sind.« Was meinte Adenauer mit »all dem, was sich in nationalsozialistischer Zeit begeben hat«? Meinte er die 60 bis 70 Millionen Toten des Zweiten Weltkriegs, den Holocaust, die Angriffskriege, die Kriegsverbrechen? Wenn aber der Bundeskanzler der ersten Nachkriegsregierung in seiner ersten Regierungserklärung für die jüngste Vergangenheit nicht mehr als einen Halbsatz reserviert, kann Peter Halm natürlich keinen Appell an alle in dieser ort- und namenlosen, also unwirklichen Vergangenheit aus Deutschland Vertriebenen erwarten, doch bitte in die deutsche Gegenwart zurückzukehren.

Der »Spiegel« informiert wenige Tage nach Adenauers Regierungserklärung die deutsche Öffentlichkeit darüber, dass sie mehrheitlich Juden verachte, »weil sie Juden sind«. In einer Umfrage hätten 53 Prozent der 2000 befragten Deutschen bekundet, »demonstrativ antisemitisch«, »gefühlsmäßig ablehnend«, »reserviert« oder Juden gegenüber »gleichgültig« zu sein. Dem Umfrageinstitut erscheint dieses Bekenntnis so brisant, dass es dem Auftraggeber der Umfrage die Ergebnisse mit dem Hinweis »vertraulich« zugestellt hat. Der Auftraggeber ist nicht das Nachrichtenmagazin, sondern die Bundesregierung, aber alle drei – der »Spiegel«, die Bundesregierung und das Umfrageinstitut in Allensbach – empfinden weniger die antisemitischen Ressentiments der Deutschen als Problem, vielmehr die im Ausland drohenden Reaktionen. Zu befürchten sei, schreibt das Nachrichtenmagazin, eine »neue ›Haut-den-Lukas‹-Kampagne der Auslandspresse«.

Über den verleumderischen Umgang ausländischer Medien mit den deutschen Verhältnissen hat sich die Chefin des Allensbacher Umfrageinstituts, Elisabeth Noelle-Neumann, schon vor Jahren beklagt. In ihrer nach einem Studienaufenthalt in den USA geschriebenen Dissertation über »Amerikanische Massenbefragungen über Politik und Presse« war sie 1940 zu dem betrüblichen Befund gelangt: »Seit 1933 konzentrieren die Juden, die einen großen Teil von Amerikas geistigem Leben monopolisiert haben, ihre demagogischen Fähigkeiten auf die Deutschlandhetze.«

Fräulein Noelle hingegen hatte ihre journalistischen Fähigkeiten in den Dienst des NS-Reichspropagandaministers gestellt und in Goebbels' auf intellektuellen Hochglanz polierter Wochenpostille »Das Reich« von ihrem künftigen Ehemann Erich Peter Neumann das Ressort Innenpolitik übernommen. Goebbels war von ihrer wissenschaftlichen Arbeit so beeindruckt, dass er ihr, wie sie erzählt, angeboten habe, sie zu seiner »Adjutantin« zu machen. Sie sei jedoch erkrankt, weshalb sich die Offerte zerschlagen habe. Dem NS-Propagandaminister hatte nicht zuletzt die These Noelles von der »deutschen Auffassung zum Wesen der öffentlichen Meinung« imponiert, »nach der, in den Worten des Reichsministers Dr. Goebbels, die öffentliche Meinung zum größten Teil das Ergebnis einer willensmäßigen Beeinflussung ist«. Ob Noelle-Neumann noch immer Antisemitin ist oder sich ihre Haltung – dank der »willensmäßigen Beeinflussung« der Siegermächte – gewandelt hat: Wer weiß es? Geblieben ist jedenfalls ihre Furcht vor der »Deutschlandhetze«. Nur hat sich der Begriff verändert. Sie heißt jetzt »Haut-den-Lukas«.

Friedrich Grimm, mit dem Lippoldsberger Lebensraum-Experten weder verwandt noch verschwägert, aber in geistiger Bruderschaft verbunden, veröffentlicht seine »Denkschrift über die Notwendigkeit einer Generalamnestie«, die in diesen Tagen auch unter den Bundestagsabgeordneten kursiert. Ihr liegt Grimms Erkenntnis zugrunde, dass, »im Sinne einer höheren Gerechtigkeit, eine Straftat, die unter außergewöhnlichen Verhältnissen begangen ist, nicht die gleiche Behandlung verdient wie die Straftat, die unter normalen Verhältnissen geschah«. Kriegs- und Nachkriegsverbrechen sind demnach der strafrechtlichen Aburteilung entzogen, Tabula rasa die zwingende Konsequenz.

Die fordert in der ersten Kabinettssitzung Ende September zwar auch Adenauer: »Wir haben so verwirrte Zeitverhältnisse hinter uns, dass es sich empfiehlt, generell Tabula rasa zu machen.« Aber die Tabula rasa, die Grimm vorschwebt, geht weit über Adenauers Idee hinaus. Grimm verlangt eine Generalamnestie für alle Kriegsverbrecher, weniger aus juristisch plausiblen Erwägungen, vor allem aus Übereinstimmung in der Gesinnung. Er war und ist Antisemit und Nationalsozialist. Seine Laufbahn als Professor für Völkerrecht hatte er im Dezember 1921 an der Universität Münster mit der Antrittsvorlesung zum »Handeln aus Vaterlandsliebe als Schuldausschließungsgrund« begonnen, war in eine Essener Anwaltskanzlei eingetreten und hatte in der Weimarer Republik wegen Mordes und Totschlags angeklagte Nationalsozialisten unter Hinweis auf ihre Vaterlandsliebe als Tatmotiv erfolgreich verteidigt. Man habe in den Zwanzigerjahren »solche Vorgänge erlebt, die mit Paragrafenrecht nicht zu messen sind und ausschließlich in die Sphäre der Beurteilung durch die Geschichte gehören.«

(An dieser Stelle darf ein Hinweis auf Emil Julius Gumbel nicht fehlen, einen Heidelberger Mathematiker, der die Morde in der Weimarer Republik problemlos nach Paragrafenrecht gewogen und der Justiz danach attestiert hatte, auf dem rechten Auge blind zu sein: Die 22 Morde des linken Lagers zwischen 1919 und 1921 hatten die Gerichte mit zehn Todesstrafen geahndet, die 354 Morde des rechten Lagers mit keiner einzigen und nur in einem Fall eine lebenslange Freiheitsstrafe verhängt. Gleich nach Kriegsende hatte die Universität Heidelberg beschlossen, sich dem befürchteten »Wiederauftreten« des in die USA emigrierten Sozialdemokraten und Pazifisten zu »widersetzen«.)

Aber nicht nur als linientreuer Strafverteidiger hatte sich Grimm unter den Nationalsozialisten einen Namen gemacht, er war Hitler auch als außenpolitischer Berater zu Diensten, als Antisemit und Frankreichexperte hatte er mit dem Pariser Botschafter Otto Abetz und dem Leiter der Politischen Abteilung der Botschaft, Ernst Achenbach, insbesondere bei den Judendeportationen eng zusammengearbeitet. Robert Kempner hatte nach einem Verhör Grimms in Nürnberg gehofft, der »Überzeugungstäter« werde nie wieder eine Zulassung als Rechtsanwalt bekommen.

Aber die Hoffnung hat sich nicht erfüllt. Grimm hat die Entnazifizierung mithilfe zahlreicher »Persilscheine« erfolgreich überstanden, tritt auf als selbsternannter Anwalt aller Kriegsverbrecher und inhaftierten Nationalsozialisten und fordert: »Nach dem totalen Krieg muss auch die Amnestie total sein.« Es gehöre »Mut dazu, sich heute dazu zu bekennen«. Doch kann sich Grimm auf die Unterstützung seines Essener Anwaltskollegen und ehemaligen Partners an der Pariser Botschaft, Ernst Achenbach, verlassen und auf den nordrhein-westfälischen FDP-Vorsitzenden Friedrich Middelhauve, dem Grimms Konzept die Parole für die nächsten Jahre liefert: Generalamnestie.

Im Prinzip sind die Bundestagsabgeordneten Herwart Miessner, Fritz Dorls, Fritz Rößler (alias Dr. Franz Richter) und Adolf von Thadden ideale Kandidaten für Middelhauves »Nationale Sammlung«, denn sie alle waren Mitglieder der NSDAP. Aber sie sind inzwischen in der falschen Partei. Sie gehören nicht nur zur Fraktion der DKP/DRP (Deutsche Konservative Partei – Deutsche Rechtspartei), sie stellen dort auch die erdrückende Mehrheit – nur ein Mitglied der fünfköpfigen Fraktion, Heinz Frommhold, vormals Farmer in Kolumbien, war kein Parteigenosse.

Aber auch ohne sie muss sich der frischgebackene FDP-Bundestagsabgeordnete Middelhauve nicht verlassen fühlen. Ihm steht im Parlament nicht nur der bewährte Frontsoldat Erich Mende zur Seite, unter seinen 51 Fraktionskollegen sind einige, deren Biografien eine Generalamnestie nachdrücklich empfehlen. Otto Kneipp,

Robert Dannemann, Hans Wellhausen, Karl Georg Pfleiderer und Walther Hasemann, Landesvorsitzender der niedersächsischen FDP und Hersteller von Ungeziefer-Bekämpfungsmitteln, um ein paar Beispiele zu nennen, sind als ehemalige NSDAP-Mitglieder die natürlichen Bundesgenossen Middelhauves, und nach dem 12. September kommt noch ein weiterer hinzu, um genau zu sein – eine weitere Bundesgenossin.

An diesem Tag wird Theodor Heuss von der Bundesversammlung zum Bundespräsidenten gewählt. Das ist für Middelhauve aus verschiedenen Gründen eine gute Nachricht. Mit seiner Wahl zum Präsidenten tritt Heuss als Bundesvorsitzender der FDP ab. Middelhauve verliert damit seinen stärksten innerparteilichen Gegenspieler. Er dürfte den Briefwechsel mit Heuss im vergangenen November noch nicht vergessen haben, in dem er, Middelhauve, Heuss im Namen des nordrhein-westfälischen FDP-Landesverbandes aufgefordert hatte, im Parlamentarischen Rat dafür zu kämpfen, das kommende Staatsgebilde als »Reich« zu bezeichnen. Heuss hatte nicht nur seinen eigenen Vorschlag, »Bundesrepublik«, verteidigt, sondern Middelhauve zugleich eine Lektion in Demokratie erteilt. Ihn, Heuss, interessiere nicht, »ob ich eine individuelle oder Parteiauffassung durchsetze, sondern ob ich brauchbare Formen finde, die ohne Vermachtung eine möglichst weitgehende Zustimmung breiter Volksteile finden kann«.

Erfreulich ist die Bundespräsidenten-Wahl für Middelhauve aber auch, weil Heuss damit sein Abgeordneten-Mandat verliert, in der Fraktion also ein Platz frei wird. Denn Heuss ist nicht nur nicht zum Vergessen bereit, er warnt in seiner Antrittsrede als Bundespräsident sogar ausdrücklich davor.

Es sei zwar für Völker eine Gnade, vergessen zu können: »Aber meine Sorge ist, dass manche Leute in Deutschland mit dieser Gnade Missbrauch treiben und zu rasch vergessen wollen. Wir müssen das im Spürgefühl behalten, was uns dorthin geführt hat, wo wir heute sind. Das soll kein Wort der Rachegefühle, des Hasses sein. Ich hoffe, dass wir dazu kommen werden, nun aus dieser

Verwirrung der Seelen im Volk eine Einheit zu schaffen. Aber wir dürfen es uns nicht so leicht machen, nun das vergessen zu haben, was die Hitlerzeit uns gebracht hat.«

Zwar bringt auch Heuss keine Bitte um Entschuldigung gegenüber den überlebenden Opfern der deutschen Verbrechen und den Hinterbliebenen über die Lippen, und auch von ihm ist kein Appell an die Emigranten zur Rückkehr in ihre alte Heimat zu hören, aber immerhin macht er in seiner Rede klar, dass er für eine Generalamnestie, wie Middelhauve und Grimm sie wünschen, nicht zur Verfügung steht. Da ist Margarete Hütter ein ganz anderes Kaliber. Sie war nicht nur förderndes Mitglied der NS-Frauenschaft und Mitglied der NSDAP, seit einiger Zeit hat sie sich auch einen Namen als kompromisslose Fürsprecherin verurteilter deutscher Kriegsverbrecher gemacht. Middelhauve verliert also in der FDP einen Gegner, und zugleich bekommt er eine neue Mitstreiterin. Margarete Hütter rückt am 15. September als Heuss' Nachfolgerin in den Bundestag nach.

Knapp und etwas mürrisch vermerkt Thomas Mann im Tagebuch: »Konstituierung des westdeutschen Staates in Bonn. Wahl der obersten Funktionäre. Kann gut werden.« Für einen, der die »Renazifikation« der Bundesrepublik in allernächster Zeit erwartet, ist das verblüffend euphorisch.

Oktober 1949

Der Deutsche Volksrat proklamiert die Gründung der Deutschen Demokratischen Republik. Per Akklamation wird der SED-Vorsitzende Wilhelm Pieck von der Volkskammer und der Länderkammer der DDR einstimmig zum Staatspräsidenten gewählt, Otto Grotewohl (SED) wird zum Ministerpräsidenten der DDR ernannt. Der Bundesminister für Vertriebene kündigt an, dass 600 000 Vertriebene aus Schleswig-Holstein, Niedersachsen und Bayern in den nächsten beiden Jahren in andere Bundesländer umgesiedelt werden sollen.

Gröning« wird in drei großen Münchner Lichtspielhäusern uraufgeführt. Ursprünglich sollte der Film über Bruno Gröning »Der Herforder Messias« heißen. Aber erstens hat der Tausendsassa seine Wirkungsstätte inzwischen auf einen Traberhof bei Rosenheim verlegt, zweitens hätte der junge Dokumentarfilmer Rolf Engler sein Werk dann auch gleich »Heil Gröning!« nennen können. Der Umzug in den Süden hat Gröning nicht geschadet, der Glaube an die Heilkraft seiner Papierschnitzel und an das Publikum verteilter Stanniolkugeln ist ungebrochen. Die Koppeln des Traberhofs hätten sich – berichten Zeitungen – in ein »Moorbad« verwandelt, seit »15 000 Gröning-Fanatiker samt 800 Omnibussen und 2000 PKW dort tage- und nächtelang biwakierten«.

Die Münchner »Abendzeitung« druckt seit Neuestem – »als einziges von Gröning autorisiertes Organ« – den »Gröning-Ruf« mit einer exklusiven »Geheiltenliste«. Der Regisseur Rolf Engler hat auch die »Ungeheilten« aufgerufen, sich zu melden, 9000 Meter Film gedreht, mehr als 100 000 Mark investiert, sein Werk, sagt er, berichte »sachlich und vorurteilslos«, was die Menschen in Grönings Umgebung sagten und täten.

Die »Vorurteilslosigkeit« des Films ist nicht unumstritten. Am Vorabend der Uraufführung schicken das bayerische Gesundheitsministerium, die bayerische Landes-Ärztekammer, die kassenärztliche Vereinigung und der Heilpraktiker-Verband ein Protesttelegramm an den amerikanischen Hochkommissar, den amerikanischen Landeskommissar für Bayern, den Bundestag und an die Freiwillige Selbstkontrolle und fordern ein Verbot der Films: Er gefährde die öffentliche Ordnung und beeinflusse kranke Menschen auf gesundheitsschädigende Weise. Das Telegramm wird in den Nachrichten des Bayerischen Rundfunks verlesen, aber auch der Widerspruch Englers. Es handele sich um einen »rein objektiven« Dokumentarfilm: »Er warnt ausdrücklich vor den bisher aufgetretenen Massenpsychosen und verhindert dadurch die Erweckung unerfüllbarer Hoffnungen bei den Kranken. Auf Wunsch der Militärregierung von Dr. Hood, Chief Public Health, OMGB, gesehen und befürwortet. Weiterhin von den amerikanischen Filmoffizieren in Geiselgasteig, Mr. Carl Winston und Mr. Pommer u.a., wurde dieser Film begutachtet und zur öffentlichen Vorführung empfohlen. Außerdem hat die freiwillige Selbstkontrolle den Film ordnungsgemäß zensiert.«

Wenn selbst amerikanische und deutsche Zensurbehörden keinen Einspruch einlegen und die Freiheit der Kunst im Sinne des Art. 5 Grundgesetz genehmigen, steht einer Vorführung nichts mehr im Wege, sogar mit dem ausdrücklichen Vermerk: »Jugendfrei«.

Die Eichelmast hat dem Ort Schweinheim seinen Namen gegeben: Die Schweine wurden hier früher in den Wäldern mit Eicheln gefüttert. Schweinheim ist ein Ortsteil Bad Godesbergs in der Nähe Bonns, unter wohlhabenden Rentnern als Alterssitz beliebt und seinerzeit auch von Hitler geschätzt – zwischen 1926 und 1945 hat er Bad Godesberg 70-mal besucht. Schweinheim hat eine Pestkapelle zu Ehren des heiligen Sebastian, einen eigenen Narrenruf – in Köln und Bonn »Alaaf«, in Schweinheim hingegen »Schweinheim Wutz Wutz« – und im Norden die Viktorshöhe auf der Schweinheimer Heide. Sie wurde 1910 von einem Bonner Professor mit einer Villa bebaut, zusammen mit einem Pförtnerhaus mit Automobilhalle, einem Federviehhaus und drei Gewächshäusern.

Seit 1933 wurde sie von der SA genutzt, ab 1934 vom »SA-Hochschulamt Bonn« als Sportschule und Wehrertüchtigungslager der Bonner Universität, danach als Unterkunft für Angehörige des »SA-Hilfswerks Nord-West«, später als NS-Erholungsheim für das Versorgungswerk des Gaus Köln-Aachen, seit 1943 im Eigentum der Reichsbahn, die nach dem Krieg die Villa Mitarbeitern ebenfalls als Erholungsheim zur Verfügung stellte. Das Gebäude wurde bei Bombardements beschädigt, aber in den vergangenen Monaten nach Plänen des Bundestagsarchitekten Hans Schwippert eilig renoviert. Schon vor einigen Wochen haben die letzten Reichsbahnmitarbeiter die Villa verlassen und Platz gemacht für den ersten Bundespräsidenten. Unmittelbar nach seiner Wahl hat Theodor Heuss mit seiner Frau Elly seinen ersten Dienstsitz bezogen – drei Zimmer in der ersten Etage auf der Viktorshöhe in Schweinheim.

Denn noch steht sein künftiger Dienstsitz, die Villa Hammerschmidt in Bonn, nur wenige Schritt vom Rhein entfernt, nicht zur Verfügung. Zwar ist sie im Krieg unbeschädigt geblieben, aber hier ist der Oberkommandierende der belgischen Streitkräfte in Deutschland einquartiert. Erst Ende Oktober rücken die belgischen Truppen aus der provisorischen Bundeshauptstadt ab, und damit wird das zum »Sondergebiet« erklärte Bonn das erste besatzungsfreie Gebiet der Bundesrepublik. Bis der Bundespräsident seine drei Zimmer in Schweinheim verlassen und an das Rheinufer übersiedeln kann, wird noch mehr als ein Jahr vergehen.

Im Mai vor 32 Jahren, also noch mitten im Ersten Weltkrieg, hat Alfred Polgar im Wiener Stadttheater einen passablen Abend erlebt. Er sah das Gastspiel des Zürcher Stadttheaters mit Shakespeares »Wie es euch gefällt« und fand es »sehr nett«, wohlgestimmt und angenehm, also offensichtlich nicht sehr aufregend. Das Tempo der Aufführung war vortrefflich, leider immer dasselbe; Polgar hätte sich einen häufigeren Wechsel zwischen rasch und langsam gewünscht. Das Zusammenspiel der Schauspieler war harmonisch. Stars drängten sich nicht vor, es waren aber auch keine da, die sich hätten vordrängen können, mit einer Ausnahme, und die hat Polgar den Abend gerettet: »Die Pointe des Abends hieß: Elisabeth Bergner. Ein kleines, zierliches Fräulein mit originellem, trotzig-kindlichem, zur Schwermut wie zur Schelmerei gleich bereitem Antlitz. Sie ist voll Temperament und Begabung, von einer natürlichen Freiheit und Sicherheit des Betragens, die was Geheimnisvolles und Besseres, als Erfahrung je bescheren kann. Ihre Sprechkunst ist verblüffend reif, ihr Spiel immer wieder überraschend durch das Aufblitzen eines Funkens besonderer Leidenschaft, besonderen Humors, besonderer Klugheit. Ich glaube, die wird einmal kein schlechtes Feuerwerk steigen lassen!« Ausrufungszeichen hat Polgar nur im Ernstfall verwendet. Und der Auftritt der erst 19 Jahre alten Elisabeth Bergner in ihrer künftigen Paraderolle als Rosalinde in Shakespeares Komödie war ein leibhaftiger Ernstfall. Wie von Polgar prophezeit, stieg die Bergner alsbald als Feuerwerk erst über den deutschsprachigen Bühnen auf, dann auch im Film. Das Publikum hat sie verehrt, die Männer, viele Männer haben sich um sie gerissen, manche haben sie bekommen, aber nur einer, der Regisseur Paul Czinner, hat sie halten können, sie war die Ikone der Zwanzigerjahre, das Gesicht ihrer Generation. Das war sie bis 1933, seitdem war sie in Deutschland nur mehr Jüdin.

Sie war mit ihrem Mann emigriert, erst nach London, dann in die USA. Sie wurde die erfolgreichste deutschsprachige Bühnenschauspielerin im Exil, als Filmschauspielerin war sie einmal für den Oscar nominiert. Als der Krieg zu Ende war, Bergner war seit Jahren britische Staatsbürgerin, hatte kein deutscher Intendant, kein deutscher Regisseur sie zurückgerufen, aber jetzt ist sie dennoch gekommen. Auf Einladung einer Konzertagentur gibt sie im Titania-Palast in Berlin-Steglitz jedoch nicht mehr die Rosalinde, nicht mehr die Lulu in Wedekinds »Erdgeist«, nicht mehr die Kassandra in Euripides' »Die Troerinnen« und auch nicht die Käthe in Hauptmanns »Einsame Menschen«. Elisabeth Bergner liest aus der Bibel – Fragmente aus dem Alten und dem Neuen Testament. Das Publikum im ausverkauften Haus feiert sie mit nicht enden wollendem Applaus.

»Nachtwache«, der erste religiös inspirierte Film der Nachkriegszeit, kommt in die Kinos und ist der erfolgreichste Film der Saison. Er vermittelt die Botschaft, dass der Mensch infolge eines Unglücks tief fallen kann, aber nie tiefer als in Gottes Hand. So geschieht es dem verzweifelten Vater des bei einem Unfall getöteten Kindes, einem evangelischen Pfarrer, der erst durch die Verzweiflung eines anderen den Weg zurück ins Leben und zum Glauben findet, worauf der Film mit einem Lobgesang der Kinder endet: »Erhebet Eure Herzen – wir erheben sie zum Herrn.«

Die Herzenserhebung wird von der evangelischen Kirche finanziert und ist selbstverständlich als cineastische Maßnahme zur christlichen Versittlichung des von der nationalsozialistischen Propaganda moralisch verwüsteten Publikums zu betrachten, also ein Gegenentwurf. Das ist der Film en gros, jedoch nicht en détail. Niemand weiß besser als ein Kameramann, dass »richtig« und »falsch«, »gut« und »böse« nur eine Frage des persönlichen Standpunktes ist: Die Perspektive, die Kameramann Franz Koch im NS-Propagandafilm »S.A. Mann Brand« oder in Leni Riefenstahls »Triumph des Willens« eingenommen hatte, war deshalb naturgemäß eine andere gewesen als die, die er für die »Nachtwache« beziehen musste. Der Auftraggeber hatte gewechselt.

Auch Mark Lothar hatte sich als Komponist wirksamer Propagandamusik bereits bewährt – Hitler hatte auch ihn zum Gottbegnadeten erklärt, was durch Lothars Mitgliedschaft im antisemitischen Kampfbund für deutsche Kultur befördert worden sein mag –, sodass auf ihn für den christlichen Missionsfilm »Nachtwache« zurückgegriffen werden konnte. Aber wie verhält es sich mit dem Schauspieler René Deltgen, dem deutschen Publikum seit Jahren als moralisch fragwürdiger Abenteurer und Frauenverführer auf der Leinwand bekannt? Er spielt in der »Nachtwache« eine der drei männlichen Hauptrollen, den Schauspieler Stefan Gorgas, der mit seiner Theatertruppe in eine deutsche Kleinstadt kommt. Die Kamera Franz Kochs nimmt ein Plakat ins Visier, auf dem der Theaterabend angekündigt wird, und ein

Ensemble-Mitglied scherzt: »Große Ereignisse werfen ihre Plakate voraus.«

Dieser Satz sollte Deltgen zu denken geben. Speziell auf dem Gebiet der Plakatwerbung ist Deltgen seit Längerem erprobt. Der gebürtige Luxemburger, von den Nationalsozialisten zum »Staatsschauspieler« gekürt, hatte nach der Besetzung seiner Heimat durch die Wehrmacht auf Plakaten jungen Landsleuten den Eintritt in die HJ empfohlen. Dafür war Deltgen nach dem Krieg wegen Landesverrats zu zwei Jahren Freiheitsstrafe, 100 000 Francs Geldstrafe und zum Verlust der luxemburgischen Staatsangehörigkeit verurteilt worden. Zwar hat Deltgen nur kurz in Haft gesessen, aber noch immer sind einige seiner Filme (»Achtung! Feind hört mit!«, »Fronttheater«) in der Bundesrepublik verboten. Mit der »Nachtwache« gelingt ihm die Fortsetzung der Karriere.

Hat es die Konzentrationslager tatsächlich gegeben, und welche Verbrechen haben gegebenenfalls in ihnen stattgefunden? Eine Münchner Spruchkammer bezweifelt, dass selbst vier Jahre nach Ende des Krieges mehr als eine Handvoll Deutscher darüber unterrichtet sind. In ihrer Entscheidung über Eleonore Baur alias »Schwester Pia« im August hatte sie immerhin bei Hitlers Duz-Freundin einschlägige Kenntnis vorausgesetzt: »Frau Baur ist eines der wenigen menschlichen Wesen, das Kenntnis von jenen dunklen Verbrechen hat, die in den Konzentrationslagern begangen wurden.«

Wenn schon sonst bei kaum einem anderen menschlichen Wesen, so ist tatsächlich bei Eleonore Baur vertiefte Expertise anzunehmen. Die Krankenschwester war Nationalsozialistin der ersten Stunde, hatte beim gescheiterten Hitler-Putsch (»Marsch auf die Feldherrnhalle«) 1923 verwundete Parteigenossen versorgt und dafür als einzige Frau den »Blutorden« erhalten, war auf ihren Wunsch von Hitler als Krankenschwester im KZ Dachau mit den Privilegien eines SS-Oberführers – zum Beispiel Versorgung aus den Vorratskammern des Lagers nach Belieben – eingesetzt worden, hatte von Hitler eine Villa geschenkt bekommen, die von KZ-Häftlingen ausgebaut und mit Produkten der KZ-Werkstätten ausgestattet wurde, war eine berüchtigte Denunziantin, für ihren blutrünstigen Antisemitismus wurde sie in der Partei verehrt und im KZ gefürchtet. Die Spruchkammer hat sie als Hauptschuldige zu zehn Jahren Zwangsarbeit verurteilt, die sie in Eichstätt, Nebenlager Eppdorf (für Frauen), verbüßt – Schwester Pia, eines »der wenigen menschlichen Wesen, das Kenntnis von jenen dunklen Verbrechen hat, die in den Konzentrationslagern begangen wurden«.

Sie wird im nächsten Juni entlassen und in ihre von KZ-Gefangenen verzierte Villa in Oberhaching zurückkehren.

Der Eichstätter Häftling Hans Fritzsche, die Rundfunk-Stimme des NS-Staates, hat Schwester Pias Kenntnis nicht, zumindest kann sich Fritzsche nicht erinnern, von den Verbrechen jemals gehört zu haben. Was er weiß, ist, dass von den »30 Gefängnissen und Lagern«, in denen er in den vergangenen vier Jahren gesessen habe, »dies hier das schlimmste« ist: »Selbst bei den Russen, in der Moskauer Lubjanka, war die Haft leichter zu ertragen.« Die Lage ist offenbar so schlimm, dass Fritzsche beim Verwaltungsgerichtshof schon im Frühjahr Klage eingereicht hat. Dem Journalisten von der »Neuen Zeitung«, dem gegenüber sich Fritzsche so vehement beschwert, erschließt sich nicht so recht die Scheußlichkeit der Lage, die Fritzsche beklagt. Für ihn ist das Gefängnis ein »freundlicher Sandsteinbau« mit freiem Blick durch die vergitterten Fenster über die Dächer und Kirchen der alten Reichsstadt Eichstätt, mit Gemüsegarten und Liegeplatz, mit hellem Besuchszimmer, »Aschenbechern auf den vierbeinigen Tischen«, denn Rauchen ist den Insassen erlaubt, mit modernen medizinischen Geräten und großzügigen Besuchsmöglichkeiten für Verwandte.

Wo also ist das Problem? Es besteht darin, dass Fritzsche nicht weiß, wofür er bestraft wird. Als ihm der Journalist vorhält, dass »ein Mensch, der immerhin nur gelegentlich in verschiedenen Ministerien vorsprach, im Kriege mehr von diesen üblen Dingen wusste«, als eine der NS-Größen bis heute zugegeben habe, erwidert Fritzsche: »Natürlich habe ich alle Auslandsnachrichten über diese Dinge gekannt. Aber bei Rückfragen, wie beispielsweise über Auschwitz, hat mir Obergruppenführer Glücks, der Inspekteur der KZ, im Beisein von Höß, dem inzwischen von den Polen hingerichteten Kommandanten von Auschwitz, die Dinge so geschickt dargestellt, Kleinigkeiten offen zugegeben, dass ich von seinen Darlegungen überzeugt war. Sie (Fritzsche meint den Journalisten, Anm. d. Autors) kamen dagegen vom ›Berliner Tageblatt‹ her und haben solchen Berichten gegenüber von vornherein eine andere Einstellung gehabt.«

Der Journalist Hermann Rahskopff kam keineswegs nur vom »Berliner Tageblatt« her, als Schriftleiter der »Deutschen Luftwacht – Zeitschrift für alle Gebiete des Nationalsozialistischen Fliegerkorps (NSFK)« hatte Rahskopff natürlich Zugang zu Hermann Görings Luftfahrtministerium. Sollte Rahskopff das vergessen haben? Er erwähnt es jedenfalls in seiner Reportage nicht. Vielleicht vergisst er es auch nur, weil ihn Fritzsches Vergesslichkeit in Rage bringt: »Es kommt wirklich nichts heraus bei diesem Märtyrer mit Gedächtnisschwund.«

Fritzsche wird 1950 wegen »guter Führung« entlassen, arbeitet unter anderem als Werbeleiter in der rheinisch-westfälischen Industrie und findet, ohne FDP-Mitglied zu werden, zur Nationalen Sammlung Middelhauves und Achenbachs. Seine Memoiren »Es sprach Hans Fritzsche« hat er – trotz Publikationsverbots, unter dem Namen seiner künftigen Frau – bereits 1949 in der Schweiz (13,50 Franken) und in Italien veröffentlicht.

Gerhard Schulz gefällt nicht, was er in diesen Tagen aus den Zeitungen und dem Radio erfährt. Die ostdeutsche Staatsgründung sei doch im Einzelnen recht unerfreulich. Die SED stelle mit Otto Grotewohl den Ministerpräsidenten, mit Wilhelm Pieck den Staatspräsidenten und »natürlich auch die Mehrzahl der Minister«. Die seit den Wahlen von 1946 bestehenden Verhältnisse würden konserviert: »Wahlen gibt es vorerst nicht.« Zum ersten Mal werde eine Regierung – eine «Volksregierung«, die sich selbst einsetze – aus der Verabredung einer Handvoll Parteiführer hervorgeholt, nachdem die Besatzungsmacht die dringliche Anregung, ja den Befehl dazu gegeben habe.

Gerhard Schulz wiederum befiehlt sich Optimismus: »Dennoch glaube ich, dass nicht alle Aussichten für die Zukunft verloren sind.« Was Schulz' Stimmung in Leipzig aber dann doch wieder verdüstert, ist das allgemeine Schweigen, das die Teilung Deutschlands begleitet: »Es ist den Besatzungsmächten in erstaunlicher Weise gelungen, fast diskussionslos (…) das deutsche Volk vom Boden seiner nationalen Geschlossenheit fortzuziehen.« Der Gedanke, jeden Versuch der Teilung geschlossen zu sabotieren, sei nie ernsthaft erwogen worden: »Und heute unterhält man sich allenfalls über den ungünstigen Charakter der neuen Regierung.« Sie selbst allerdings, die Tatsache ihrer Existenz, sei zwar eine Neuigkeit, »aber von niemandem als glatte Unmöglichkeit von vornherein empfunden worden.«

Doch trotz seines Unbehagens, seines wachsenden Misstrauens in die Politik der sowjetischen Besatzungsmacht und des Argwohns, mit dem er die zunehmende Dominanz der SED verfolgt, vertraut Gerhard Schulz seinem Dozenten die »freudigste Nachricht« an: »Ich habe mich für die nächste Zeit zum Bleiben in der Ostzone entschieden.« Sein Dozent, der Historiker und Philosoph Karl Buchheim, hat seine Entscheidung mit den Worten begrüßt: »Wie die Büchse der Pandora enthält die Gegenwart alle Möglichkeiten zukünftiger Entwicklung.« Buchheim dürfte wissen, dass die Büchse keineswegs alle Möglichkeiten, vielmehr alle Übel der

Welt enthielt. Im Bild lag möglicherweise eine versteckte Warnung. Buchheim war vom sowjetischen Geheimdienst jahrelang zur Zusammenarbeit gezwungen worden. Sollte es tatsächlich eine Warnung gewesen sein, so hat sie der Student nicht verstanden.

Schon im Mai nächsten Jahres wird Buchheim ein Angebot der Technischen Universität München annehmen und die DDR verlassen.

Aus einem Bericht der »Frankfurter Neuen Presse« über die Aufnahme der aus Schleswig-Holstein nach Südbaden umgesiedelten Flüchtlinge: »Es kam zu Zwischenfällen, bei denen die Polizei die einheimische Bevölkerung zur Ordnung und zur Erfüllung ihrer Pflichten gegenüber den Flüchtlingen anhalten musste (…) Was sich im Landkreis Freiburg abgespielt hat, ist besonders erwähnenswert und leider auch kennzeichnend für die meisten anderen südbadischen Aufnahmegebiete. Fünfzig Umsiedlern wurde bei ihrer Ankunft erklärt, dass man sie erst in ihre neuen Unterkünfte hereinlassen werde, wenn der Pfarrer des Dorfes mit gutem Beispiel vorangegangen sei. Der Pfarrer lehnte jedoch die Aufnahme von Flüchtlingen in seinem Hause ab mit dem Bemerken, das Erzbischöfliche Ordinariat habe ihm drei Räume für Bürozwecke zugebilligt, seine Wirtschafterin sei Verfolgte des Naziregimes, und er glaube, genügend getan zu haben.

Nach heftigen Auseinandersetzungen erschien die Gattin des Staatspräsidenten, Frau Wohleb, und der Leiter der Pressestelle der Badischen Staatskanzlei. Sie waren von einem Begleiter des Flüchtlingstransports herbeigerufen worden, und es gelang ihnen, die Dorfbewohner zur Aufnahme der Flüchtlinge zu bewegen. Der Pfarrer wandte sich jedoch weiter gegen jede Einquartierung. Einer Pressevertreterin, die den Flüchtlingstransport begleitet hatte, um eine Reportage darüber zu machen, wurde von Regierungsvertretern nahegelegt, über die Zwischenfälle nicht zu berichten.«

Vor 15 Jahren hat Adolf Hitler auf der 24. Internationalen Automobil- und Motorrad-Ausstellung in Berlin von der Motorisierung des deutschen Volkes geschwärmt und die Konstruktion eines dafür geeigneten Autos gefordert. Es solle eine Reisegeschwindigkeit von 100 Stundenkilometern erreichen, sich für den Einsatz auf den »Straßen der Führers« – den Autobahnen – eignen, nur wenig Sprit verbrauchen und mit vier oder fünf Sitzen auch familienfreundlich sein. Ach ja, auch eine Luftkühlung wäre schön, und der Geldbeutel der deutschen Volksgenossen sei gefälligst zu schonen – dem österreichischen Konstrukteur Ferdinand Porsche, der den Wagen entwickeln sollte, hatte er einen Preis von unter 1000 Mark genannt. Der Preis war illusorisch, im Übrigen aber hatte Porsche geliefert.

Auf »KdF-Wagen« hatte das Auto freilich nicht sein Schöpfer getauft, sondern bei der Grundsteinlegung des Volkswagenwerks 1938 Robert Ley, der Führer der Deutschen Arbeitsfront (DAF), die das Großprojekt mit dem beschlagnahmten Vermögen der Gewerkschaften finanzierte. Hitler selbst hatte mit dem Überfall auf Polen dafür gesorgt, dass die Volksmotorisierung durch den »KdF-Wagen« auf sich warten ließ. In Wolfsburg wurden im Weltkrieg Wehrmachtskübel zusammengeschraubt, nur ein paar ausgewählte Nazibonzen fuhren mit zivilen Sonderanfertigungen. Als die Briten das Werk nach dem Krieg übernahmen, hatten sie zwar registriert, dass nur 20 Prozent der Werkshallen zerstört und 93 Prozent der Maschinen verwendbar waren, das Entscheidende aber war ihnen entgangen: der »KdF-Wagen«.

Eine britische Sachverständigenkommission bescheinigte Porsches Konstruktion: »In Leistung und Anlage hat er keinerlei Anziehungskraft für den durchschnittlichen Autokäufer. Der kommerzielle Bau des Wagens wäre ein durch und durch unwirtschaftliches Unternehmen.« Sollten die Deutschen doch selber sehen, was sie aus der mit Vertriebenen, Flüchtlingen und Kriegsheimkehrern bevölkerten Barackenstadt und dem hässlichen, kugeligen Auto machen. Die Briten suchten einen deutschen Chef und fanden ihn in dem 48 Jahre alten Maschinenbau-Ingenieur Heinrich Nordhoff.

Der frühere Leiter des Opel-Lastwagenwerks in Brandenburg – des größten seiner Art in Europa – war nie in der NSDAP, gleichwohl zunächst als Hauptschuldiger, später als Entlasteter eingestuft worden. Die Amerikaner aber sorgten dafür, dass er nicht in die Auto-Branche zurückkehren konnte. So ging er zu den Briten. Schon bald entstanden in Wolfsburg Monat für Monat 500 Standardlimousinen, Typ I mit 1200 Kubikzentimetern Hubraum und 23 PS, Preis: 5300 D-Mark. Die meisten Autos gingen an die Briten, aber für die Deutschen ist das Auto aus Wolfsburg im Jahr 1949 bereits das Symbol ihres wirtschaftlichen Aufstiegs. Wer eines hat, der hat es geschafft. Im Oktober wird bekannt, dass die Briten das Volkswagenwerk in die Treuhänderschaft der Bundesrepublik übergeben. VW-Generaldirektor Nordhoff kündigt an, dass das Werk bis zum Jahresende vollständig wiederhergestellt sein werde, und schon im nächsten Jahr steige die Produktion um 20000 auf 60000 Fahrzeuge.

Der »Käfer« wird in den nächsten Jahren zum meistverkauften Auto der Welt.

November 1949

Bundeskanzler Adenauer und die drei alliierten Hochkommissare unterzeichnen das Petersberger Abkommen, das der Bundesrepublik mehr außenpolitische Kompetenzen einräumt und die weitgehende Einstellung der Demontage vorsieht. Das Ministerkomitee des Europarates spricht sich einstimmig für die Aufnahme des Saargebietes und der Bundesrepublik als assoziierte Mitglieder der Organisation aus. Die Außenminister der drei westlichen Siegermächte befürworten die Eingliederung der Bundesrepublik in die europäische Völkergemeinschaft, sofern das Land Beweise friedlicher Absichten und demokratischen Staatslebens gebe.

Nicht die vermeintliche Gespielin des »großen Liebhabers Adolf Hitler«, sondern die Produzentin, Regisseurin und Hauptdarstellerin des Films »Tiefland«, Leni Riefenstahl, verklagt den Verleger Helmut Kindler wegen übler Nachrede. Alfred Polgar kommt ein wenig zu spät in den Sitzungssaal des Münchner Amtsgerichts. Als er ihn betritt, steht gerade zur Debatte, ob – wie ein Artikel in Kindlers Illustrierten »Revue« behauptet – Riefenstahl die KZ-Häftlinge, die in ihrem Film statieren mussten, selbst ausgesucht oder ein anderer dieses Geschäft für sie besorgt hatte.

Die Meinungen gehen darüber auseinander, aber unbestritten bleibe, notiert Polgar, »dass jene Statisten, Frauen und Kinder unter ihnen, nicht lange nachdem sie noch die Freude gehabt haben, der Riefenstahl'schen Filmkunst dienen zu dürfen, in den Gasofen verfrachtet wurden«. Die Erwähnung dieses für den Prozess »freilich bedeutungslosen Details« störe nicht die gute Stimmung im Saal, das Thema »Konzentrationslager-Häftlinge als Filmstatisten« biete gewisse heitere Aspekte, die auch Riefenstahl gelegentlich zum Schmunzeln brächten. Sie habe im Übrigen keinen Grund zum Schmollen, denn alle seien charmant zu ihr, auch der Gegner, auch der Richter. Mit Teilnahme lausche der ganze Saal ihrer Erklärung, wie nur am Führer die Goebbel'schen Intrigen gegen sie scheiterten.

Riefenstahl sagt, der Führer habe große Stücke auf sie gehalten und sie große Stücke auf den Führer. Offenbar ist sie bei Hitler ein und aus gegangen, er brauchte ihre Talente und war da, wenn sie ihn brauchte: »Nennt sie seinen Namen – und sie nennt ihn sehr oft während der Verhandlung –, ist es, als zerginge etwas Süßes in ihrem Mund.«

Der Prozess endet mit einer Verurteilung Kindlers zu 600 Mark

Geldstrafe. Er habe, schreibt Polgar, für zwei Pünktchen in seinem punktereichen Artikel keinen Wahrheitsbeweis erbringen können. Um das weitere Schicksal der Riefenstahl müsse niemand bange sein, beruhigt Polgar die Leser. Ihre Taschen, habe sie gesagt, seien voll von Filmverträgen mit dem Ausland: »Und Sympathie, Beschäftigung, Geltung, Erfolg im Deutschland von heute verbürgt ihr die Aura des Deutschland von gestern, die um ihr Haupt ist.« Die vortrefflichen Beziehungen, in denen sie zu den Nazis stand, sicherten ihr ebensolche Beziehungen zu deren Nachfolgern: »Und die Sache vereinfacht sich noch dadurch, dass ja zumeist diese Nachfolger mit jenen Vorgängern identisch sind. Viele nämlich, die unter dem Regime des Hakenkreuzes auf einflussreichen Posten saßen, sind von ihren Stühlen nur aufgestanden, um sich selbst Platz zu machen.«

Die Verhandlung ist für Polgar – vor seiner Verfolgung als Jude in Berlin und Wien, als Emigrant zuletzt in den USA, jetzt als Nicht-Remigrant in Zürich – schon die zweite an diesem Tag. Davor hat er eine Spruchkammer besucht, vor der sich Dr. med. Mathilde Frieda Karoline Ludendorff verantworten musste, die Witwe Erich Ludendorffs, des »deutschen Feldherrn im Ersten Weltkrieg und als dessen Verlierer anerkannt«. Die Thesen, derentwegen sie vor der Spruchkammer steht, lauten im Wesentlichen: Jüdische Bankiers in Amerika haben Hitler mit Hunderten Millionen Dollars unterstützt, damit er an die Macht kommen und Frankreich zerschlagen könne, zum Nutzen der satanischen Finanzpläne jener Bankiers. Die Juden haben deutsche Studenten das Saufen gelehrt, um so Kraft und Gesundheit der germanischen Jugend zu zerstören; die Klöster haben dabei geholfen durch Gründung von Schnapsfabriken und Brauereien.

Diese Erkenntnisse verbreitet die Witwe in ihrem Buch »Vom Quell deutscher Kraft« (zehn Bände), das eine Auflagenhöhe von 80 000 erreichte, nur Papiermangel, schreibt Polgar, habe eine weitere Steigerung verhindert: »Die Zahl der Anhänger ihrer ›völkischen Idee‹ ging, und geht wohl auch heute, in die vielen Hunderttausende.« Mathilde Ludendorffs geistiges Gebräu sei ein »Trank aus Spülwasser und Gift«.

Es ist sieben Jahre her, dass eine deutsche Fußballnationalmannschaft zum letzten Mal angetreten ist. Unter Reichstrainer Sepp Herberger – NSDAP-Mitglied seit 1933 – hatte sie das Spiel im November 1942 gegen die Slowakei in Preßburg 5:2 gewonnen, der hundertste Sieg der deutschen Elf. Von ihr stehen dem mutmaßlichen künftigen Bundestrainer Sepp Herberger, der im November zwei Auswahlteams im Dortmunder Stadion »Rote Erde« vor 20 000 Zuschauern in einem Testspiel gegeneinander antreten lässt, nur noch zwei Spieler zur Verfügung. Außer den beiden Spielern und dem Trainer hat auch das Führerprinzip in der Nationalmannschaft überdauert.

Es besagt, dass nicht, wie früher, der Spielausschuss die Aufstellung der Mannschaft bestimmt, sondern allein der Trainer. Zumindest verlangt Herberger, an dem auf anderen Gebieten wenig bewährten Prinzip in der Nationalelf festzuhalten, anderenfalls werde er das Traineramt nicht antreten. Der vor einigen Monaten gewählte erste Präsident des Deutschen Fußball-Bundes, Peco Bauwens, hat Herberger einen Vertrag angeboten, den dieser – so erzählt es Bauwens – mit den Worten zurückgewiesen habe: »Hier steht, der Spielausschuss hat das letzte Wort bei der Mannschaftsaufstellung. Entweder der Satz kommt weg, oder wir reden zum letzten Mal.«

Bauwens erklärt sich zum Gegner des Führerprinzips, nicht nur auf sportlichem Gebiet und nicht nur, weil er Mitglied des Spielausschusses ist. Er war, sagt er, auch ein Gegner des Nationalsozialismus und dessen Opfer. Daran ist richtig, dass sein Antrag auf Aufnahme in die NSDAP – anders als der Sepp Herbergers – 1933 abgelehnt worden ist. Bauwens Frau Elise war Jüdin, was seine

Mitgliedschaft in der Partei unmöglich machte. Sie habe sich, zermürbt von den staatlichen Repressionen, das Leben genommen, was auch ihn, sagt Bauwens, zum Opfer mache. Daran wiederum ist richtig, dass seine Frau mit Schlaftabletten ihrem Leben ein Ende gesetzt hatte, allerdings weil sie einerseits die Demütigungen ihres Mannes nicht länger ertragen hatte – empfing er seine Geliebten in der ehelichen Wohnung, sperrte er Elise ein –, andererseits kam eine Scheidung nicht in Betracht, weil nur die Ehe mit einem »arischen« Mann ihr Leben schützte.

Vermutlich stört also Bauwens – übrigens Dr. jur. Bauwens, dessen angebliche Doktorarbeit an der Universität Leipzig aber nie registriert worden ist – am Führerprinzip weniger der Führer, sondern vor allem das Prinzip. Er gibt im Streit mit Sepp Herberger nach, und aus dem alten Reichs- wird der neue Bundestrainer.

Spätestens 1954, als mit dem »Wunder von Bern« die Nationalelf Fußballweltmeister und Herberger der Bruno Gröning des deutschen Fußballs wird, wandelt sich Bauwens zum emphatischen Anhänger des Führerprinzips. Auf einer rauschenden Feier zu Ehren der Weltmeister wenige Tage nach dem Endspiel ruft er vor 7000 Gästen im Münchner Löwenbräukeller, mit dem Sieg sei die deutsche Schuld getilgt. »Schlacken« auf dem deutschen Volk dürfe es nun nicht mehr geben. Das entspricht der Reaktion der deutschen Schlachtenbummler, die bei der Siegerehrung im Berner Wankdorf-Stadion die erste Strophe der Nationalhymne geschmettert hatten. Daraufhin hatten die Schweizer Radiosender die Übertragung abgebrochen. Im Fall der Löwenbräukeller-Rede Dr. Bauwens' bricht der Bayerische Rundfunk die Übertragung ab, zu spät: Ausländische, aber auch einige deutsche Journalisten haben das »Hochlebenlassen des Führerprinzips« durch Dr. Peco Bauwens genau registriert.

Carl Wirths kennt einen Weg, die Westdeutschen »zum Staat hinzuführen und eine echte Gemeinschaft zu bilden«. Er ist 51 Jahre alt, Bauunternehmer, Bundestagsabgeordneter der FDP und fest entschlossen, die Menschen »der Mutlosigkeit, der Verproletarisierung und dem Nihilismus« zu entreißen. Dafür kämpft er, seit er in Wuppertal den Kreisverband der FDP gegründet hat und dem Beirat der Stadtverwaltung angehörte, dann später als Abgeordneter des nordrhein-westfälischen Landtags und als Mitglied der Industrie- und Handelskammer Wuppertal, und dafür kämpft er auch jetzt als Bundestagsabgeordneter mit allen Mitteln, die ihm als Herausgeber der »Westdeutschen Rundschau« zu Gebote stehen: Carl Wirths schreibt.

Im vergangenen Jahr hat er seine vielfältigen, bereits in der Zeitung verbreiteten Gedanken gebündelt, in einer Broschüre veröffentlicht und den Weg gewiesen, wie die »grauenvolle Verneinung aller Dinge des öffentlichen und politischen Lebens« beendet werden könne. Das gelänge jedenfalls nicht mit »Parteiparolen«, auch nicht mit »politischen Idealen«. Den Menschen, schreibt Wirths, müsse wieder ein Ziel gegeben werden, etwas »Praktisches und Sachliches«, und das sei nun mal »ein Dach über dem Kopf«: Erst »der Miteigentümer an Grund und Haus ist wirklich Bürger der ›polis‹, der Stadt«. Das Wohnungseigentum sei »echtes, festes und dauerhaftes Eigentum« und damit besser geeignet, »die Leute wirklich zu Staatsbürgern zu machen« als irgendetwas anderes.

Carl Wirths hat also sein politisches und publizistisches Wirken dem Einsatz für ein »Wohnungseigentumsgesetz« gewidmet. Schon Ende November bringt seine Fraktion Wirths' Gesetzentwurf als Antrag zu einem Gesetz des Bundes »über das Eigentum an Wohnungen und gewerblichen Räumen« in den Bundestag ein. Der Bauunternehmer, Verleger und Politiker Carl Wirths wird zur unverwechselbaren Stimme des deutschen Wiederaufbaus, das »Praktische und Sachliche« dessen Symbol.

Wenn erst das Eigentum den Menschen zum Bürger macht, dann ist Enteignung nicht nur Diebstahl, sondern Hochverrat. Am 9. November verbietet die britische Militärregierung Wirths' »Westdeutsche Rundschau« für vier Wochen. Ein Redakteur hatte in die Ausgabe vom 1. November ein Foto gestellt, das ein Plakat zeigte, auf dem unter der Überschrift »Volksverräter am Werk« ein von Demontage bedrohtes Hydrierwerk in Oberhausen-Holten zu sehen war, und das die Namen von sieben deutschen Demontagefirmen nannte. Der Redakteur hatte das Foto gemacht, kurz bevor die Polizei das Plakat entfernte, und dazu nur eine Frage geschrieben: »Woher stammt dieses Plakat?«

Das Bild war lediglich in der »Ausgabe Oberhausen« erschienen und damit in drei Prozent der Gesamtauflage (72 000) der »Westdeutschen Rundschau«. Doch hatte das den Briten genügt, um den Herausgeber einzubestellen. Ein hoher Offizier hatte Wirths bedeutet, eine aggressive Auseinandersetzung der Presse mit der Demontagepolitik der Siegermächte werde nicht gewünscht. Wirths hatte sich vor seinen Redakteur gestellt und die Verantwortung für den Abdruck des Fotos übernommen: »Allerdings habe ich dann gesagt, dass auch nach meiner persönlichen Meinung Leute, die gegen den Willen der Arbeiter und gegen den Willen der Bundesregierung bei Demontagen tätig sind, als Hochverräter angesehen werden müssen.« Unmittelbar danach verbieten die Briten die Zeitung. Vielleicht fühlen sie sich durch Wirths' »Hochverräter« provoziert, die »Volksverräter« des Plakats aber sollten sie gelassen ertragen.

Denn die »Nationalsozialistischen Leitsätze für ein neues deutsches Strafrecht« des Reichsrechtsamts der NSDAP definierten Volksverrat als das »unmittelbar gegen das deutsche Volk gerichtete Verbrechen eines Volksgenossen, der die politische Einheit, Freiheit und Macht des deutschen Volkes zu erschüttern trachtet«. Mit der NSDAP ist auch der Volksgenosse als Täter verschwunden und mit ihm der Volksverrat. Das scheinen die britischen Offiziere, vor allem aber auch manche Deutsche noch nicht verstanden zu haben.

Es werden diverse Initiativen zur Hege und Pflege der deutschen Kultur bekannt. Wilhelm Niklas (CSU), Bundesminister für Ernährung, Landwirtschaft und Forsten, beschließt seine Rede auf dem Deutschen Bauerntag in München mit den Worten: »Unsere Arbeit empfängt die Weihe eines Gebets, dessen Amen lautet und immer lauten wird: Deutschland!« Der Bürgermeister der badischen Gemeinde Iffezheim verbietet in seinem Amtsbereich das Tanzen von Samba und Rumba. Mehrere Kölner Kegelvereine protestieren bei der Bundesregierung gegen die Umbenennung der »Reichsbahn« in »Bundesbahn« – die Bezeichnung »Bundesbahn« komme nur bestimmten Kegelbahnen zu.

Thomas Mann geht ins Kino. Zusammen mit Erika und Katia sieht er in Pacific Palisades den deutschen Film »Die Affäre Blum«. Die DEFA-Produktion (Ost-Berlin) hatte schon vor einem Jahr in Deutschland Premiere, Regisseur Erich Engel hat einen wahren Fall verfilmt. Gegen den jüdischen Kaufmann Rudolf Haas wurde im Jahr 1926 in Magdeburg wegen des Verdachts des Raubmords an seinem früheren Buchhalter Anklage vor dem Schwurgericht erhoben. Rechtsradikale, antisemitische Zeitungen hatten bereits vor Prozessbeginn den mit der SPD sympathisierenden Haas verurteilt. Auch der mit dem Fall befasste Untersuchungsrichter hatte einseitig gegen den Unternehmer ermittelt trotz eindeutiger Indizien, die auf den rechtsradikalen Handelsschüler Richard Schröder als Täter deuteten. Unter anderem war bei dem jungen Mann die Tatwaffe gefunden worden. Der Untersuchungsrichter und der Landgerichtsdirektor waren offenkundig entschlossen, die Verurteilung Haas' zu erzwingen. Selbst nachdem der Handelsschüler ein Geständnis abgelegt und man in seinem Hauskeller die Leiche des Mordopfers gefunden hatte, hielten die beiden in einer Presseerklärung an der Täterschaft des Unternehmers fest und protestierten vehement gegen die Hinzuziehung eines als besonders qualifiziert geltenden Kriminalkommissars, den der sozialdemokratische Provinzoberpräsident aus Berlin hatte kommen lassen.

Der Untersuchungsrichter hatte den Antrag der Staatsanwaltschaft, den Haftbefehl gegen Haas aufzuheben, sogar noch abgelehnt, nachdem Schröder sein Geständnis detailliert wiederholt hatte. Der »Magdeburger Justizskandal« hatte sich zu einer reichsweiten Kontroverse über die »Vertrauenskrise der Justiz« entwickelt. Haas war am Ende freigesprochen, Schröder verurteilt worden. Der Untersuchungsrichter und der Landgerichtspräsident hatten im NS-Staat Karriere gemacht, Haas und seine Frau einige Jahre später die Repressalien durch die Nationalsozialisten nicht mehr ertragen und sich das Leben genommen.

Thomas Mann ist von den Schauspielern begeistert, obwohl er einige Zeit braucht, um sich »an Visagen und Idiome« zu gewöhnen. Die »Unwahrscheinlichkeiten der Handlung« stören ihn nicht weiter. Aber er hat ein grundsätzliches Problem: »Der Film nach seiner ganzen Tendenz der gegenwärtigen Situation vollkommen unangemessen. Rätselhaft, warum er hier gezeigt werden darf u. in Deutschland gezeigt wird – wo ihn auch niemand sehen will.« Familie Mann fühlt sich im spärlich besetzten Cinéma Esquire ein wenig verlassen (»Kleines Emigrantenpublikum und amerik. Juden«), aber Thomas Manns Vermutung, auch die Deutschen seien an der »Affäre Blum« nicht interessiert, ist falsch.

Der Film läuft in West- und Ostdeutschland mit großem Erfolg. Noch in einem anderen Punkt liegt Thomas Mann in diesem Fall ein wenig daneben: Die »Unwahrscheinlichkeiten der Handlung«, die er großzügig zu tolerieren bereit ist, entsprechen recht genau der Realität. Sie verblassen allerdings angesichts der Unwahrscheinlichkeiten, die dem Magdeburger Skandal viele Jahre später in der Wirklichkeit folgten.

1945 verdingte sich ein Flüchtling in Bahrendorf bei Magdeburg auf dem größten Hof des Ortes als Landarbeiter. Seine Papiere, ausgestellt von einem amerikanischen Truppenkommando, wiesen ihn als ehemaligen KZ-Häftling aus. Nachdem die Russen Thüringen, Sachsen und Sachsen-Anhalt von den Amerikanern übernommen hatten, hatte der Landarbeiter die Papiere dem neuen KPD-Kreisleiter der Kreisstadt Wanzleben vorgelegt, der ihn sofort zum politischen Leiter des »Arbeitsgebiets Börde-Süd« ernannt hatte. Der eloquente Mann hatte im wohlhabenden Bahrendorf mithilfe einiger obskurer Bekannter einen schwunghaften Schwarzhandel aufgebaut, Lebensmittel und Tabak wurden en gros schwarz nach Berlin verschoben.

Der Bürgermeister, ein alter Sozialdemokrat, schöpfte zwar Verdacht, zögerte aber einzugreifen, denn der Mann hatte sich nicht nur als ehemaliger KZ-Gefangener, sondern auch als Verlobter der Tochter Wilhelm Piecks vorgestellt. Mit dem Hinweis, er habe das Physikum nur wegen seiner Zeit im KZ nicht machen können, erschlich sich der politische Leiter des »Arbeitsgebiets Börde-Süd« sogar das Vertrauen des Leiters des Bahrendorfer Krankenhauses, der ihm die Aufsicht in der Frauenabteilung übertrug.

Ein Zufall bestätigte eines Tages den Verdacht des Bürgermeisters. Er hatte sich aus der Bibliothek eines befreundeten Lehrers eine Broschüre ausgeliehen: »Am Justizmord vorbei«. Es war der – im Mai 1933 auf dem Berliner Opernplatz und auf dem Magdeburger Domplatz öffentlich verbrannte – Bericht über den Magdeburger Skandal des Jahres 1926, versehen mit einem Vorwort Gustav Radbruchs und geschrieben vom Verteidiger des zu Unrecht angeklagten jüdischen Unternehmers. Das Titelbild zeigte Richard Schröder als jungen Mann, der als der wahre Schuldige überführt worden war, und in dem der Bürgermeister Bahrendorfs den vermeintlichen Verlobten von Piecks Tochter erkannte. Er hat den in den Kriegswirren entsprungenen Zuchthäusler überwältigt und der Justiz übergeben. Weder hat Schröder im Konzentrationslager gesessen noch waren seine Papiere echt. Im Februar 1947 hat eine Volksrichterin – auf Weisung der Magdeburger Sowjet-Kommandantur im abseits gelegenen Wanzlebener Amtsgericht – den bereits zu lebenslanger Freiheitsstrafe verurteilten Mörder wegen Betrugs, Urkundenfälschung und Schwarzhandels zu zwei Jahren Gefängnis verurteilt.

Dezember 1949

Bundeskanzler Adenauer und US-Hochkommissar John McCloy unterzeichnen ein Abkommen über die US-Wiederaufbauhilfe für Europa (Marshallplan); es ist der erste internationale Vertrag, den die Bundesrepublik schließt. Die ersten zwölf ausländischen Missionschefs in der Bundesrepublik überreichen auf dem Petersberg bei Bonn den alliierten Hochkommissaren ihre Beglaubigungsschreiben. Bundespräsident Heuss ermahnt in seiner Neujahrsansprache die Deutschen, sich wieder der Welt zu öffnen: »Es mag wieder freier Weltsinn bei uns Einkehr halten, der verdarb, als wir uns selber absperrten.«

Der kleinste Koalitionspartner in der Bundesregierung, die Deutsche Partei, stellt 17 Abgeordnete, darunter zwei Bundesminister, Heinrich Hellwege für Angelegenheiten des Bundesrates und Hans-Christoph Seebohm für Verkehr, eine Frau, Margot Kalinke, vormals Mitglied der NS-Frauenschaft, einen ehemaligen Kommunisten, Albert Walter, der ein Jahr im Konzentrationslager gesessen und danach seine Sympathien für den NS-Staat entdeckt hatte, und Wolfgang Hedler, der sich in diesen Tagen für kurze Zeit als prominentester Nationalsozialist der Bundesrepublik etabliert. Die »Frankfurter Rundschau« veröffentlicht eine Rede, die Hedler im November 1949 im Deutschen Haus in Einfeld bei Neumünster (Schleswig-Holstein) gehalten hat. Ein SPD-Abgeordneter hatte Hedlers Vortrag mitstenographiert: »Die Deutsche Partei stellt fest, dass Deutschland die geringste Schuld am Ausbruch des Zweiten Weltkriegs hat. Schuld an unserem Elend tragen die Widerstandskämpfer. Denn Deutschland ist nicht an totaler Erschöpfung, sondern am Verrat oder an der Sabotage durch die Widerstandsbewegung zugrunde gegangen. Schumacher macht so viel Aufhebens von der Hitler-Barbarei gegen das jüdische Volk. Ob das Mittel, die Juden zu vergasen, das gegebene gewesen ist, darüber kann man geteilter Meinung sein. Vielleicht hätte es auch andere Wege gegeben, sich ihrer zu entledigen.«

Wolfgang Hedler, seit 1932 Mitglied der NSDAP und im Krieg Offizier der Wehrmacht, hat also der Partei über deren Untergang hinaus die Treue bewahrt. Der Widerhall seiner Rede ist ohrenbetäubend. Oppositionsführer Kurt Schumacher verlangt den Ausschluss Hedlers aus dem Parlament, der nicht möglich ist, immerhin beschließt der Bundestag aber noch im Dezember die Aufhebung seiner Immunität.

Der Prozess gegen Hedler vor dem Landgericht Kiel wegen Beleidigung, Verleumdung, übler Nachrede und Beleidigung des Andenkens Verstorbener im kommenden Januar findet unter den Mitgliedern der Deutschen Partei nur wenig Zustimmung. 15 der 21 schleswig-holsteinischen Kreisverbände stehen angeblich »geschlossen« hinter Hedler. Auch als ein Zeuge vor Gericht aussagt, in einer früheren Rede habe der Angeklagte gerufen, man müsse anerkennen, »dass der Nationalsozialismus Unerhörtes für unser Volk geleistet« habe, bleiben ihm seine Anhänger gewogen. Das ist keine Überraschung, denn am Tatort Einfeld und in anderen schleswig-holsteinischen Dörfern waren bis zu 85 Prozent der Einwohner Mitglieder der NSDAP. Eine Überraschung ist allerdings der Freispruch Hedlers. Er findet naturgemäß den Beifall der Rechtsradikalen und auch des Kommentators der »Zeit« (»… nichts wirklich Strafbares ist Hedler bisher nachgewiesen worden«), der das Gericht zum Hort der Vernunft erklärt. Dessen Feststellung, es sei »nicht für die Beurteilung der Widerstandskämpfer zuständig«, sei »vermutlich der vernünftigste Satz, der bisher in der Hedler-Affäre gesprochen worden ist«. Ob der Kommentator an dieser Einschätzung festhält, als bekannt wird, dass auf der Richterbank ausschließlich frühere NSDAP-Mitglieder saßen?

Hedler wird aus der Deutschen Partei ausgeschlossen – ausdrücklich nicht wegen seiner Gesinnung, sondern wegen angeblicher Disziplinlosigkeiten im innerparteilichen Umgang –, die SPD-Bundestagsabgeordneten Herbert Wehner und Rudolf-Ernst Heiland schlagen ihn im Frühjahr 1950 zusammen, als er den Bundestag zu betreten versucht, und in der nächsten Instanz wird der Nationalsozialist Wolfgang Hedler im Juli 1951 rechtskräftig zu einer neunmonatigen Freiheitsstrafe verurteilt.

Ein verheirateter Beamter hat einen Beruf, eine verheiratete Beamtin hat zwei Berufe und kann deshalb entlassen werden. So steht es im Entwurf eines vorläufigen Bundespersonalgesetzes, der derzeit im Bundestag kursiert. Es mag den einen oder anderen irritieren, dass die Abgeordneten den Entwurf ernsthaft diskutieren, nachdem der Parlamentarische Rat erst vor wenigen Monaten beschlossen hat: »Männer und Frauen sind gleichberechtigt.«

Aber die Befürworter der Zölibatsklausel, darunter männliche Kenner des Staatsrechts, beteuern, dass das eine mit dem anderen nicht das Geringste zu tun habe. Da die Tätigkeit der Hausfrau und Mutter als ein voller Beruf anzusehen sei, könne sich die Beamtin bei der Entlassung nach der Heirat nicht als minderberechtigt behandelt fühlen, denn auch der Beamte müsse um Entlassung einkommen, wenn er einen anderen Beruf ergreifen wolle, der ihn vollständig ausfüllt. Das sei, sagen die Kritiker, nicht einmal auf den ersten Blick plausibel: Ob die Ehe als ein voller Hauptberuf anzusehen sei, habe kein Gesetz und keine juristische Erwägung zu entscheiden, sondern ausschließlich die betroffene Frau. Es sei darum ihr zu überlassen, ob sie Beamtin bleiben oder aus dem Dienst ausscheiden wolle. Nur wenn das ihre Entscheidung sei, sei sie gleichberechtigt. Denn auch der Beamte entscheide selbst, ob er einen anderen Hauptberuf ergreift und ob er eine geplante Tätigkeit als einen Hauptberuf auffassen und ausüben will.

Zu den Kritikern zählt der Deutsche Frauenring, zu dem sich vor zwei Monaten einige überparteiliche und überkonfessionelle Frauenverbände zusammengeschlossen haben, um der Durchsetzung des Rechts auf Gleichberechtigung Nachdruck zu verleihen. Die Vorsitzende Theanolte Böhnisch ist nicht nur Juristin, sondern seit drei Jahren Präsidentin des Regierungsbezirks Hannover und damit die erste Frau in Deutschland im Amt eines Regierungspräsidenten. Der Protest des Deutschen Frauenrings ist zwar laut und energisch, aber vorerst vergeblich.

Der Bundestag verabschiedet 1950 das Bundespersonalgesetz. Die Zölibatsklausel wird erst 1953 für Bundesbeamtinnen gestrichen. Das Bundesarbeitsgericht erklärt die Klausel in Arbeitsverträgen 1957 grundsätzlich für verfassungswidrig und nichtig.

Spielzeug ist einer der Renner des diesjährigen Weihnachtsgeschäfts. Vor allem mit dem Miniatur-Jeep vom Typ *Willys* der US-Streitkräfte erzielt der Nürnberger Hersteller Arnold einen herausragenden Erfolg. Der Jeep – im Original den Deutschen seit Jahren vertraut – ist das erste in Deutschland hergestellte Kriegsspielzeug seit 1945 und löst einen Boom von Militärspielsachen im Kinderzimmer aus. Dem Trend stellt sich unter anderem der Jugendpfleger von Mainz entgegen. Er protestiert beim französischen Landeskommissariat gegen den Verkauf von Spielzeug-Panzern und Bleisoldaten. Es sei insbesondere inakzeptabel, dass Kriegsspielzeug im Weihnachtsgeschäft mit der Aufschrift »Nur für Besatzungskinder« auch Deutschen angeboten werde. Im Übrigen erfüllen die Konsumenten auch in diesem Jahr nicht ganz die Erwartungen des Einzelhandels. Zwar gehen Radiogeräte und Textilien gut, infolge der gesunkenen Preise bleibt der Umsatz jedoch im Vergleich zum Vorjahr zurück.

Die Debatte um das Kriegsspielzeug im Kinderzimmer geht der Kontroverse um die Wiederbewaffnung der Bundesrepublik nur um kurze Zeit voraus. Politikerinnen der CDU fordern 1950 die Bundesregierung auf, »Herstellung und Vertrieb von Kriegsspielzeug jeglicher Art in dem Gebiet der Bundesrepublik Deutschland zu verhindern«. Das Anliegen unterstützt die FDP-Fraktion, für die die ehemalige Nationalsozialistin Margarete Hütter im Bundestag erläutert ,»dass der Gedanke an alles mit dem Krieg Verbundene, wie Schießgewehre, Pistolen, Kanonen, Panzer und Soldaten, selbst Atombomben en minia-

ture, wie sie kürzlich auf einer Nürnberger Spielzeugmesse verkauft wurden, aus der Umgebung des Kindes ausgeschaltet werde«.

Das ist für eine Politikerin wie Hütter, die mit derselben Vehemenz den Gedanken an Kriegsverbrechen und deren Täter nicht nur im Kinderzimmer ausschalten will, fast selbstverständlich. Hütter hat die Mehrheit des Bundestages hinter sich, allein der junge CSU-Politiker Franz Josef Strauß verteidigt die Exportinteressen der Nürnberger Spielzeughersteller und verlangt in einem Änderungsantrag, das Vertriebsverbot für Kriegsspielzeug nur für deutsche Kinder auszusprechen. Strauß unterliegt, das umfassende Verbot wird mit überwältigender Mehrheit beschlossen, doch bleibt es beim Beschluss. Die Regierung Adenauer denkt nicht daran, ihn umzusetzen, denn sie denkt bereits an die Wiederbewaffnung der Bundesrepublik, die Franz Josef Strauß ab 1956 als Bundesverteidigungsminister vorantreiben wird.

Auch in der DDR wird zum Fest gerüstet. Der 70. Geburtstag Stalins steht vor der Tür (der Geburtsschein behauptet zwar, es sei der 71., aber der Stählerne hat beschlossen, ein Jahr jünger zu sein), und Gerhard Schulz beobachtet in Leipzig mit Abscheu den gewaltigen Aufwand, mit dem der Propagandaapparat die Vorbereitungen der Feier betreibt. Ihn stören nicht nur die Versuche, den Tag mit »plumpen Mitteln« zu popularisieren, betrübt nimmt er zur Kenntnis, dass »selbst die traditionellen Weihnachtsfeiern in den Schulen zu seinen Gunsten weichen müssen«.

Die Gegenwart ist für den Studenten schon bedrückend genug, an die Zukunft hingegen mag er nicht einmal denken: »Sie liegt dunkel als ein vom ohnmächtigen Einzelnen nicht zu bewältigendes Chaos vor uns.« Es drohe »nichts als der Fall ins Bodenlose, lebenslängliche Verzweiflung«, wenn es den »rettungslos der Gewalt Unterworfenen« nicht gelinge, sich aufzuschwingen »über die Macht, wenn so etwas denkbar ist, oder Religiöse werden«. Betrachte er die »im Emporkommen begriffenen *Politiker*«, dann werde ihm das ganze Ausmaß der entsetzlichen Tatsache bewusst, »zu einem unfreien Volke« zu gehören: »Man erlebt sich hinter unsichtbaren Gittern.« Zwar kann sich Schulz noch immer nicht dazu entschließen, Leipzig und die DDR zu verlassen und nach West-Berlin zu wechseln, aber nach der dröhnenden Stalin-Feier, wenige Tage vor Weihnachten, schließt er es nichts mehr aus. Er bespricht sich mit drei Kommilitonen in abendlicher Runde: »Für alle Fälle: Wir fassen die Möglichkeit ins Auge, zu Beginn des nächsten Sommersemesters zu viert die Zone zu verlassen, um drüben gemeinsam weiterzuarbeiten.«

Gerhard Schulz wechselt im April 1950 nach West-Berlin und wird im Sommersemester sein Studium an der Freien Universität fortsetzen. 1962 wird er mit seinem Lebensthema »Zwischen Demokratie und Diktatur« habilitiert. In Tübingen, wo er 28 Jahre lang bis 1990 forschen und lehren wird, gründet er das Seminar für Zeitgeschichte. Die zentrale Frage seiner Forschung, auf die er immer wieder zurückkommt: Woran ist die Weimarer Republik gescheitert, wie war der Umschlag in eine Diktatur möglich?

Es ist offensichtlich gar nicht so einfach, ein Verbrechen zu erkennen, selbst wenn zahllose Opfer belegen, dass es geschehen ist. Walter Tyrolf, der Hamburger Richter im Fall Veit Harlan, will partout nicht verstehen, was an dessen Film »Jud Süß« verbrecherisch sein soll; der Oberste Gerichtshof der britischen Zone in Köln erklärt es ihm, hebt am 12. Dezember die Entscheidung des Schwurgerichts auf und verweist die Sache zur Neuverhandlung an das Gericht zurück. Zuständig ist wiederum die Strafkammer unter dem Vorsitz Tyrolfs.

Das Schwurgericht spricht Ende April 1950 Harlan auch in seiner zweiten Entscheidung frei. Zwar räumt es nunmehr ein, dass der Film als Verbrechen gegen die Menschlichkeit anzusehen sei. Aber das mache Harlan noch nicht zum Verbrecher. Denn der Regisseur habe sich in einer Art Befehlsnotstand befunden und nur aus Sorge um Freiheit und Leben den Regieauftrag übernommen. Das müsste bedeuten, dass Harlan von Goebbels mit dem Tod bedroht worden wäre für den Fall, dass er sich nicht – wie aber geschehen – um den Regieauftrag beworben hätte. Das aber hat nicht einmal Harlan behauptet.

Nach dem rechtskräftigen Urteil klagt der Belastungszeuge und jüdische KZ-Überlebende Norbert Wollheim, der »Reinigungsprozess Nach-Hitler-Deutschlands« verkomme zum »politischen Gauklerspiel«, und emigriert mit seiner Familie in die USA.

Seit Beginn des Strafverfahrens ist aber auch der Widerstand in der Öffentlichkeit gegen die Rückkehr Harlans ins Filmgeschäft gewachsen. Als er seinen ersten Nachkriegsfilm »Unsterbliche Geliebte« – wiederum mit seiner Frau Kristina Söderbaum in der tragischen Hauptrolle – ankündigt, ruft Erich Lüth, Direktor der Staatlichen Pressestelle Hamburg, die Kinobesitzer zum Boykott auf. Dagegen klagen Filmproduktion und -verleih mit der Begründung, der Aufruf bedeute eine sitten- und damit rechtswidrige Geschäftsschädigung. Die Klage hat in zwei Instanzen Erfolg, aber dann landet Lüths Verfassungsbeschwerde – formuliert hat sie der SPD-Rechtspolitiker Adolf Arndt – auf dem Tisch des Bundesverfassungsgerichts, in der Lüth einen unzulässigen Eingriff in sein Grundrecht der Meinungsfreiheit beklagt.

Heraus kommt Jahre später – 1958 – das sogenannte Lüth-Urteil, bis heute eine der bedeutendsten Entscheidungen des Gerichts. Zwar seien die Grundrechte, schreiben die Karlsruher Richter, zunächst einmal Abwehrrechte gegen den Staat. Zugleich aber handele es sich um ein Wertesystem, das in der gesamten Rechtsordnung, also auch im Zivilrecht – wie im Streit um den Boykottaufruf – gelte. Im vorliegenden Fall stehe das Grundrecht Lüths auf Meinungsfreiheit den Interessen der Filmfirmen gegenüber. Lüth habe befürchtet, mit dem Wiederauftreten Harlans würden die Bemühungen, mit dem jüdischen Volk zu einem wahren Frieden zu kommen, gefährdet. Im Übrigen habe er an die Kinobesitzer nur appelliert und es ihrer freien Willensentscheidung überlassen, den Film Harlans nicht zu zeigen. Lüth habe mit seinen Äußerungen eine wichtige gesellschaftspolitische Diskussion angestoßen, das sei vom Grundrecht der Meinungsfreiheit geschützt und habe Vorrang vor den Interessen der Filmfirmen. Mit anderen Worten: Erich Lüth gewinnt in Karlsruhe, und Veit Harlan beschert mit seinem Comeback ins Filmgeschäft der jungen deutschen Demokratie – wenngleich ungewollt – einen bedeutenden Erfolg.

Es ist nicht vielen gelungen, ihr persönliches Bedürfnis einer Tabula rasa so kompromisslos zu befriedigen wie dem nicht mehr ganz jungen Geisteswissenschaftler, der seit zwei Jahren als Assistent am Deutschen Seminar der Universität Erlangen wirkt. Als Dr. phil. Hans Ernst Schneider war er in den Krieg gezogen, als Hans Schwerte ist er 1945 daraus zurückgekehrt. Bei Gelegenheit seiner Metamorphose hat er sich nicht nur, wie der sowjetische Diktator, um ein Jahr verjüngt – er feiert also in diesem Dezember nicht seinen 40., sondern erst seinen 39. Geburtstag –, er hat sich eine fast komplett neue Vita zugelegt. Schwerte wurde nicht mehr, wie Schneider, in Königsberg geboren, sondern in Hildesheim, er hat auch nur noch deutsche Literaturgeschichte, Philologie, Philosophie, Kunst- und Musikgeschichte studiert, nicht mehr, wie einst Schneider, auch Volkskunde und Urgeschichte. Hatte Schneider noch promoviert, so hatte Schwerte sein Studium abgebrochen und sich – »ohne meine wissenschaftliche Arbeit aufzugeben« – im Buchhandel versucht. Und wo sich Schwerte mit dem bescheidenen Hinweis begnügt, zwischen 1939 und 1945 Wehrdienst geleistet zu haben, konnte Dr. Schneider auf eine glänzende Karriere in der SS zurückschauen. 1932 war er in den NS-Studentenbund eingetreten, im Oktober 1933 in die SA, 1937 war er in die SS gewechselt und im selben Jahr Mitglied der NSDAP geworden und hatte sich vom Hauptamtlichen Referenten im Rasse- und Siedlungshauptamt der SS Mitte 1942 zum SS-Hauptsturmführer und Leiter der Abteilung »Germanischer Wissenschaftseinsatz« des »Ahnenerbes« hochgearbeitet, eine Forschungsstelle im Auftrag Himmlers, deren Mitarbeiter die Überlegenheit der deutschen Rasse nazi-wissenschaftlich belegen sollten.

Worin auch immer der Beitrag Dr. Schneiders im Einzelnen bestanden haben mag – er wollte sich und seinen Umgang seit April 1945 nicht mehr daran erinnern. Er hatte beschlossen, Dr. Schneider im doppelten Wortsinn »fallen« und sich als Hans Schwerte auferstehen zu lassen. Schwerte hatte seine Frau – die ihn 1946 für tot hatte erklären lassen – noch einmal geheiratet, war noch einmal Vater seines Kindes geworden, und 1948 hatte er zum zweiten Mal – über den Zeitbegriff bei Rilke – promoviert. Es bahnt sich also eine Karriere an, die Schwerte unter keinen Umständen gefährden möchte.

Deshalb interessiert ihn auch das Angebot nicht, das der Bundestag Ende des Jahres den bis zu 80 000 »U-Booten« oder »Illegalen« macht, die wie Schneider Ende des Krieges untergetaucht sind und sich eine neue Identität zugelegt haben. Unabhängig von der zu erwartenden Strafe sichert der Gesetzgeber Straffreiheit für »Vergehen« und »Übertretungen« zu, die seit dem 10. Mai 1945 »zur Verschleierung des Personenstandes aus politischen Gründen« begangen worden sind, sofern die Täter ihre falschen Angaben bis spätestens zum 31. März 1950 bei der Polizei widerrufen. Ausgenommen sind nur Verbrechen, das heißt jede mit »Zuchthaus oder mit Einschließung von mehr als fünf Jahren bedrohte Handlung«.

Die generöse Offerte ist dem Engagement der Deutschen Partei zu verdanken, die weiß, was sie ihren Mitgliedern und Wählern schuldet. Die Resonanz in der Zielgruppe ist jedoch bescheiden. Das ist leicht zu erklären: Das Angebot schützt nur vor strafrechtlichen Folgen, nicht vor Konsequenzen für die Karriere – weshalb Schneider/Schwerte dankend verzichtet –, und es stellt nur das »U-Boot-Fahren« straflos, nicht aber die Verbrechen, die die »Illegalen« bis 1945 begangen haben, derentwegen sie untergetaucht sind – weshalb Schneider/Schwerte eventuell ebenfalls auf seine Annahme verzichtet.

Bis zum 31. März offenbaren nur 241 Illegale ihre Identität. Für Schneider/Schwerte zahlt es sich in den nächsten Jahrzehnten aus, geschwiegen zu haben. Er habilitiert sich im Fach Neuere deutsche Literaturgeschichte mit einer Arbeit über »Faust und das Faustische – Ein Kapitel deutscher Ideologie«, wird 1965 Professor für Neuere deutsche Literatur in Aachen, 1970 Rektor der Universität und gilt bis zu seiner Emeritierung als linksliberale Leuchte. Als Schneider/Schwerte in den Neunzigerjahren doch noch enttarnt wird, schäumt eine Welle der Empörung auf. Die Überraschung dürfte sich allerdings zumindest unter Schneiders/Schwertes früheren Kollegen in Grenzen gehalten haben; viele hatten von seiner wahren Identität schon lange gewusst. Schneider/Schwerte stirbt 1999 im Alter von 90 (Schneider) beziehungsweise 89 (Schwerte) Jahren. Tritt da ein ehemaliger SS-Mann ab, der sich in seiner zweiten Lebenshälfte zum Demokraten gewandelt hatte, oder ein linksliberaler Hochschullehrer, der seiner Lebenslüge nie entkommen ist?

Das Angebot an U-Boot-Fahrer, straflos aufzutauchen, ist großzügig, aber doch nur ein unbedeutender Teil des Geschenks, das sich die Deutschen zu Weihnachten 1949 selber machen. Am schönsten ist ein Geschenk, dessen Wert der Beschenkte nicht sofort begreift, sondern ganz allmählich, wie ein Gemälde, das sich erst mit der Zeit dem Auge des Betrachters öffnet. Das Geschenk, das der Bundestag den Deutschen überreicht, ist das »Gesetz über die Gewährung von Straffreiheit«. Worin seine Bedeutung besteht, können die Beschenkten schon deshalb kaum ahnen, weil der Gesetzgeber alles getan hat, um sie zu verschleiern. Aber vielleicht ist ihm auch selber nicht klar, dass er mit diesem Gesetz das größte Resozialisierungsprojekt der Menschheitsgeschichte beginnt.

Was ist das Ziel des Gesetzes? Bundesjustizminister Thomas Dehler (FDP) sagt in der Bundestagsdebatte Anfang Dezember, es solle beenden, »was an Wirrnissen hinter uns liegt«, und meint damit ausdrücklich nur die »Jahre des Übergangs und Jahre der wirtschaftlichen Erschütterung«. Für den CDU-Abgeordneten Eduard Wahl, Jura-Professor aus Heidelberg und Verteidiger im I.G.-Farben-Prozess, soll es die »Leidensgeschichte des deutschen Volkes« in den »hinter uns liegenden apokalyptischen Jahren« seit der Kapitulation abschließen. Auch der Sprecher des Zentrums, Rechtsanwalt Bernhard Reismann, meint nicht die NS-, sondern die Besatzungszeit, wenn er das Gesetz als Schlussstrich unter die »unheilvolle Periode der jüngsten deutschen Geschichte« betrachtet.

Wer die Debatte verfolgt, muss denken, der Bundestag wolle allein die Zeit des Schwarzschlachtens und des Schiebertums zum versöhnlichen Abschluss bringen. Worum es wirklich geht, sagt Reismann immerhin am Schluss der Debatte: Der »Grundgedanke der Notwendigkeit, Vergessen über die Vergangenheit zu decken«, werde »von allen Parteien des Hauses anerkannt«. Na also.

Der Bundestag beschließt für Straftaten, die vor dem 15. September 1949 – dem Tag der Wahl Adenauers zum Bundeskanzler – begangen worden sind, dass rechtskräftige Freiheitsstrafen bis zu sechs Monaten erlassen werden sowie noch nicht verbüßte Gefängnisstrafen bis zu einem Jahr, wenn der Täter nicht innerhalb der nächsten drei Jahre rückfällig wird und er seine Taten nicht aus

»Grausamkeit« oder »ehrloser Gesinnung« begangen hat. Und »ohne Rücksicht auf die Art und Höhe der Strafe« werden auch Strafen für »Handlungen auf politischer Grundlage« erlassen, die nach dem 8. Mai 1945 begangen wurden und auf die »besonderen politischen Verhältnisse der letzten Jahre zurückzuführen sind«.

Sofern es sich nicht gerade um Mörder oder Totschläger handelt, bedeutet das für NS-Täter, die ihre Taten vor dem 15. September begangen haben, beispielsweise Folgendes: Ein früherer Politischer Leiter der NSDAP ist von einer Strafkammer zu einem Jahr Gefängnis wegen Verbrechens gegen die Menschlichkeit verurteilt worden, weil er nach dem November-Pogrom 1938 einen Katholiken für dessen Bemerkung, nun würden »wohl auch bald die christlichen Kirchen drankommen«, mit der Faust ins Gesicht geschlagen und ihn bei der Gestapo verpfiffen hatte. Dieselben Richter werden jetzt den Ex-Funktionär mit der Begründung amnestieren, er habe »im Affekt und aus der Ideologie seiner Zeit gehandelt«. Grausamkeit oder eine ehrlose Gesinnung seien nicht zu erkennen.

Was die Straffreiheit für »Handlungen auf politischer Grundlage« nach dem 8. Mai 1945 für NS-Täter bedeutet, erklärt Gebhard Müller, Staatspräsident von Württemberg-Hohenzollern, so: Ein ehemaliger NS-Mann verleumdet mit einem Meineid im Spruchkammerverfahren einen Unschuldigen mit der Folge, dass dieser eine Arbeitslagerstrafe verbüßen musste, der meineidige alte Nazi wird hingegen amnestiert, bleibt also straffrei.

Die Wohltat des Gesetzgebers betrifft fast 800 000 Deutsche, vor allem verurteilte Schwarzmarkthändler, aber auch einige Zehntausend NS-Täter. Zu Recht vermutet der Gesetzgeber, dass die

Bundesbürger sie mit Ungeduld erwarten. Er handelt entsprechend rapide. Das »Gesetz über die Gewährung von Straffreiheit« ist – nach dem Gesetz über die »Nothilfe Berlin« – das zweite Bundesgesetz. Mit seiner Verkündung im Bundesgesetzblatt am 31. Dezember 1949 beginnt sich in Deutschland der Schleier des Vergessens zu senken.

1951 lädt der Gesetzgeber 160000 Beamte zur Rückkehr ein, die die Alliierten rausgeworfen hatten. Art. 131 Grundgesetz garantiert die Wiedereinstellung jener Beamter, die »aus anderen als beamten- oder tarifrechtlichen Gründen« entlassen worden sind – in diesem Fall wegen ihrer NS-Vergangenheit. Das entsprechende Bundesgesetz rehabilitiert die Betroffenen, die sogenannten 131er, und konterkariert damit einen wichtigen Teil der Entnazifizierungspolitik der Siegermächte. Das zweite Straffreiheitsgesetz von 1954 erweitert noch einmal den Kreis der Begünstigten und beendet zugleich die Entnazifizierungspolitik der Alliierten. Der Wunsch Konrad Adenauers – der großen Mehrheit der Bundesbürger aus dem Herzen gesprochen – geht damit in Erfüllung: »Ich meine, wir sollten jetzt mit der Nazi-Riecherei Schluss machen.«

Silvester 1949. Zenit des 20. Jahrhunderts. Im Berliner UFA-Marmorhaus am Kurfürstendamm steht ein neuer Film auf dem Programm: »Herrliche Zeiten«. Die Premiere muss verschoben werden. Man sei, heißt es, nicht rechtzeitig fertig geworden.

Nachwort

Die Vernichtung des Nationalsozialismus war ein Ziel der Siegermächte des Zweiten Weltkriegs, ein anderes war die Zerschlagung Deutschlands. Auf ihrer Teheran-Konferenz im November 1943 ließen Roosevelt, Churchill und Stalin ihre Absicht ins Protokoll aufnehmen, Deutschland in mehrere Staaten aufzuteilen, und diese Absicht wurde auf der Konferenz von Jalta im Februar 1945 ausdrücklich bekräftigt. Zwar haben die »großen Drei« nie entsprechende definitive Beschlüsse gefasst, der Plan wurde nicht ausgeführt. Aber selbst nachdem klar war, dass Deutschland nicht zerstückelt, sondern nur in West- und Ostdeutschland geteilt werden würde, haben die Siegermächte auf Abschaffung bestanden – abgeschafft, ausgetrieben, ausgelöscht werden sollte der deutsche Extremismus, das heißt der rassistische Nationalismus, die Xenophobie und die Verachtung der Demokratie. Das verbarg sich hinter den vier großen Ds der westlichen Siegermächte in den ersten Nachkriegsjahren – Denazifizierung, Demilitarisierung, Demokratisierung und Dezentralisierung. Vor allem mit ihren Bemühungen, die Westdeutschen zu Demokraten, zu Bundesrepublikanern zu erziehen, sind die Siegermächte damals gescheitert. Die Westdeutschen waren nicht bereit, das Versprechen zu geben, das die Besatzungsmächte, das die ganze Welt von ihnen verlangte: die Abschaffung Deutschlands. Den Westdeutschen – die Ostdeutschen wurden nicht gefragt – ist das Versprechen damals nicht über die Lippen gegangen, nicht, als mithilfe der Siegermächte – voran der USA – der Wiederaufbau in den zerstörten Städten begann, nicht, als die Westdeutschen den Schutz der Menschenwürde in Artikel 1 Grundgesetz zu ihrer neuen Leitkultur erklärten, nicht, als sie sich in der Wohlstandsgesellschaft der Bundesrepublik einzurichten begannen. Es hat

Jahrzehnte gedauert, bis die Westdeutschen der Welt bereitwillig das Versprechen gegeben und eingelöst haben: Deutschland schafft sich ab.

Dazu mussten die Westdeutschen erst werden, was zu sein sie seit dem 23. Mai 1949 behaupteten: Bundesbürger. Das war eine Anmaßung. Um wirklich Bundesbürger, um Bundesrepublikaner zu sein, hätten sie sich mit dem neuen Staat identifizieren müssen. Das tat die große Mehrheit nicht. Der neue Staat war eine Demokratie, aber die überwältigende Mehrheit seiner Einwohner waren keine Demokraten. Wenn sich 53 Prozent als Antisemiten und damit als Rassisten outen, fast die Hälfte lieber im Wohlstand als in Freiheit und weit mehr als die Hälfte lieber in einem Einheits- als im Bundesstaat leben möchte, dann liegt auf der Hand, dass es der Demokratie vielleicht nicht an Einwohnern, aber ganz bestimmt an Bürgern mangelt. Die Mehrheit der Westdeutschen lebte in den Jahren 1948/1949 und viele Jahre später noch immer – wie schon in der NS-Zeit, in Weimar und im Kaiserreich – in Deutschland, aber in der jungen Bundesrepublik lebten nur wenige. Das war – nach der deutsch-deutschen – die zweite deutsche Teilung.

Sie dauerte nicht ganz so lange wie die Teilung in Ost und West, aber sehr viel länger, als die westlichen Siegermächte in den Nachkriegsjahren 1948/49 hofften. Sie dauerte so lange, bis die Deutschen anfingen, die neue Sprache zu lernen, die nicht nur die neue Amts-, sondern auch die Alltagssprache in der Bundesrepublik werden sollte. Die neue Sprache lernten sie durch ein dünnes Büchlein, das auch »Deutsch für Bundesbürger« hätte heißen können, das aber als »Grundgesetz« lieferbar war. Die Sprache war Deutsch, aber dieses Deutsch, in dem das Grundgesetz zu den Einwohnern sprach, war bis dahin in Deutschland unerhört. Wovon sprach es? Es sprach an erster Stelle von den Grundrechten, von den Bürgerrechten, die jedem Deutschen, von den Menschenrechten, die jedermann, ob Deutscher oder Ausländer, zukämen, vor allem aber sprach es in Artikel I von der Menschenwürde. Solange die Westdeutschen glaubten, deren Unantastbarkeit sei die Phantasmagorie eines Gutmenschen – heute wäre in einschlägig bekannten Kreisen von rot-grünem Siff die Rede, obwohl der Artikel von dem Liberalen Theodor Heuss, dem Sozialdemokraten Carlo Schmid und dem Christdemokraten Hermann von Mangoldt verfasst wurde –, waren sie zwar Deutsche, aber Bundesbürger mussten sie erst werden. Mit anderen Worten: Deutschland musste sich abschaffen, damit die Bundesrepublik werden konnte. Die Bundesrepublik ist die AzD – die Alternative zu Deutschland.

Von den Westdeutschen, die sich offen als Antisemiten bekannten und die keine Unterschiede zwischen Kartoffelkäfern, Wildschweinen und Flüchtlingen erkannten, trennen uns nicht nur sieben Jahrzehnte. Es ist die Sprache, die uns trennt. Ein Flüchtling, der in seiner Heimat für die Menschenrechte kämpfte und – um sein Leben zu retten – fliehen musste, ist uns, woher er auch kommt, vermutlich näher als die Großeltern, die an Schweine und Käfer dachten, wenn sie von deutschen Flüchtlingen sprachen – auch wenn der Flüchtling der Gegenwart, wie man so sagt, der deutschen Sprache nicht mächtig ist. Die kann er lernen. Wenn er nach einigen Jahren Bundesbürger werden will, dann sollte er die Grundregeln der deutschen Sprache kennen, aber wichtiger ist, dass er fließend Bundesdeutsch spricht, das heißt, dass er die Meinungsfreiheit ebenso wie ihre Grenzen respektiert, also nicht die Bundeskanzlerin als »Merkelnutte« diffamiert, das heißt, dass er das Erinnern an sechs Millionen Mordopfer des deutschen Antisemitismus nicht als »Schuldkult« verhöhnt, das heißt, dass er die Glaubensfreiheit – also die Freiheit, zu glauben, was man will, und die Freiheit, nicht zu glauben, wenn man nicht will – achtet. Ein Deutscher kann sagen: »Der Islam gehört nicht zu Deutschland.« Aber ein Bundesdeutscher weiß, dass der Islam zur Bundesrepublik Deutschland gehört, weil mehr als vier Millionen Muslime zur Bundesrepublik gehören.

Würden die Deutschen der Nachkriegsjahre heute einen Einbürgerungsantrag stellen, hätten sie schlechte Aussichten. Denn wer Bundesbürger werden will, muss nicht nur wissen, wie man

Menschenwürde, Demokratie, Rechtsstaat und Freiheit buchstabiert, Worte, die zum Grundwortschatz gehören, es müssen für ihn Werte sein, Teil seines Grundwertschatzes und seines Lebensalphabets. Wer Deutscher ist, muss keinen Einbürgerungsantrag stellen. Wer Deutscher ist, kann grölen »Ausländer raus!«, kann vor der drohenden »Umvolkung« der Deutschen warnen, kann für die Rehabilitierung des »Völkischen« eintreten und den islamischen Teufel an die Wand malen. Deutscher sein kann also jeder Idiot. Ein Bundesbürger aber wird an das 1948/49 verweigerte Versprechen denken: Deutschland schafft sich ab. Das war damals eine Forderung der Welt an die Deutschen nach 60 bis 80 Millionen Kriegstoten. Deutschland schafft sich ab – damit die Bundesrepublik werden kann. Das war eine Hoffnung erst einiger weniger Bundesbürger, heute ist es die Lebensbasis der jungen und der älteren Generation, zumindest einer großen Mehrheit. Eine wieder wachsende Minderheit unwandelbarer Deutscher mag das anders sehen, barmt um die nationale Identität und warnt, wie vor einigen Jahren der gleichnamige Bestseller eines unerschrocken rassistischen Autors: Deutschland schafft sich ab! Die Bundesbürger wissen: Das war und ist keine Drohung, das ist unsere Zuversicht. Und es bleibt die Aufgabe der Bundesdeutschen auf Dauer.

Vor ein paar Jahren sagte der Kader einer inzwischen rechtsradikalen deutschen Partei über den schwarzen deutschen Fußballweltmeister Jérôme Boateng, die Leute schätzten ihn als Sportler, aber zum Nachbarn haben wollten sie ihn nicht. Damit sprach er den Deutschen aus dem Bauch, die sich vor der Abschaffung Deutschlands ängstigen. Für die Bundesbürger aber sprach er nicht. Einigen mochte vielmehr der Satz des großen afroamerikanischen Schriftstellers und Bürgerrechtlers James Baldwin durch den Kopf gehen: »I am not a nigger. I am a man.« Darum geht es. Immer. Immer wieder.

Literatur

Götz Aly, Hitlers Volksstaat – Raub, Rassenkrieg und nationaler Sozialismus, Frankfurt am Main 2005

Götz Aly, Die deutsche Intelligenz im Nationalsozialismus. Eine Nachlese zu Werner Höfer, in: Tod eines Pianisten – Karlrobert Kreiten und der Fall Werner Höfer, hrsg. von Friedrich Lambart, Berlin 1988

Ruth Andreas-Friedrich, Der Schattenmann – Tagebuchaufzeichnungen 1938–1948, Frankfurt am Main 2000

Hannah Arendt, Besuch in Deutschland, Berlin 1993

Helmut G. Asper, Fritz Kortners Rückkehr und sein Film »Der Ruf«, in: Helmut G. Asper (Hrsg.), Wenn wir von gestern reden, sprechen wir über heute und morgen – Festschrift für Marta Mierendorff zum 80. Geburtstag, Berlin 1991

Arnold Bauer, München im Fasching – Von einem Zugereisten, in: Diese merkwürdige Zeit – Leben nach der Stunde Null, hrsg. von Wilfried E. Schoeller, Frankfurt am Main 2005, S. 331–334

Gottfried Benn, »Absinth schlürft man mit Strohhalm, Lyrik mit Rotstift«. Ausgewählte Briefe 1904–1956, Hrsg. Holger Hof, Göttingen 2017

Gottfried Benn, Das Hauptwerk. Verschiedene Schriften. Vierter Band, Wiesbaden/München 1980

Monika Boll / Raphael Gross, Die Frankfurter Schule und Frankfurt – Eine Rückkehr nach Frankfurt, Göttingen 2009

Christian Bommarius, Das Grundgesetz. Eine Biografie, Berlin 2009

Barbara Böttger, Das Recht auf Gleichheit und Differenz, Elisabeth Selbert und der Kampf der Frauen um Art. 3 II Grundgesetz, München 1990

Helmut Böttiger, Die Gruppe 47. Als die deutsche Literatur Geschichte schrieb, München 2013

Bertolt Brecht, Journale 2, in: Bertolt Brecht, Große kommentierte Berliner und Frankfurter Ausgabe, Berlin/Frankfurt 1995

Magnus Brechtken, Albert Speer. Eine deutsche Karriere, München 2017

Hermann Louis Brill, Herrenchiemseer Tagebuch, hrsg. von Rüdiger Griepenburg, in: »Vierteljahreshefte für Zeitgeschichte« (34) 1986, S. 585–622

Kristian Buchna, Nationale Sammlung an Rhein und Ruhr. Friedrich Middelhauve und die nordrhein-westfälische FDP 1945–1953, München 2010

Thomas Buergenthal, Ein Glückskind. Wie ein kleiner Junge zwei Ghettos, Auschwitz und den Todesmarsch überlebte und ein neues Leben fand, Frankfurt am Main, 2007

John le Carré, Festrede anlässlich seiner Auszeichnung mit der Goethe-Medaille am 28. August 2011 im Weimarer Stadtschloss, http://www.youtube.com/watch?v=AHufR9k_F2k

John le Carré, The return of master spy George Smiley, http://www.bbc.co.uk/programmes/p05fd974

Bartolomé de Las Casas, Kurzgefasster Bericht von der Verwüstung der Westindischen Länder, hrsg. von Hans Magnus Enzensberger, Frankfurt am Main 1981

Eckart Conze / Norbert Frei / Peter Hayes / Moshe Zimmermann, Das Amt und die Vergangenheit. Deutsche Diplomaten im Dritten Reich und in der Bundesrepublik, München 2010

Antje Dertinger, Frauen der ersten Stunde. Aus den Gründerjahren der Bundesrepublik, Frankfurt am Main 1999

Rudolf Diels, Die Nacht der langen Messer, 7. Fortsetzung, in: »Der Spiegel« vom 30. Juni 1949

Thomas Ditt, »Stoßtruppfakultät Breslau« – Rechtswissenschaft im Grenzland Schlesien 1933–1945, Tübingen 2011

Horst Dreier, Hans Kelsen (1881–1973) – »Jurist des Jahrhunderts?«, in: Deutsche Juristen jüdischer Herkunft, hrg. von Helmut Heinrichs / Harald Franzki / Klaus Schmalz / Michael Stolleis, München 1993, S. 705–732

Günter Eich, Abgelegene Gehöfte, Frankfurt am Main 1948

Michael F. Feldkamp, Der Parlamentarische Rat 1948–1949, Göttingen 1998

Janet Flanner, Paris, Germany … Reportagen aus Europa, München 1992

Hans-Peter Föhrding / Heinz Verfürth, Als die Juden nach Deutschland flohen, Köln 2017

Norbert Frei, Vergangenheitspolitik – Die Anfänge der Bundesrepublik und die NS-Vergangenheit, München 2012

Ernst Friedlaender, Deutschland: unbeliebtestes Volk Nr. 1, in: »Die Zeit« vom 13. Januar 1949

Max Frisch, Tagebuch 1946–1949, in: Max Frisch, Gesammelte Werke, Zweiter Band, Frankfurt am Main 1998

Christian George, Studieren in Ruinen. Die Studenten der Universität Bonn in der Nachkriegszeit (1945–1955), Göttingen 2010

Gustave Mark Gilbert, Nürnberger Tagebuch, Frankfurt am Main 1962

Hermann Glaser, Kleine deutsche Kulturgeschichte von 1945 bis heute, Frankfurt am Main 2004

Dieter Gosewinkel, Adolf Arndt – Die Wiederbegründung des Rechtsstaats aus dem Geist der Sozialdemokratie (1945–1961), Bonn 1991

Raphael Gross, Hans Kelsen: Rückkehr unerwünscht, in: »Ich staune, dass Sie in dieser Luft atmen können« – Jüdische Intellektuelle in Deutschland nach 1945, hrsg. von Monika Boll / Raphael Gross, Frankfurt am Main 2013

Johannes F. G. Grosser (Hrsg.), Die große Kontroverse – Ein Briefwechsel um Deutschland, Hamburg 1963

Horst Gründer, Walter Simons als Staatsmann, Jurist und Kirchenpolitiker, Neustadt an der Aisch 1975

Nina Grunenberg, Die Wundertäter. Netzwerke der deutschen Wirtschaft 1942–1966, München 2006

Hildegard Hamm-Brücher, Freiheit ist mehr als ein Wort, Köln 1996

Knud von Harbou, Als Deutschland seine Seele retten wollte. Die »Süddeutsche Zeitung« in den Gründerjahren nach 1945, München 2015

Cornelia Hellmer, Sommer-Mode 1949, in: Diese merkwürdige Zeit – Leben nach der Stunde Null, hrsg. von Wilfried E. Schoeller, Frankfurt am Main 2005, S. 342–346

Friedrich Helms, Tagebuch Wilhelmshorst und Uelzen 1948–1949, hrsg. von Tobias Wimbauer, Hagen 2016

Walter Henkels, Alltag in Trizonesien, Düsseldorf / Wien 1986

Peter Herde / Benjamin Z. Kedar: Karl Bosl im »Dritten Reich«, Berlin u.a. 2016

Jost Hermand / Wigand Lange, »Wollt ihr Thomas Mann wiederhaben?« – Deutschland und die Emigranten, Hamburg 1999

Philipp Heß, Ein deutscher Amerikaner – Der kosmopolitische Demokrat Hans Simons, Göttingen 2018

Theodor Heuss, Erzieher zur Demokratie – Briefe 1945–1949, hrsg. von Ernst Wolfgang Becker, München 2007

Arne Hoffrichter, Uelzen und die Abgelehnten – Das Flüchtlingsdurchgangslager Uelzen-Bohldamm und die Folgen der SBZ / DDR-Flucht als lokales Problem 1949 / 1950, in: Henrik Bispinck / Katharina Hochmuth (Hrsg.), Flüchtlingslager in Nachkriegsdeutschland – Migration, Politik, Erinnerung, Berlin 2014

Paul Hoser, Vom provinziellen Lizenzblatt zur »New York Times von Bayern«. Die Anfänge der »Süddeutschen Zeitung«, in: Lutz Hachmeister / Friedemann Sierung (Hrsg.), Die Herren Journalisten – Die Elite der deutschen Presse nach 1945, München 2002

Christian Jansen, Emil Julius Gumbel – Portrait eines Zivilisten, Heidelberg 1991

Bernhard Jendricke, Alfred Andersch, Reinbek bei Hamburg 1988

Russell Jones, Freiheit – meistbietend versteigert!, in: Arthur Settel (Hrsg.), Das ist Germany, Frankfurt am Main 1950

Uwe Kammann, Spätschoppen – Der Fall Werner Höfer, in: Lutz Hachmeister / Friedemann Siering (Hrsg.), Die Herren Journalisten – Die Elite der deutschen Presse nach 1945, München 2002

Robert M. W. Kempner, Ankläger einer Epoche – Lebenserinnerungen, Frankfurt am Main / Berlin 1986

Ernst Klee, Das Personenlexikon zum Dritten Reich – Wer war was vor und nach 1945, 5. Aufl., Frankfurt am Main 2015

Eugen Kogon / Walter Dirks, »Frankfurter Hefte – Zeitschrift für Kultur und Politik«, 3. Jahrgang (1948), 4. Jahrgang (1949), 5. Jahrgang (1950), Frankfurt am Main

Angelika Königseder / Juliane Wetzel, Lebensmut im Wartesaal. Die jüdischen DPs (Displaced Persons) im Nachkriegsdeutschland, Frankfurt am Main 2004

Peter Köpf, Schreiben nach jeder Richtung – Goebbels-Propagandisten in der westdeutschen Nachkriegspresse, Berlin 1995

Michael Kubitza: Geh, Leit, lasst's doch d' Leit 'naus … 60. Todestag von Weiß Ferdl. In: BR-Online. Bayerischer Rundfunk, http://web.archive.org/web/20091127180015, http://www.br-online.de/bayern/menschen-und-geschichten/weiss-ferdl-volkssaenger-geburtstag-ID1214482405006.xml

Hermann Kurzke, Thomas Mann. Epoche – Werk – Wirkung, München 1985

Ernest Landau, Ende des jüdischen DP-Problems – Heimkehr nach Israel noch in diesem Jahr, in: Diese merkwürdige Zeit – Leben nach der Stunde Null, hrsg. von Wilfried E. Schoeller, Frankfurt am Main 2005, S. 337–339

Landeszentrale für politische Bildung (Hrsg.), Drei Hamburger im Parlamentarischen Rat: Adolph Schönfelder und Paul de Chapeaurouge, Hermann Schäfer, Hamburg 1999

Erhard H. M. Lange, Wegbereiter der Republik, Brühl 1999

Felix Lange, Carl Bilfingers Entnazifizierung und die Entscheidung für Heidelberg – Die Gründungsgeschichte des völkerrechtlichen Max-Planck-Instituts nach dem Zweiten Weltkrieg, http://www.zaoerv.de/74_2014/74_2014_4_a_697_732.pdf

Wolfgang Langhoff, Die Moorsoldaten, Leipzig 1995

Jürgen Leinemann, Sepp Herberger. Ein Leben, eine Legende, Berlin 1997

Robert Lewison, Erziehung – zu was?, in: Arthur Settel (Hrsg.), Das ist Germany, Frankfurt am Main 1950

Stephan Linck, Der Ordnung verpflichtet: Deutsche Polizei 1933–1949 – Der Fall Flensburg, Paderborn 2000

Lilly Maier, Der Schwarzmarkt in der Möhlstraße und die Münchner Polizei. Eine Untersuchung im Spiegel der Akten der Polizeidirektion München, München 2014

Max Hermann Maier, Führt ein Weg zurück nach Deutschland?, in: Diese merkwürdige Zeit – Leben nach der Stunde Null, hrsg. von Wilfried E. Schoeller, Frankfurt am Main 2005, S. 299–304

Klaus Mann, Der Wendepunkt. Ein Lebensbericht, Reinbek bei Hamburg 2014

Thomas Mann, Doktor Faustus, Frankfurt am Main 1980

Thomas Mann, Tagebücher 1946–1948, Frankfurt am Main 2003

Thomas Mann, Tagebücher 1949–1950, Frankfurt am Main 2003

Thomas Mann, Vom zukünftigen Sieg der Demokratie. Drei Essays, Zürich 2005

Marko Martin, Orwell, Koestler und all die anderen – Melvin J. Lasky und »Der Monat«, Asendorf 1999

Hans Mayer, Die umerzogene Literatur – Deutsche Schriftsteller und Bücher 1945–1967, Berlin 1988

Nils Minkmar, Die doppelte Wundertüte – Wie Henri Nannen den »Stern« erfand, in: Lutz Hachmeister / Friedemann Siering (Hrsg.), Die Herren Journalisten – Die Elite der deutschen Presse nach 1945, München 2002

Joachim Nawrocki, Vor 40 Jahren wurde die FU Berlin gegründet: Millionen für ein Wunder, in: »Die Zeit« vom 2. Dezember 1988

Karlheinz Niclauß, Der Weg zum Grundgesetz – Demokratiegründung in Westdeutschland 1945–1949, Paderborn 1998

Lutz Niethammer, Die Mitläuferfabrik – Die Entnazifizierung am Beispiel Bayerns, Berlin / Bonn 1982

Werner Oelkers, Morde in Bremen und andere Kriminalfälle der Nachkriegszeit, Delmenhorst / Berlin 2003

Manfred Overesch, Hermann Brill – Ein Kämpfer gegen Hitler und Ulbricht, Bonn 1992

Alfred Polgar, Das große Lesebuch, zusammengetragen und mit einem Vorwort von Harry Rowohlt , Zürich 2003

Gerald L. Posner / John Ware, Mengele – Die Jagd auf den Todesengel, Berlin 1993

Gustav Radbruch, Das Ende der Todesstrafe, in: Gustav Radbruch, Gesamtausgabe, hrsg. von Arthur Kaufmann, Band 9, Heidelberg 1992, S. 339–341

Erardo C. Rautenberg, Die Bedeutung des Generalstaatsanwalts Dr. Fritz Bauer für die Auseinandersetzung mit dem NS-Unrecht, in: Forschungsjournal Soziale Bewegungen, Pressetexte zu Heft 4 / 2015, http://forschungsjournal.de/sites/default/files/downloads/fjsb_2015-4_rautenberg.pdf

Peter Reichel / Harald Schmid, Von der Katastrophe zum Stolperstein – Hamburg und der Nationalsozialismus nach 1945, München / Hamburg 2005

Marion Reinhardt, Gründungsgeschichte des Internationalen Bundes – Themen – Akteure – Strukturen, Schwalbach / Ts. 2017

Herbert Remmert / Peter Barth (Hrsg.), Karl Schwesig – Leben und Werk, Berlin / Düsseldorf 1984

Günter Riederer, Die Barackenstadt: Wolfsburg und seine Lager nach 1945, in: Bundeszentrale für politische Bildung, Deutschland-Archiv, http://www.bpb.de/geschichte/zeitgeschichte/deutschlandarchiv/riederer20130319/?p=all

Hans Saner, Karl Jaspers, 12. Aufl. Reinbek bei Hamburg 2005

Wolfgang Schivelbusch, Vor dem Vorhang. Das geistige Berlin 1945–1948, Frankfurt am Main 1997

Carlo Schmid, Erinnerungen, Bonn / München / Wien 1979

Carl Schmitt, Glossarium – Aufzeichnungen aus den Jahren 1947 bis 1958, hrsg. von Gerd Giesler und Martin Tielke, Berlin 2015

Eva Schöck-Quinteros / Sigrid Dauks (Hrsg.), »Im Lager hat man auch mich zum Verbrecher gemacht« – Margarete Ries: Vom »asozialen« Häftling in Ravensbrück zum Kapo in Auschwitz, Bremen 2012

Gerhard Schulz, Mitteldeutsches Tagebuch – Aufzeichnungen aus den Anfangsjahren der SED-Diktatur 1945–1950, München 2009

Klaus Schröter, Thomas Mann, Reinbek bei Hamburg 1964

Rebecca Schwoch, Herbert Lewin: Arzt – Überlebender – Zentralratspräsident, Berlin 2016

Gerhard Simons, Lebensstufen, Hamburg 2003

Natalja Skurenok, Elena Borovik, Die Blockade Leningrads – Fakten und Mythen einer russischen Kriegstragödie, 2005, in: Zukunft braucht Erinnerung, http://www.zukunft-braucht-erinnerung.de/die-blockade-leningrads-fakten-und-mythen-einer-russischen- kriegstragoedie/

Albert Speer, Spandauer Tagebücher, Frankfurt am Main 1975

Edmund Spevack, Ein Emigrant in amerikanischen Diensten – Zur Rolle des Politikwissenschaftlers Hans Simons in Deutschland nach 1945, in: Rückkehr und Aufbau nach 1945. Deutsche Remigranten im öffentlichen Leben Nachkriegsdeutschlands, hrsg. von Claus-Dieter Krohn / Patrick von zur Mühlen, Marburg 1997, S. 321–338

Stephan Stachorski (Hrsg.), Fragile Republik. Thomas Mann und Nachkriegsdeutschland, Frankfurt am Main 1999

Ronen Steinke, Fritz Bauer – oder Auschwitz vor Gericht, 4. Aufl., München / Berlin 2016

Otto Stolz, Die ausgelöschten Erinnerungen – Eine Zeit, von der niemand mehr etwas wissen will, in: Diese merkwürdige Zeit – Leben nach der Stunde Null, hrsg. von Wilfried E. Schoeller, Frankfurt am Main 2005, S. 351–354

Richard Tüngel, Abermals Robert Kempner, in: »Die Zeit«, Nr. 38, 1951

Karina Urbach, Zeitgeist als Ortsgeist. Die Emigration als Schlüsselerlebnis deutscher Historiker?, in: Hermann Joseph Hiery, Der Zeitgeist und die Historie, Dettelbach 2001, S. 161–179

Walther Victor, Goethe – Ein Lesebuch für unsere Zeit, Berlin 1952

Winfried Vogel, »... schlechthin unwürdig!«, in: »Die Zeit«, Nr. 14/1997

Klaus Völker, Elisabeth Bergner – Das Leben einer Schauspielerin, ganz und doch immer unvollendet, Berlin 1990

Petra Weber, Carlo Schmid 1896–1979. Eine Biographie, München 1996

Jörg Weigand, Vom arktischen Winter zur Bonner Republik. Walter Henkels – Kriegsberichterstatter der Waffen-SS, in: Jugend Medien Schutz-Report, Jahrgang 34 (2011), Heft 5, S. 7

Uwe Wesel, Der große Coup, in: »Die Zeit« vom 3. Dezember 1998

Jens Westemeier, Hans Robert Jauß 12.12.1921 Göppingen – 1.3.1997 Konstanz – Jugend, Krieg und Internierung – Wissenschaftliche Dokumentation, Onlineveröffentlichung der Universität Konstanz 2015, http://www.uni-konstanz.de/shared/Dokumentation_Jauss_UniKN_20052015.pdf

Irmtrud Wojak, Fritz Bauer – Eine Biographie, München 2011

Bernhard Zeller (Hrsg.), »Als der Krieg zu Ende war« – Literarisch-politische Publizistik 1945–1950, Katalog zur Ausstellung des Deutschen Literaturarchivs im Schiller-Nationalmuseum Marbach a. N., Marbach 1986

Register